新青年非虚构写作
03

张慧瑜 李云雷 主编

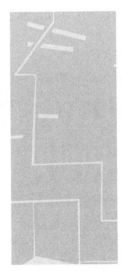

Z世代

成长中的新一代青年

上海大学出版社

图书在版编目(CIP)数据

Z世代：成长中的新一代青年／张慧瑜，李云雷主编．—上海：上海大学出版社，2022.11
（新青年非虚构写作）
ISBN 978-7-5671-4570-2

Ⅰ.①Z… Ⅱ.①张…②李… Ⅲ.①青年－事迹－中国－现代 Ⅳ.①K828.4

中国版本图书馆 CIP 数据核字（2022）第 206672 号

责任编辑　陈　强
助理编辑　夏　安
封面设计　一本好书
技术编辑　金　鑫　钱宇坤

Z世代：成长中的新一代青年
张慧瑜　李云雷　主编
上海大学出版社出版发行
（上海市上大路99号　邮政编码200444）
（https://www.shupress.cn　发行热线021-66135112）
出版人　戴骏豪

*

南京展望文化发展有限公司排版
上海华业装璜印刷厂有限公司印刷　各地新华书店经销
开本890 mm×1240 mm　1/32　印张11.25　字数262千
2022年11月第1版　2022年11月第1次印刷
ISBN 978-7-5671-4570-2/K·264　定价 52.00元

版权所有　侵权必究
如发现本书有印装质量问题请与印刷厂质量科联系
联系电话：021-56475919

目 录

序一　Z世代的文化经验　| 001

序二　以写作为媒介：00后的文化视野　| 007

第一编　网生代拼图　| 001

　　我们，活在互联网时代　| 003

　　一场关于少年爱的梦——耽美阅读者的成长纪事　| 013

　　我在无线文作坊，编织成年人的童话世界　| 019

　　一部游戏，一部关于自由的创作　| 030

　　加载完毕，欢迎登陆游戏世界　| 041

　　小村游戏家　| 052

　　豆瓣娱乐小组：赛博"房子"的坍塌与再建　| 062

　　破晓　| 072

　　成为"娃妈"：玩"芭比娃娃"的当代青年　| 081

第二编　倾听别人　| 089

静水流深：历史、记忆与女性力量　| 091

她定居在了陪读的地方　| 104

被分隔的日与夜：退学少年和他的"敌人们"　| 115

逆行：21世纪"民间科学家"画像　| 128

一个北漂的"纪录片女孩"　| 137

走向"清北名师"　| 147

P大人币圈闯荡实录　| 160

智能之下的人工——数据标注员探访报告　| 171

第三编　在基层　| 181

"逼"上凉山——小镇青年支教记　| 183

基层选调生：伟大与渺小　| 193

那个来驻村的"北大硕士"　| 203

大山里的中考"战士"　| 214

20岁女孩的重启人生　| 225

在线上教育的"花果山"上　| 231

直播小镇：有人进场，有人逃离　| 240

第四编　觉醒与困惑　| 249

新婚姻时代　| 251

"我不想生":90后女性自我价值意识的觉醒 | *263*

"流动的性别":自由抑或挣扎? | *274*

28岁女性在北京拥有自己的房产是种怎样的体验? | *284*

留学时代:浪潮之下无畏的我们 | *293*

爱、金钱和规则之外——一位小透明"站姐"的过去和未来 | *301*

被焦虑裹挟的年轻人 | *312*

游牧夫妻:在美洲"流浪" | *325*

序一　Z世代的文化经验

李云雷

2017年，慧瑜回到北大新闻与传播学院后，给研究生开设了一门非虚构写作课程，他在《重返根据地：以基层传播为方法》一文中说，"因为中文系的出身，我主要从写作入手，在教学中推广非虚构写作的理念和方法"，"非虚构写作可以训练多种能力：一是文字表达能力，故事和人物写得是否准确、好看；二是社会调查能力，非虚构的题材经常并非新闻题材，而是'不是新闻的新闻'，需要写作者实地调研、采访，提出社会议题；三是学术思考的能力，非虚构写作不只是一种白描式的客观陈述，叙述背后隐含着写作者的态度和阐释，这需要写作者对被写作对象有着深入的研究和体认。"

我参加过几次慧瑜这门新课的讲授，以及学生作业的点评，令我印象深刻的是这些学生都极为认真，选题也都别出心裁。每个或每组同学讲完后，我们都会对他们的作品就主题、题材、写法等做一些讨论，最后还会对所有的作品评出等级，慧瑜还专门准备了奖品——他自费购买的一些经典学术或文学著作，作为奖励按等次颁给所有参与写作的同学。当被叫到名字的同学，登上讲台去领取属于自己的奖品时，脸上都有难以掩饰的兴奋与激动。我想不管他们未来的学术与人生之路将通向哪里，他们大概都会记住在慧瑜老师课堂上这激动人心的一刻——他们因自己最初的观察、发现与写作而获得了鼓励,有的甚至因此萌生了新的学术兴趣,从而改变了自己的人生规划与走向,我想作为一个教师,这也是慧瑜所感到欣慰和乐于看到的。

当然也不仅于此,慧瑜所教授给他们的只是理论、方法与技巧,这些作品的主题、题材以及背后大量的调研、采访等主体工作,大都是这些同学独立完成的。新一代年轻人对什么问题感兴趣,有什么独特发现,又呈现出了哪些新的文化经验,也是慧瑜、王洪喆、王维佳和我所关心的,或许这就是所谓的"教学相长"。而与慧瑜他们在高校任教、与青年学生接触较多不同,我的日常工作与新一代年轻人——"Z世代"接触较少,我所熟悉的还是多年前自己的校园生活和时代经验,所以他们的观察与发现、关心的问题以及提出问题的方式,对我的启发和教益尤其多。而集中阅读收录在这本书中的作品,更强化了我在课堂点评时的印象:这是一群生机勃勃充满朝气的年轻人,他们善于观察,勇于思考,他们不仅在课堂上学习,也将视角触及了社会的各个层面与各个角落,他们既可以将个人成长中的某些经历、爱好与体验"对象化",也可以对他人的生活保持"理解之同情",而在对一些新的社会与文化现象的关注与思考中,更是体现出了他们发现问题、分析问题、解决问题的能力。虽然其中某些思考还略嫌稚嫩,但就整体而言,这本书却为我们提供了他们丰富多彩、光怪陆离的文化经验,这既是Z世代的生活世界,也是他们眼中的世界,而对于其他人来说,阅读此书可以说是进入他们的世界的最佳入口。

整部书共分为四编,第一编"网生代拼图"讲述的是Z世代的成长经验与青春故事,Z世代是第一代"网生代",网络和移动网络对他们的影响异乎寻常。在《我们,活在互联网时代》中,作者通过对一个乡村少年沈伟人生轨迹的梳理,让我们看到网络、游戏如何介入并改变了他的青春甚至人生;在《一场关于少年爱的梦——耽美阅读者的成长纪事》中,我们可以看到耽美这种青年亚文化如何进入了一个女孩的视野,她是在以什么样的心理追踪阅读,向别人推荐时遭遇了什么,她又如何隐秘地守护自己的爱好,以及最终如何摆脱并能客观看待这一爱好的过程;《我在无线文作坊,编织成年人的童话世界》让我们看到了一个网文编辑和作者的生活、环境、节奏和心态;《一部游戏,一部关于自由的创作》以北大元火动漫社制作视觉小说《青箱》为主线,展现了新一代年轻人在新领域中的活力及其创造性;《加载完毕,欢迎登陆游戏世界》展示了一个00后少年如何迷上游戏、打比赛、卖道具以及在电子竞技职业化中成为一名游戏从业者的过程;《豆瓣娱乐小组:赛博"房子"的坍塌与再建》则通过对一个豆瓣小组之"死"的过程的梳理,以及不同成员各自心态的展现,呈现了一个粉丝们在虚拟世界聚合离散的故事;《破晓》展现的是一个少年迷恋上游戏而放弃学业,成为电竞选手,获得冠军,并转型为教练的人生故事;《成为"娃妈":玩"芭比娃娃"的当代青年》,聚焦的则是一种小众爱好BJD"入坑者"的经验、逻辑及其相互交往的故事,展现了这个"趣缘群体"的生活状态。

  第二编"倾听别人"主要是描述家庭和学校生活及身边的人。《静水流深:历史、记忆与女性力量》写的是沐子的妈妈叶楠和爸爸罗舟的爱情与生活故事,作者通过对同龄人沐子的父母尤其是妈妈叶楠生活经历的采访,加深了对上一代的认识;《她定居在了陪读的地方》写的是陪读妈妈的故事,作者通过采访既发现了一个独特的社会群体和社会现象,也加深了对父母一辈付出的理解;《小村游戏家》写的同样是一个痴迷游戏的乡村少年,但他走上了"陪玩"的道路;在《被分隔的日与夜:退学少年和他的"敌人们"》中,作者采访了一个退学少年及其几个同学,为我们展现了他的生活网络和心理状态,而他对采访的抵制与敌意也让我们看到了作者进行调查的艰难;《逆行:二十一世纪"民间科学家"画像》聚焦的是"民科",这是在著名高校周围经常会出现的群体,作者通过对几个典型个案人生经历的梳理,为我们呈现出了这一现象的成因及其复杂性;《一个北漂的"纪录片女孩"》写的是一个北漂女孩追逐艺术梦想的历程及其遭遇的艰难;《走向"清北名师"》关注的则是进入教培机构的顶尖高校毕业生及其不同的人生走向;《P大人币圈闯荡实录》展现了青年学生与币圈的生活故事;《智能之下的人工——数据标注员探访报告》则为我们呈现了"数据标注员"这种新职业从业者的生活状态。

第三编"在基层"则进入社会,为我们展现了新一代青年融入基层、认识中国的过程。《"逼"上凉山——小镇青年支教记》写的是张雨到西昌阿嘎俫古村支教的生活;《基层选调生:伟大与渺小》聚焦选调生这一特殊群体,通过一些个案展现了他们的人生道路与思考;《那个来驻村的"北大硕士"》中的韩廷耕,是一个没有乡村经验的金融硕士,作者对他的人生理想与独特追求做了细致的描写。此外如《大山里的中考"战士"》《20岁女孩的重启人生》《在线上教育的"花果山"上》《直播小镇:有人进场,有人逃离》等诸篇,向我们展示了基层生活的艰难与丰富,让我们看到了诸多人生和社会现象。

第四编"觉醒与困惑"主要聚焦于婚恋、性别和"自我"问题。《新婚姻时代》通过中国、韩国、芬兰等国青年婚恋态度的对比,对当前中国青年的婚恋观念进行了反思,反映了新一代青年的觉醒;《"我不想生":90后女性自我价值意识的觉醒》,主要是对90后女生在传统生育观念与自我价值实现之间的矛盾做了调查与分析;

《"流动的性别":自由抑或挣扎?》则聚焦于个案,让我们看到了一个"流动的性别者"的内心挣扎与通向自由之路的艰难;《28岁女性在北京拥有自己的房产是种怎样的体验?》则提供了另一个个案,展示了另一种人生处境与苦恼。此外如《留学时代:浪潮之下无畏的我们》《爱、金钱和规则之外——一位小透明"站姐"的过去和未来》《被焦虑裹挟的年轻人》《游牧夫妻:在美洲"流浪"》等篇,也向我们描述了不同的人生,以及作者对于社会和文化现象的认真思考。

通过以上的简单介绍,我们可以看到新一代年轻人生活的多姿多彩,以及他们在时代中所遇到的新问题、新经验、新现象,其中不少现象对我来说也是陌生的,尤其是第一、二编中的篇目,所以前面介绍得略微详细一点。总之,这本书既是Z世代青年的非虚构写作实践的成果,也呈现了他们眼中丰富而又复杂的世界,希望能引起广大读者的关注。

2022年10月17日

序二 以写作为媒介：00后的文化视野

张慧瑜

非虚构写作是一种带有实践性、创造性的文化书写行为，以文学纪实、生活观察、社会调查为基础，呈现书写者对时代和社会的思考。2018年以来，在同事王维佳、王洪喆等好友的建议下，我有意识地在课程中安排非虚构写作的期中作业，每学期选定不同的主题，如"倾听他人""认识脚下的土地""光影拼图""我们的时代""在基层""遭遇新冠时代""重拾身边"等，让学生以个人或分组的方式完成非虚构写作，目的在于以写作为媒介，认识自身以及反思自身得以形成的家庭、文化和社会制度，或者探寻外部世界、他人和其他社会阶层的故事。非虚构写作既是朝向自己的生活、把自我对象化，又是朝向别人、理解他者的世界和逻辑，看到与自己不同的生活方式。与英雄叙事、名人传记不同，也与奇观化、猎奇化的社会性报道不同，非虚构写作有两个特征：一是写平常人、普通人的故事，也就是平民视野；二是普通人成为书写者，无需被代言和被代表。非虚构写作的意义正在于，让大家用课堂里所学的理论知识来尝试解释、认知自我和他者，不使用艰涩的、专业化的理论术语，而是用普通人也能读得懂的语言表达出来，这有可能比学术论文写作更有难度，是一种把观点和洞察隐藏在平实语言背后的书写方式。这本书是从近些年学生们的非虚构作业中选择出来的一些代表作,分成"网生代拼图""倾听别人""在基层"和"觉醒与困惑"四个主题。在此我想谈一下对00后的一些粗浅认识和非虚构写作教学方面的经验。

理解00后:青年文化的三副面孔

"五四"新文化运动以来,新青年们登上历史舞台,成为中国社会和政治变革的先觉者和参与者,比20世纪五六十年代欧美社会反文化运动中的都市青年早了近半个世纪。青年因年龄"优势"被赋予时代革新的角色,经常是最先感知时代风云的人,青春期也被作为人生成长的"合法"的叛逆期。现代以来,中国社会进入激烈变革的时代,这种变化呈现为不同时代造就不同的代际差异,个体的成长被深深地烙上时代的痕迹,一代人有一代人的悲欢。20世纪60年代,英国兴起文化研究思潮,把青年亚文化作为观察大众文化和非主流文化的切入口。到了后工业时代,青年文化呈现为两副面孔:一是以地下音乐、街头涂鸦、先锋艺术为代表的反叛文化、边缘文化,青春意味着叛逆和愤怒;二是以青春片、偶像剧等为代表的消费化的偶像文化,青春、年轻又成为时尚的代名词。20世纪80年代中国开启改革开放,80年代的思想解放、90年代的市场化大潮,塑造了不同的主体状态和时代感受。21世纪之后中国进入经济高速起飞、社会稳定发展的阶段,这是00后们成长的基本背景。

2017年,我返回母校北京大学新闻与传播学院工作,遇到的学生大多是95后,很快2000年前后出生的学生开始入学,他们出生的年代正好我在读大学。恍惚间,感受到时光飞逝,我也已人到中年。这些新世纪之交出生的人被称为00后或者Z世代(按照美国的概念,60后为X世代,80后为Y世代),他们既成长于中国经济高速崛起的发展时代,又不断遭遇"911恐怖袭击事件"、全球金融危机、新冠肺炎疫情暴发等重大事件。对于他们,我有一种熟悉感,这20年也是我从20岁到40岁的人生阶段,对很多事、热门话题都了然于心,但又有一种强烈的陌生感,对他们所热衷的网络文学、网络游戏、二次元、粉丝文化等都缺乏基本的体认。这20年是中国与世界高速发展又峰回路转的时代,探讨此间的青年人如何感受生活与世界的变迁,是编辑这本书的初衷。

由于平时忙于科研和备课,除了上课时间和office-hour,没有更多余力与学生们多交流,大家彼此生活在不同的代际和平行宇宙里。借助非虚构写作,我与学生有了更多沟通的机会。非虚构写作是一种集体创作,从确定选题、到选择写作角度、再到完成初稿,组员内部要经历多次讨论,我也多次参与其间。这些作业帮助我更好地了解当下的学生,理解他们的所思所想、困惑与焦虑,也是在教学相长中向学生们学习的过程。我感觉与他们生活在不同的圈层里,他们对生活、世界的看法不仅使我不断意识到年龄、学识上的限制,也意识到自己生活世界的狭小。我体认到这些伴随中国崛起长大的00后们具有一些不同于其他代际的特征。这种不同体现为一种时代的双重性:一边是经济起飞带来的文化自信,另一边是社会结构固化造成的流动性不足;一边是90年代以来形成的去政治化的主体状态,另一边是国内外局势的巨变所带来的新的社会意识;一边是数字、虚拟世界所允诺的自由的"元宇宙",另一边是现实中不断内卷化的日常生活。在我看来,00后呈现为三副文化面孔。

一是,"小时代"的宠儿。2013年郭敬明的电影《小时代》准确地描述了一种时代的感觉,就是相比20世纪从五四时代到80年代的"大时代",90年代以来的经济市场化是一种"宏大叙事"失效的、冷战终结的"小时代"。"大时代"的特点是个体有参与到历史和时代变革的主体感,如80年代笼罩在一种理想主义的氛围里,人们关心"大事",认为个体能与时代"同呼吸,共命运",能推动历史发展。而"小时代"的特点是政治冷漠症,回归到个人化的小确幸、小确丧中,如90年代有点像80年代的反面,去政治化、去理想主义化成为主流,追求个人梦、财富梦。进入21世纪,一方面依然是去政治化、高度市场化的时代,以追求个人梦想、个人自由为主;另一方面是经济发展带来社会固化日益显影,也形成了一种个体的无力感和无助感。如《小时代》中的名言"我们躺在自己小小的被窝里,我们微茫得几乎什么都不是","小小的被窝"和"什么都不是"同时并存,这是"小时代"的两面性。前者代表着一种越来越竞技化的内卷状态,这种内卷状态恰好与网络游戏中的"升级打怪"高度类似,00后们不仅在现实生活中体验到一种内卷化人生,而且在虚拟世界里也把这种逻辑更加内在化。如《加载完毕,欢迎登陆游戏世界》中指出《王者荣耀》的段位人数分布,也证明了其主打社交和娱乐的事实。它的段位从低到高分别为青铜、白银、黄金、铂金、钻石、星耀、最强王者,段位越往上,竞技性越强,越往下,娱乐休闲性更强";后者则是走向佛系和躺平,如《20岁女孩的重启人生》中讲述了"选择在20岁的年华按下暂停键,出走世界,在更广阔的天地中,找寻生活的方向"的故事。当然,对于本书中收录文章的作者来说,他们都是高考中的佼佼者,是精英中的精英,他们相比同龄人有着更加多元化和自主化选择的机会,比如《游牧夫妻:在美洲"流浪"》中写到的有了一定经济基础之后去做周游世界的旅行"播"主,主动成为"数字游民"。

二是,网生代和数字原住民。00后出生在互联网兴起的时代,不像80后、90后还是看电视长大,00后基本上以手机、电脑为终端,熟练使用数字设备与世界沟通,虚拟世界与真实空间如同"平行宇宙"般可以自由切换。这体现在两个层面:一方面,他们通过阅读网络文学、玩网络游戏参与网络文化的消费,如《我们,活在互联网时代》《小村游戏家》《破晓》《一场关于少年爱的梦——耽美阅读者的成长纪事》等文章都呈现了青年人对网游、网文的熟谙,包括一些农村青年以电子竞技游戏为职业;另一方面,因为互联网文化的交互性和参与性,青年人在消费的过程中也深度参与网络文化,是网络文化的生产者,如《一部游戏,一部关于自由的创作》描写大学生自己从剧本到编程,独立创作了一部网络游戏;《我在无线文作坊,编织成年人的童话故事》则揭示了网络文学写手带领团队"集体"生产无线网文的内在机制;《豆瓣娱乐小组:赛博"房子"的坍塌与再建》中讨论了以豆瓣网为代表的粉丝文化,在虚拟空间中体验"辩论""争吵""退群"等公共讨论,成为更有主体性的粉丝。我是2000年开始触"网",也曾在网吧刷过夜,是中国第一代网民,但后来对豆瓣、贴吧等虚拟社群以及网游、网文等接触得比较少。从这些文章中,能感受到从小接触网络的00后,是网络世界中活跃的主力军,对网络文化更加依赖和内在化,也有一种虚拟的"主体感",这也是"小粉红"、网络民族主义等社会现象的媒介学基础。

　　三是,相比去政治化的80后、90后们,00后们似乎拥有更为确定的社会意识。20世纪90年代市场化改革以来,市场经济制度成为中国社会运转的基本规则和秩序。与90年代到2010年前后离开体制、自主创业的社会氛围不同,00后对制度、对体制有更内在的体认。近些年,我发现刚毕业的学生非常喜欢做基层选调生,回归体制、拥有体制的庇护成为一种理性的选择。这与20年前我上大学时对体制的理解略微不同,那个时候,最好的人生出路是去外企或民企，不仅待遇好，而且也意味着一种更先进的管理制度和企业文化。从00后的内卷与躺平背后，能看出他们的另一面——成熟和老成。这种成熟体现为，新世纪尤其是2010年以来，这种人人都有机会成功的"梦幻"变成了一碗"毒鸡汤"，我曾经借用一部电影《老男孩》来描述，这是一群面孔稚嫩、内心老成、没有青春的青年人。从这种回归体制和基层的倾向中，我体会到这几年社会心态的变化，一方面因为职场压力、"996"、35岁离职、过劳死等现象，使得互联网大厂不再是香饽饽，另一方面大城市的生活压力也使得回归省城、中小城市成为一种选择。正是这些不同，呈现出00后务实的一面，本书"在基层"专题中有《基层选调生：伟大与渺小》《那个来驻村的"北大硕士"》等基层选调生的故事。选调生制度主要是为来自985、211高校的高才生提供服务基层的机会。这种制度化的"下基层"，让年轻人更深入地理解中国乡村，这几篇文章都提到了驻村干部如何从城市大学生融入村庄生活、获得村民信任的过程。这是一种中国革命时期根据地以来形成的干部下基层、知识分子下乡的历史传统，是一种弥合城乡差异、将优势资源利用行政手段来赋能乡村发展的独特经验。除此之外，还有如《"逼"上凉山——小镇青年支教记》《大山里的中考"战士"》《在线上教育的"花果山"上》等文章叙述青年人在乡村支教的故事，也是用教育来改变农村发展的手段。

如果从长时段来看，00后是第一批摆脱"20世纪文化情结"的一批人。所谓"20世纪文化情结"，主要指由于中国作为弱者和被压迫者的位置，形成的强烈自卑感（如对传统文化的激烈批判、国民性反思等）和民族自尊心，渴望实现现代化、渴望获得西方认可。21世纪的中国基本完成了现代化、工业化的任务，摆脱了积弱积贫的状态，这有利于00后形成更加辩证的中国想象和世界视野。

非虚构写作的中介功能

其实，我不是一个特别会"写作"的人，我的写作主要是评论和论文两种文体。最初的写作经验来自2000年进入网络时代，我一边学习电脑打字，一边在BBS论坛中"灌水"。在2000到2001年大概一年多的时间里，我在网络论坛上写了20多万字的电影评论，这是我第一次持续地写这么长篇幅的作品，也使我慢慢掌握和体会到一种写作的乐趣。评论体有一个好处，自己的好恶、感受可以直接表达出来，相对自由一些。2005年读了博士之后我开始学习写研究性论文，在理论分析、文本细读中与不同的学术传统和观点对话，自己对文本的阅读感受隐藏在理论"高墙"后面。工作之后，论文写作逐渐成为一种职业需求。我想，不管什么类型的写作，都有一个基本功能，即写作是一种与人交流的媒介。写作是把自己的想法、思考逻辑化和理性化的过程。主体通过写作实现自主化表达，进而与他人沟通和协商。写作既是高度个人化的行为，也是具有社会性和公共性的媒介。

新闻与传播学院的学生善于做新闻采访和新闻写作，这种专业化写作受两种模式的训练，一种是中国新闻宣传中形成的典型报道，另一种是受西方深度调查影响的社会报道。这两种报道都有鲜明的风格，前者偏重以典型人物和典型事件为主的好人好事，后者偏于猎奇化、奇观化的社会事件。非虚构写作与这两种新闻写作风格有关，但又有所不同，其区别主要有三个方面：一是，非虚构写作表现的不是新闻人物式的人物报道，而是把不是新闻人物的人物写成报道，是一种去猎奇化、去新闻化的书写方式；二是，对于写作主体来说，在新闻采访、新闻写作中记者起到中介者、传声筒的作用,而非虚构写作的写作者更有主体性,突出写作者的"在场"感;三是,新闻书写容易把他者他者化,尤其是表现弱势者、边缘群体的题材,往往以城市、中产为视角,而非虚构写作更强调朝向他者、以他者为中心。如果借鉴了分享人类学的理念,非虚构写作是一种分享式写作,这体现在书写者以民族志、参与式观察的方式与他者"打成一片",或者被表现的他者和边缘人本身就是书写者。在课堂上,我也更偏重建议学生们借完成非虚构作业的机会,来走出自己的世界,去倾听父母、家人等"熟悉的陌生人"的故事,去深入他者等与自己不一样的人们的生活状态。

这些年非虚构写作的教学实践,使我逐渐意识到非虚构写作有这样几种社会功能。

其一,非虚构写作是一种朝向他者、朝向外部世界的写作。很多大学生从小习惯生活在以自我为中心的世界中,父母及其家人都围绕着自己转。这种从个人出发的视角一方面是现代社会赋予个体的权利,另一方面也是以城市、以现代为中心形成的现代性知识。走出自我、走向他者,意味着尝试跨越既定的自我与他者、中心与边缘、城市与乡村、现代与传统的界限。在这个意义上,非虚构写作"先在"携带着社会学、人类学的秉性,是一种自我与他者遭遇、对话和分享的越界活动。当然,朝向他者,并不意味着把他者猎奇化,而是用好奇心和同情心获得他者的信任,从而建立一种自我与他者的互动性和主体间性。借用美国文化人类学家格尔兹的观点,人类学的基本研究方法是民族志,民族志有两种写作方式,一是浅描,二是深描。浅描是田野观察中对话语、行为和事件的描述,而深描则是对这些话语、行为和事件的意义阐释。民族志的任务不是用浅描的方式完整记录田野过程,而是把不同的习俗、行为在人类学家与被研究对象的互动中进行阐释,这就是深描。在这一点上,非虚构写作者也像人类学家一样,需要对描述对象进行一种带有社会和文化阐释的深描。

其二,朝向他者的另一面就是反躬自省。非虚构写作中有一类常见的题材就是讲述写作者自己的故事,如个人史、家庭史等,尤其是"素人"进行非虚构创作时,更容易选择自己的故事作为素材,这也是非虚构写作的魅力之一。这种朝向自我的写作,既是一种把自己对象化和自我反思、自我批判的过程,也是把个体、自我放置在大的历史和社会环境中的历史唯物主义的方法。借用美国社会学家米尔斯的观点,这些特殊的、独特的个人遭遇,并非像看起来那样是个人性的、偶然的,而是历史、社会和时代的产物,是诸多社会的结构"制造"了这些个人问题。米尔斯把这种"源于周遭情境的个人困扰"与"关乎社会结构的公共议题"建立关系的方法命名为"社会学的想象力"。这对于非虚构写作来说很有帮助,有助于把日常生活的经验和个人化的、偶然的境遇与社会制度、历史变迁等问题结合起来,把个体遇到的问题转化为一种带有普遍性的公共话题。非虚构写作一方面强调个体、人人都有书写和讲述自身故事的权利,另一方面也强调个体记忆的社会性和历史性。因此,亲历者或平凡人的口述、回忆、自述都是历史书写的重要拼图。

其三,非虚构写作经常书写平凡人的故事,把平凡人的生命体验、社会思考以非虚构的方式呈现出来。与新闻报道中多呈现大人物、奇观化的社会新闻不同,非虚构写作赋予普通人的生活、生命以意义。非虚构写作并不是对真实的人和事物的"实录"或者真实性、客观化的新闻报道,而是一种创造性的文化建构,赋予平凡的人生、平凡的世界以意义和价值,是一种带有介入性、实践性的社会书写。非虚构写作关注被主流社会所遮蔽的弱势群体,让不可见的他者重新被看见,不管是社会意义上的弱势者,如打工者、新工人,还是同性恋者、少数族裔等边缘群体。非虚构写作的意义在于赋予这些芸芸众生的大众以有血有肉的生活和丰富多彩的生命。这背后依然有一种个人的民主化和众生平等的价值理念,也就是每一个人都是平等的、有价值的、值得尊敬和尊重的。正因为弱势,所以需要赋予生命意义和价值,非虚构写作是自我赋形、自我赋权、自己赋予意义的过程。对于非虚构写作来说,还存在着另一种平民性,这就是非虚构写作扩大了写作的权利,从专业化、职业化写作延展为一种大众写作、群众写作,普通人、平民也能成为非虚构写作的作者。写作是实现大众从被动的阅读者和受众变成主动的创作者的重要中介,是个体从"乌合之众"变成有理性的、有独立判断的主体的过程。借助互联网、移动互联网平台,人人都能成为自媒体的内容生产者,包括文字、图片和影像,这给个人提供了更多民主化和自主化的可能性。

最后,我想诚挚地表达一些感谢。首先,这本书的编辑出版要感谢写下这些文章的00后们,为你们勇敢地接受时代的挑战以及敢于走出舒适区的勇气点赞,大学是走向社会的前站,相信未来你们能用所思所学更好地为社会服务;其次,感谢好友李云雷与我一起担任主编,云雷近些年写了很多小说,也关注青年文化,他的序言既是鼓励,也是鞭策,我们也经常谈起对青年人的看法,感受到青年人面对与我们不同的社会环境和世界语境,也时常感佩一些年轻的"孤勇者"愿意把理想付诸行动;第三,也是最重要的,要感谢上海大学出版社文化编辑部主任陈强老师,陈老师一直慷慨支持"新青年非虚构写作"系列丛书的出版,虽然还没有机缘与陈老师线下见面,但这份无私的帮助是疫情时代格外珍贵的厚谊。

希望更多的青年人在遇到人生、生活的困惑时,可以用笔写下自己的感受,这为同代人或不同代际的人提供了交流、碰撞的契机。

写作是与未来相关的事业,写作有记录和见证历史的功能。历史不只是大历史,也是由无数的个体汇集成的历史之河。这些个人书写的小历史如同时代的万花筒,印刻着书写者所处时代的信息,即便当时不发表或者不出版,书写本身也是对历史与时代的参与和见证。如果过十年、二十年,再看当下的作品,依然能够感受到个体、时代留下的鲜活足迹。

2022年10月8日寒露时节
燕园南门

第一编
网生代拼图

我们,活在互联网时代

崔庆涛

千禧年出生的我们,即便持着00后的身份认同,受到90后文化的熏陶,但终究生活在互联网的时代。

00后的身份认同

至少在乡镇农村,对大多数2000年前后出生的同辈们而言,童年时能够短暂而甜蜜地暂时获得手机的使用权已然是可遇不可求的小概率事件了,更多的时候是手持弹珠,或方形圆形的卡片,在夹杂着石子的泥地上爬跪着同伙伴往来拼杀。唯有茶余饭后或家中有人作客时,趁着大人们放下酒杯,抓住时机上前向其讨要,才能在被大人喝退的大多数情况下偶尔成功拿到手机,遑论接触电脑这类传言中的电子设备。

2000年出生的沈伟,也曾是其中的一员。上小学时,触摸屏手机刚刚时行,"捕鱼达人""城市飞车"等一系列单机游戏风头正盛。尽管看电视能够作为娱乐消遣,但是相比硕大笨重,只能放置在客厅橱柜上,在放学后的固定时间段收看动画节目的台式电视,巴掌大小的"铁盒子"带来的虚拟世界更让沈伟着迷。

大多数人的童年都是懵懂无知的,沈伟小学时也一样,放学后,经常会和几个约好的同学飞速跨出校门。在橘黄色的阳光下,一群人从远处跑近,接连着从马路沿上跳下,起身后沿着田埂巡视着,每当找到疑似有虾蟹隐藏的泥洞,一群人便吆喝着围聚在一起,轮番上阵,将手臂伸进洞里不断搅动,试图抠出躲藏在泥洞两侧通道中的虾蟹,回到家时常常快要天黑,不免受到父母的一顿责骂。但是不得不承认,尽管小学阶段的课业压力较小,沈伟在学习上却是表现出了极强的天赋,虽然贪玩但成绩总是名列前茅。

小学毕业后,沈伟进入离村子不远的一所镇上的中学读初中,相对小学来说,由于要上晚自习,沈伟在学校的时间变得更多了,加之年龄的增长,父母对沈伟的管教也相对放松了很多。在结束连续四天朝七晚九的上学日后,每当周五下午上完课,沈伟就迎来了宝贵的周末时间。

在农村,父母的思想中是没有固定休息日这样的概念的,他们总是抓紧每一天,在田间地头辛勤地劳作着,即使农闲时,也会通过在街头集市摆摊卖货、工地工厂辛苦劳动的方式,想方设法地提高收入改善家里的光景,很少会有时间闲在家里。因此,初中时在周末这段时间里,沈伟处于完全自由的状态。

对于小孩子来说,电子设备的迷人之处在于其提供的虚拟世界,小孩子对电子设备的向往似乎也多是来自游戏。上初中后不久,在一个同辈表亲的带领下,沈伟便接触到了当时小孩子圈中大热的PS3游戏。在周末,为了玩半个小时到一个小时的游戏,每次沈伟都会花费半个小时从村子步行,沿路叫上同样对PS3游戏着迷的伙伴,到深藏在镇上小巷中的游戏店去,有时遇到前面有人,还需要站在一旁等待。那时小店里提供的多为《七龙珠》《数码宝贝》《奥特曼》等同名动画角色的格斗对战类游戏。通过游戏,能够更加近距离地接触甚至参与到动画剧情当中,这深深地吸引了包括沈伟在内的初中少年们。随着时间的推移，沈伟和伙伴们对这类游戏的了解和喜爱程度越来越深，去游戏店的次数也逐渐增多，最沉迷的一段时间甚至把上完早课去吃中午饭的这段时间花在游戏上。初二时，沈伟同部分同辈一样，用积攒很久的压岁钱偷偷买了一部智能手机，玩起了《天天酷跑》《时空猎人》等一系列当时的联网手游，相比PS3游戏来说，联网手游不仅在游戏画面上更加炫酷，同学伙伴之间的连线互动和日常的游戏交流，更是在无形之中使得这类手游一度成为这群懵懂少年中人与人交流不可或缺的基础话题。初二下学期时，电信公司为村子装上了网线，在这个过程中，沈伟家购置了一台电脑，自此，沈伟每天花在家里的时间变多了一些。

初三时，网络游戏《英雄联盟》兴起，逐渐抢占了手游在初中学生群体中的热度，尽管沈伟当时的手游成就在同学中属于顶流，但他还是放弃了手游转而加入了《英雄联盟》的玩家阵营当中。原因用他的话说，就是"你不去玩，就会发现你落后了，在吹牛的时候你就没有话可以说"。相较于手游，端游显然在游戏机制上更加复杂，加之每局更长的游戏时间和更复杂的操作系统，使得玩端游所花费的时间远超手游。对于沈伟来说，家里的电脑为他提供了更长的游戏练习时间，随着了解的深入，沈伟花在游戏上的时间也越来越多，从开始的只在晚自习结束后玩1—2个小时，到后来最疯狂的时候通宵游戏，第二天接着去上课。除却坐在电脑前的时间，在包括上课在内的其他时段里，沈伟也常常花时间在考虑游戏的出装铭文以及复盘游戏得失、制定游戏策略等方面，这无疑消耗了沈伟大部分的精力。

沈伟的疲态显露，是在考试到来的时候，成绩的骤然下滑，让他的老师警惕起来。在同老师对话之后，沈伟的父母知晓了沈伟在学校里的种种颓废表现，沈伟毫无疑问地遭到劈头盖脸的一顿说教，同时父母把家里的电脑网线拔了,为的就是防止沈伟继续沉迷。时值初三尾声,尽管在父母的刻意监督下,沈伟花在游戏上的时间减少了,但在没有被监督的时刻,凭借超越父母的电脑水平,沈伟常常自己连接上网线,享受虚拟世界带来的快乐和满足。中考后,沈伟考上了高中,但成绩并不理想。

90后的文化熏陶

沈伟就读的高中,处在县城中心,由于中考成绩不理想,沈伟和一群成绩相近的同学被分配到相对普通的班级。十五六岁的年纪,已经有了明显的自我意识,但尚处在懵懂之中。沈伟和一群同学每天无所事事,游离在游戏、小说和杂志之中。其间他的手机曾被老师没收,因此受到处罚,但是这并没有让沈伟产生转变。开学后三个月的一天晚上,沈伟和几个同学打算翻墙出学校去上网,结果被学校老师发现,最终,他被学校开除了。沈伟的父亲去学校接他的时候问他,想不想换去另外一所高中就读,但沈伟想了想,最终拒绝了,理由是已经读了三个月,发现这样混日子没意思。似乎并没有什么能够作为或者给予沈伟接受高中教育的动机,即使总结起来知道自己是在混日子,却不得不承认这是自己无意之中又必然经历的生活状态。

辍学后,沈伟没能够一直待在家里,同所有认识的90后一样,他需要出门闯荡,为自己谋划生路。

父母不舍沈伟年龄尚小便离家打拼,半推半就着将沈伟送到了县城武装部,希望沈伟能够在这里沉淀历练两年,最好离开时能够转正进入部队。沈伟最终逃离了,不顾父母的反对,不到一个月,沈伟便擅自离开了武装部,决定去省会昆明看看。这是他有生以来除家乡小镇外去过的第三个地方,第二个地方则是县城,因为上高中的缘故去,也由辍学的原因离开。通过手机,沈伟联系到了几个90后的朋友,在他们的介绍下,沈伟去了昆明的一家餐馆打工。这个直至上高中才开始学会使用马桶的00后,总算是在昆明落下了脚,第一次走出了处在绵延大山中的县城和村庄。

几个月后,在父母的要求下,沈伟回到了家里,此后,沈伟便在家里待了接近一年的时间。最开始的时候,在父亲的带领下,沈伟被带到了父亲承包的建筑工地上干活,尽管受到特殊照顾,但沈伟仍然忍受不了工地的繁重劳动,没干多久便打了退堂鼓,回到了家里。无奈,家里又把沈伟送去镇上的驾校报名学车,希望沈伟成为一名货车司机,在乡镇,货车司机无疑是一个美差,不用风吹日晒,清浆白洗,且薪资较高。在剩余的日子里,沈伟除去学车外,其他时间便泡在网吧,不断满足自己对游戏的渴望。

随着年关的到来,出门在外的90后带着一年的收获回到了村里,说是90后,但实际上很多人比00后的沈伟只大了2—3岁,但相对沈伟来说,他们之中有的早在小学、初中时便已经退学了。更早出门,意味着更多的经历和经验,年底将至,沈伟和这群90后聚在了一起,他们有在省内各市如昆明、丽江的,更有出省闯荡如前往上海、浙江等东部大省市的,年轻人似乎就应该出去闯荡,留在县城和小镇的反倒是异类,大家聚在一起畅谈自己在外的所见所闻,但提及次数最多的,总归还是与薪资有关的话题。地区之间、省市之间、不同行业之间的薪资水准和差异原因,大家相互补充说得头头是道。处在这群已经见识过门外世界的90后当中,沈伟动心了。新年过后,沈伟决定出去打拼。

但出门打拼的过程总归是不缺乏坎坷的,尽管初中时便开始使用手机,但使用最多的功能还只是软件的搜索、安装和卸载,游戏和

QQ聊天。对于互联网这个庞然大物，沈伟显然是知之甚少。在微信都还未使用过的情况下，不论是电子支付还是网络购物，对沈伟来说，都是一种新的挑战。每当自己亲自操作时，总有一种无法抵抗的陌生感袭来，卸去沈伟内心做出肯定选择的底气。

沈伟几经询问，终于找到了一个正在上海一家电子厂里务工的表哥，他愿意带上沈伟一起去务工。由于没有过电子购票的经历，沈伟将买票等事务托付给了表哥，但由于方言和普通话之间存在谐音，表哥在购票时将沈伟的名字填错了，这让沈伟还未到达上海便亏了800元，直至今日，早已熟练各种网上购物流程的沈伟提起这件事时，仍觉得好气又好笑。

第一次进电子厂的生活并没有持续太长时间，但几个月的时间沈伟省吃俭用最终积累了两万元的存款，这让他欣喜不已。沈伟在电子厂务工期间，他的父亲在家乡同沈伟一个比较年长且也是从事建筑行业的表哥等人合伙购置了一台泵车。在父亲和表哥的劝说下，同时也为了参加驾校考试成功拿到驾照，沈伟再一次回到了家乡的小镇。

起初半年的时间，沈伟一直跟在表哥身旁学习着如何操作泵车，渐渐地，沈伟掌握了这门技术，开始独自一人操作泵车，其间也曾出现过几次问题，但最终还是化险为夷。后来，之前工地上的活计完成了。紧接着迎来了淡季，泵车常常需要在不同市县来回跑，沈伟和同事们常常需要连夜将泵车从一个工地开往另外一个工地，不仅要面临疲劳驾车的风险，更有几次因为泵车老旧的缘故，在正常行驶途中爆胎，直接撞上了路边的围栏，所幸的是没有发生重大事故。在彻底结束表哥手上揽到的几个工地的活计之后，由于后续揽不到活，几人彻底地闲置下来。这种状态一直持续到表哥之前带出的一个学徒的到来。

这位学徒同沈伟一样,也是学习泵车技术的,学成之后,他去了老挝,仅仅一年便混得风生水起,不仅在老家购置了新房新车,甚至还聘请了一个私人秘书作为翻译。学徒请表哥和沈伟等人吃饭时,向表哥透露了自己的境况,并表示能够提供支持,就这样,在联系到缅甸的一个工地后,几人决定从边境偷渡过去。

一番筹划之后,几人的出国计划正式开始。将泵车送到境外后,沈伟同另一名同事在提前联系好的边境地区一些专门从事这类行业人的引导下,朝边境出发。在越境途中,经过一条宽大沟壑时,正下着雨,亚热带雨林地区独有的大雨,燥热、狂闷,让人无所适从。越过边境后,沈伟掏出手机打算联系表哥,却发现手机浸水已经坏了。无奈,沈伟只能继续和同事前往工地。令人恼火的是,还没干几个星期,泵车便坏在了工地上且找不到人来维修,又在工地待了一个星期后,沈伟和同事决定偷渡回国。在国外一段时间,沈伟和同事身无分文,无奈沈伟只能向父亲要了 2 000 元,坐车到了缅甸和中国云南边境地区,"这是我出来五年唯一一次向家里要钱",说到这里时,沈伟补充道。但是,回去的路更是高风险高成本的,以每人 100 元的价格,通过住在当地的居民,沈伟同其他一些偷渡回国的人头挨着头,双腿耷拉在皮艇四周,有惊无险地横跨了湄公河,接着又在陡峭的山林之间回转。路上时不时会有一些中年妇女,似是早已知晓商机,在路边等待偷渡者,询问是否需要帮忙拿行李,还有中年男子提供搭车服务,而短短的一段路程,往往需要收取高昂的服务费。但对于长途跋涉已经精疲力竭的偷渡者们来说,很少有人能够对这样的服务说不。提到这里,沈伟自信一笑,为自己离开缅甸前为图方便专门购买书包来装行李的决策感到庆幸。

紧接着,沈伟等人终于进入边境,但事情尚未结束,当沈伟和同事乘坐班车打算从边境的小县城前往昆明时,一路上他们遇到重重关卡。刚出边境小县城时,便遇到了公安执法人员例行查车,身份证上居住地是外省的乘客都被叫下了车接受检查,车上的乘客顿时少了一半。就在沈伟和同事二人有惊无险地通过第一关检查,班车继续开动时,每过一个关卡,似乎都有一次检查,第二次、第三次、第四次,两人接连通过了四次检查,终于在第五次检查时,"遭凶了!"沈伟这样总结。在第五次检查的时候,一个身形健壮的公安执法人员上车检查乘客的身份证,到沈伟和同事时,敏锐的直觉和长期的工作经验让执法人员提出查看沈伟等人手机聊天记录的要求,在查看后,二人最终被叫下了车。在派出所里,凭借着聊天记录的内容,沈伟和同事二人最后道出了偷渡的违法事实并接受了惩罚。回过头看,沈伟和同事二人的偷渡成本是极高的,此外由于违法犯罪,接受处罚外还需要承受极大的心理负担。既然如此,那为什么不选择办理签证通过合法的方式出国呢?"当时就没有想过这个",这是沈伟的第一句回答,就是想到了,一行人也不知道要如何办理,此外缅甸工地的工期也很紧,去办理签证可能会影响工期。显然,沈伟的第一次出国经历,由于自己对法律的无知以及种种客观原因,虽然有惊无险,但也因违法行为受到应有的处罚,总体上算不得愉快。

活在互联网时代

在这之后,沈伟告别了工地,再次外出,去了南京的一家工厂里务工。几个月后,冬季来临,工厂也迎来淡季,沈伟收拾行李,再三考虑下,坐火车来到了北京,一是同身为沈伟好友的笔者见面,二是试图在北京寻找工作机会。来北京一周后,沈伟在一家古玩公司应聘了销售的岗位,算是暂时安定下来,一个月后,沈伟跳槽去健身房发传单。销售和健身房的工作,在给了沈伟相对较多空闲时间的同时,也让沈伟开始注重提升自己的能力素养,按照他的说法,两份工作的性质相似,都需要你能说会道,在任何方面都有一定了解,同时掌握顾客的消费心理。在这样的认知推动下,沈伟通过手机百度、知乎,以及短视频平台等开始不断搜集相关信息,并且购买了许多网络推荐的书籍阅读。但是,很少这样使用互联网的沈伟很快发现了弊端——自己很难从诸多信息中辨别和筛选到真正有用的信息,尽管购买了一堆书籍,但谈起来时,沈伟愤懑说道:"很多书都是营销号推的,尤其以抖音快手上的营销号为主,像什么《鬼谷子》《狼道》《墨菲定律》之类的,听起来高大上,读起来也觉得他吹得头头是道,但最终读完你才发现,对自己一点用处都没有,完全是在浪费时间,有时反倒引导你形成一个错误或者被设定的思维。"但是沈伟也找到了一些有用的书籍,比如一些研究营销方法的书,尽管抽象,但在实际运用中,沈伟逐渐体会到一些实用的原理,从这一点来看,他已经开始涉猎互联网除社交娱乐之外的其他功能了。

来到北京那年,沈伟选择留在北京过年,理由很简单,七天的假期搭上来回的车费花销太大。也正是这样的决定,让沈伟在北京滞留了长达半年。2020年年初,新冠肺炎疫情暴发,由于疫情防控,沈伟只能留住在北京的一处员工集体宿舍里,在长达几个月的隔离状态中,互联网成为沈伟同外界保持联系的唯一途径。闲来无事,他通过抖音、快手、手机浏览器等平台了解外界资讯的同时,研究起了投资理财,尽管没有深入,但通过几番尝试,沈伟不仅成功收回了自己的本金,并且还获得了一定数量的收益,直至今日,他仍然将极小一部分的收入用来尝试购买理财产品,这让笔者感到惊讶。疫情管控解除后,由于后续的影响,销售行业同样迎来淡季,为了获得收入,沈伟像以往一样再次回到了长三角地区的工厂里,但不同的是,我们似乎看到了沈伟逐渐融入和成为这个时代主导者的青年群体中的一员，尽管他仍然用手机打游戏，刷视频，但是在车间当中，沈伟和工友之间的交流从未脱离时事热点，生活在厂房和宿舍之中，主流青年们似乎从未和外界脱节。沈伟谈起了他的工友们，除了主流青年外，同样有被厂里同事视为奇葩的存在。有三十多岁，喜欢一边玩着手机一边"看"纸质书的工友，但是由于脾气古怪、思想固化难以和工友和善地交流，自然而然地被疏远；有受到日本动漫文化影响，在打游戏互动时喜欢以"哥哥酱"等词语称呼队友的第一次进厂的18岁少年，但在相处过程中逐渐被工友同化再次"回归正轨"；有初来时穿着整洁时尚，但一个月未换洗衣服，只在要离开时，打开行李箱工友们才发现其仅仅只带了六个充电宝的"狠人"少年；有喝醉酒后自己拨打电话将自己送入公安局的老者。总之，形形色色的工友们，年长的年少的，受到不同文化影响的几代人聚集在工厂里，在不同文化价值观的碰撞之中，不断形成以特定一代年轻人为主体、几代人一同共享的工厂文化。

谈到未来，沈伟说自己明年打算回家，在父亲的指引下寻得一份真正安身立命的工作。从小镇走出，在外兜兜转转一大圈，路线几近横跨中国的沈伟，可能最终还是会回到初始的小乡镇中，但是我们相信，他已经获得了属于他们这一代人的文化和认知方式，并将一直与主流文化保持同步。因为不管身份如何、生活在怎样的地方，沈伟和我们终究是活在互联网时代的人。

一场关于少年爱的梦——耽美阅读者的成长纪事

黄茹蓉　刘芊妤　郜　敏

"耽美（BoysLove）"这个词源于19世纪末流行于西欧的唯美主义文艺思潮中,后来出现在日本近代文学中。"耽"即沉溺、入迷的意思,耽美概指唯美、浪漫,沉溺于美的事物。后来,"耽美"一词逐渐被用来表述男性与男性之间的爱情。为反对自然主义文学而呈现的另一种文学写作风格——耽美派,其最初本意是"反对暴露人性的丑恶面为主的自然主义,并想找出官能美、陶醉其中追求文学的意义"。

抵触到喜爱——初见耽美

第一次见到谢语琪时,很难想象她已经有近七年的耽美阅读史,前前后后读过三四百部耽美小说。专业第一的好成绩让她成为别人眼中的"大佬"——冷静而严肃,语言简练、逻辑清晰,善于剖析自己,看问题能够直达本质。

而当听到"耽美"二字时,她仿佛突然就只是一个普通的腐女,热情而活跃、滔滔不绝地分享自己对这个圈子的喜爱。

与耽美小说的结缘并不是一个"一见钟情"的故事,谢语琪在小学五年级时第一次接触到耽美漫画,那时的她尚不能接受这种形式，第一反应是很不可思议，有一点恶心。后来，谢语琪慢慢了解到更多耽美文学的信息，却始终还是摆脱不了"这不是正道"的印象。

看男女之间的言情小说的人往往不能理解看耽美小说的人，但对于谢语琪来说，言情小说的阅读算得上是她踏入腐女圈的铺垫。一方面，这类描写男女爱情的小说满足了她青春期的爱情冲动，另一方面，在大量的阅读后她陷入了疲惫期。"好看的言情都看得差不多了，而且我在读一本言情的时候对里面的一对男男cp挺有兴趣。在同学的推荐下开始阅读耽美小说，发现自己还挺容易进入角色的。"

由排斥到"渐入佳境"，谢语琪很难找到一个突然的变化节点。从爱情上来说，谢语琪认为男女之间与男男之间是没有什么区别的。性别的颠覆并不引向"性取向""性开放"等意义，但是题材却会更加广阔，小说风格较之传统言情则更加多元化。

但从另一个方面来看，男男的故事叙述依旧蕴含着不易被察觉的平等观念。在迟疑了一会儿后，谢安琪坦诚道："两者的（言情与耽美）互动方式存在很大差别，言情（小说）中女性总是处于一个被保护的角色，但是耽美里同样的性别可以让两个人达到一个生理上平等的地位，所以你会觉得什么样的人都可以被接纳，都能找到爱情。"

沉迷与狂热——投身于感性

耽美小说的题材往往十分丰富，可以是警匪类——两位同样强势的男性角色上演相爱相杀的纠结剧情；也可以是玄幻类——修仙复仇，人界之主与魔界之主之间的三界大战；可以是古装类——

皇上和将军一起运筹帷幄,君临天下;也可以是日常类——青涩校园,懵懂笨拙的少年们情窦初开。

在谢语琪看来,强强联手的耽美文能够给予她比男强女弱这样的言情小说更大的情感冲击。同时,因为耽美小说产量少并且受众范围较小,相比于泛滥成灾的言情小说,耽美小说的质量总体较高。其世界观架构大多十分恢宏,剧情跌宕起伏,作者文笔流畅,小说中塑造的角色性格也丰满讨喜。

谢语琪找到了精神上的"栖息地",在虚构的世界中沉浸于男男的爱恨纠葛里。平日上课,谢语琪还能对自己想要读小说的欲望有所节制。但一到假期,她便忍不住在手机上一篇接一篇地看小说而忘记了时间。

在这一时期,谢语琪对耽美小说的热爱部分延伸到了对同志文学的关注上。看了部分《孽子》的她更加清楚地认识到了耽美小说与现实的差距——耽美小说只是一场由女性为主导的隆重而华丽的情感想象,当下的现实远不如小说唯美和理想。

谢语琪谈道,耽美文化圈实际上只是一个存在于二次元的圈子,它无法见光,也不渴求真的能得到主流世界的认可。说到底,它只是现在亚文化的一个分支,而女性群体大多也就是在网络上"圈地自萌"。但在这个圈子内部,却有着井然有序的运营流程:作者们产出文稿,粉丝圈负责前期以及后期的宣传,同时积极给予作者反馈,作者也与固定的出版社和画师合作,为自己的小说配图,衍生漫画,从而产出一系列个人志和周边。这个运营流程在二次元的耽美世界已经形成了某种心照不宣的模式。

"它和三次元是完全分开的。"谢语琪强调耽美小说中固有的虚幻性,而这样的认识是从她与小姨的观念碰撞中被逐渐深化的。高中时的谢语琪满怀着向周围她信任的家人或朋友分享这块

"宝藏"的骄傲心情,家中最为开明的小姨也是她的倾诉对象之一。然而,小姨不但不能接受耽美小说,甚至对同志这个群体表示了不理解。

和大多数人一样,小姨觉得耽美小说这一文化潮流会毒害思想,而同志群体则往往被打上了艾滋病的标签。这对于急于想要将自己的感受与观点分享给他人的谢语琪来说无疑是一次重大打击,"会很难过,尤其是在当时,那种不被认可的感觉"。

但是谢语琪对耽美小说的热情并未消退,她在筹划自己的下一次"进攻"。提前参加了北京大学保送考试的谢语琪比同校大多数学生有更长的假期,她与其他被保送的同学一起,组织了一个讲座活动,以丰富同学们的课余生活。谢语琪决定借这个机会,向大家宣传耽美小说。

她准备的主要内容是 Priest 的《镇魂》,讲座从文学方面着眼,先介绍了耽美小说这一门类,再通过对《镇魂》中部分好词好句的解读来展现整部小说的框架以及风格,接着将大家的思路引导到关注少数群体之上,试图启示大家更多地思考这方面的问题。

虽然这只是一个校内的小范围讲座,但至少谢语琪尝试过让更多的人了解耽美、了解同性群体。即便从理性方面来说,谢语琪认为耽美小说带给她的负面影响是大于正面影响的,但是她宁愿投身于这种感性的状态,去享受看小说带给自己的快乐。

警惕与疏离——从虚构中走出

男男性别的故事叙述有着更大的虚构空间,因此更加能够满足谢语琪在青春期对情欲多样化的幻想。作者的文笔、情节的塑造等方面都是谢语琪能否沉浸于故事中的关键因素,但她强调自己始终是以娱乐性的眼光去看待这样的作品,它调动人的欲望而不是理性思维。

欲望是用来满足的,但同时也是需要警惕的。在谢语琪的自我审视中,她清醒地认识到自己曾一度像吸毒者一般沉迷于耽美小说。她谈到自己想要"戒掉"耽美小说,因为她在这当中投入了太多的时间和精力,其中的负面影响让她一直有一种矛盾心态。但更多时候她还是习惯于用情感处事,"我还找出各种理由来解释我为什么会被它吸引,比如它文学性也挺强的之类"。

谢语琪用"逃"这个字眼来形容自己如何沉浸在耽美小说虚幻的故事中,或许每个人的潜意识里都希望存在这样一个封闭而隐秘的空间让自己舒适而自由地想象。但除了阅读本身是一件随心所欲的事情之外,腐女们身处耽美这样特殊的圈子又时刻抱有一种警惕的心理,比如谢语琪已经坚决不会再向长辈以及老师们提及自己这样的"爱好"了。

即便是真正做了关于耽美圈的演讲,谢语琪回忆起自己的心路历程时仍然表示当时是十分矛盾的。在谢语琪的认知中,从属于亚文化的耽美并不是能够在大庭广众之下被大家以严肃的目光对待的事物,但是那时候的她还有着较为强烈的渴望,希望将她喜欢的、认为优秀的东西宣传出去。

而蕴含在其中略带骄傲的情绪随着谢语琪步入大学逐渐淡化,学习文学专业的她慢慢开始更深入地思考耽美文化。谢语琪表示,虽然有些耽美作品带有一定的文学性,但是和严肃文学或经典文学比较时还是高下立判。她开始不自觉地用批判和反思的眼光去看耽美小说,也在这个过程中否定了某些耽美作品以及过去自己的心态。"我能更多看到他们写的这些东西的幼稚之处,同时也是这个圈子的脆弱之处。"

随着谢语琪在现实生活中对学业、工作等方面有着更加强烈的需求,她正在脱离对耽美小说的喜爱。过去她也曾想过为这个圈子做点什么,比如亲自写一点耽美小说,但这些想法已经随着个人在现实生活中的顾虑而被搁置。虚拟世界中的情感幻想由于过于自由和无限制而更加脱离了生活,那么随着个人的成长和现实的需要,对其的价值认同都会经历这样一个衰减的过程。

谢语琪将自己对耽美小说的感觉变化归结于心态的成熟,她需要从虚拟中走出来,更现实地去生活。疏离的过程中伴随着不舍和难过,同时她也在期待一个契机能够重燃她的热情。在根本上她依旧不认同目前还存在的对耽美文化的偏见,"比如觉得耽美小说是很下流什么的,我还是希望大家对这个能有平等的尊重吧"。

我在无线文作坊,编织成年人的童话世界

朱 笛 安 妮

一

眼药水、腰垫和香烟,是夏小琳除了笔记本电脑外必不可少的三样物件。

坐上"五一"回家的高铁已经有四个小时,这四个小时里她的眼睛离开电脑屏幕就没超过三秒。

而自从夏小琳从出版公司跳槽到这家名为"繁星文学"的无线文写作团队后,她每个月的码字数量就从五万字变成了二十万字,腰痛就从一个月一次变成了每周一次。

写完这最后四千字,四月份她自己的写作绩效就已经补完了。她刚把自己的绩效核算单子发给总编,新来三天的写手Luna就给她发来信息,道:"夏夏,这是我写的稿子,你审核一下。"

夏小琳点开名为"娇妻太飒开头"的文档,看了三行就不由得皱起了眉头。

男主角一微笑就是"邪魅",女主的形容连用三个"楚楚动人",更令人难以忍受的是,连标点符号都用得不对!

她硬着头皮刚看完,总编小妖就又给她发来消息,道:"夏夏,你觉得Luna怎么样?"

夏小琳和小妖没有说客套话,言简意赅地说道:"不行。"

她没有必要为Luna说好话。

按照她所在的团队"繁星文学"的绩效计算方式,编辑的成绩和手底下带的作者的能力是分不开的。每人每月都需要写二十万字的内容,而编辑除了写稿之外还需要开会写大纲,把大纲分解安排给手下的作者写,然后给他们核稿。核出的合格稿件越多,绩效越高。

而Luna的小学生文笔,在这种高强度工作的无线文写作团队中根本无法立足。若只是笔力不足,还可以继续练。但更要命的是,Luna的心态也不适合这份工作——她对无线文认知不够,也不愿意继续研究。

无线文,指的是在无线端阅读的文章,区别于有线端。不过随着发展,通俗点来划分,无线文现在变成了所谓的"无脑爽文",包括霸道总裁、重生、随身系统、金手等元素的网络小说,而有线文则指的是适合影视端改编的大IP作品。

和很多行业内外的人一样,Luna对无线文抱有一定的偏见。不就是老套的霸道总裁文吗?会写"邪魅一笑"、冷酷霸道不就行了,哪里需要什么特殊功力?

然而,事实却并非如此。

1998年,痞子蔡的《第一次的亲密接触》在网上发布,这部网络言情小说被公认为网络文学的开山之作。而到了如今,在网文市场已经如日中天的当下,言情小说也仍然是最为重要的网文种类,不可小觑。而霸道总裁类小说,因其居高不下的热度和庞大的读者群体,有时甚至会与"言情小说"画上等号。其源流,有人认为可以追溯到《简·爱》等名著。它有其独特的内核与魅力,以至于现在市场上已经有无数的霸道总裁小说了,这个题材却仍然爆火,广受追捧,成为网络文学重要的一脉分支。

然而,千篇一律的套路不仅读者不会买账,愈发严苛的内容审核也不会允许抄袭和明显融梗的情况出现。无线文的写作,已经不是靠简简单单几个元素的拼凑就能够完成的。

以夏小琳的团队为例,她们需要先开会,确定一个总纲,再由三名编辑进行细化,每次开会都需要讨论三到四个小时。总纲敲定后,还需再由编辑进行再次细化到章节的情节点,分派给手下的三到四名写手进行写作。每名编辑和写手每天都需要写作一万字左右。每天,编辑还需要审核稿件,如果稿子质量不理想,则要打回重新修改。

只有经过如此几番打磨,完成的稿件才可以送到平台发布。

光是夏小琳手下就有三本不同题材的总裁文,即使她带两名作者,每天也需要面临不小的绩效压力。

"繁星文学"的绩效计算主要有三个方面:每日写作的稿件字数、开会讨论的细纲字数、编辑的核稿字数,加权比例分别是1∶3、1∶1.2、1∶1.2。无论是编辑还是作者,每人每月绩效的最低标准都是60万字。

对于作者来说,只有写稿这一个方式完成绩效,也就是每人需要写20万字以上。对于编辑来说,这三种方式可以灵活组合。如果一位作者每个月写稿20万字,编辑审稿后,编辑的绩效就成了24万字;如果手下有两位作者,那么一个月绩效就可以加上48万字。剩下的字数除以三,那么每个月编辑只需要自己码4万字就可以达到标准。

每一个编辑都是从作者一步一步走过来的。只有通过每天一万字左右的写作,才可以渐渐掌握无线文的节奏。而写出有逻辑、多爆点的好文还不够,还需要对现在的热点动向拥有敏锐的嗅觉,才能做编辑。

对于夏小琳的反馈,小妖思索片刻道:"那我再去跟Luna沟通一下吧。实在不行的话,反正她也还在实习期。"

夏小琳闻言不再多话,虽然她知道,假期结束之后,可能就再也不会跟Luna职场相见了。

在她入职"繁星文学"这半年里,手下的作者已经来来去去走了四个了。从"00后"的小妹妹到"30+"的海归硕士Luna,都可以来做这份工作。他们不愁招不到人。

广播里传来提示音,还有两站就要到夏小琳的老家沈阳了。她合上电脑,收拾收拾随身物品,做好了下车准备。

她看向高铁窗外的广阔景色,心中没有升起任何感想。但正是这种绝对的"空"与"无"反而让她觉得有些失落。

这是她来北京的第三年。

她在大连一所大学读了法学,毕业后和大学同学一起来北京做编剧,到现在换了三份工作,搬了两次家,认识了几个知心朋友。但她并不知道这是否是她曾期待的生活,正如她并不知道自己还会在北京待多久,也不知道以后自己的这份工作会坚持多久。

她只知道,她还不愿意离开。

二

朝阳区一座写字楼十层的会议室是夏小琳最常看到夕阳的地方,她们一整个编辑团队经常在这里开会敲定项目大纲。

今天的晚霞是绮丽的橙红色,夺目吸睛,和夏小琳写的上一本小说封面夸张的颜色很像。

每启动一本新小说项目,团队里的所有编辑都要一起"推大纲"。这是编辑的职责,也是编辑的收入来源之一。大纲推得好,一篇文才能写得顺,才能有热度,每个人的绩效分和提成才会越多。

或许正因如此,会议上每个人都很积极,激烈的讨论氛围看起来并不像是已经忙碌了快一整天的状态。

会议是从夏小琳向总编汇报新故事的梗概开始的,故事说到一半的时候总编就点了点头。夏小琳心下了然:这个小说应该可以做了。

新小说的灵感,其实就产生于早上在公交车上发呆时的奇思妙想。而作为无线文的写作者,写小说的契机就是如此的奇妙和没有道理,或许就是在公交上看到路边的一只流浪狗,出门时恰好在便利店的广告屏里看到了小猪佩奇,就突然决定要做一个"狗"爱上"猪"的八百章大型狗血总裁文。

得到总编的肯定后,大家用两个小时左右敲定了总纲,开头、发展、高潮以及结尾等,关键情节基本都确定了下来。今天的任务基本上是完成了,这次编辑部的大会议也差不多就结束了。

"这次有谁想跟我一起继续细做这本书吗?"夏小琳按惯例问了大家。写作的部分她会分成不同的板块,交给现在手下的两个写手,但是情节方面还需要几个编辑和她一起推细纲。

意料之中,一贯一起合作的两个编辑提出想要参与,除此之外,稍让她有些意外的是,平时基本上和她分开带项目的CiCi表示也想参与。夏小琳欣然接受,虽然平时和CiCi在工作上接触不多,但对方在工作上的能力她还是有所耳闻的,她随时欢迎有能力的合作伙伴。

临时项目组成立后,大家依据这次的小说类型确定了写作时要使用的笔名。

"繁星文学"平时写作时并不是依据以往传统写作中一个作者对应一个固定笔名的署名模式,而是按照小说的类型对应不同的笔名,所有作者使用的笔名及其著作权都归公司所有。也许,读者们今天看了一篇叫《重生后,渣总追妻又翻车了》的小说,粉上它的作者"神经小北",过两天这个署名下的作者就又成为另一本小说的作者"波光林林"了。

作者们平时也只会与带自己的编辑对接工作,作品的编辑后台、小说投放的阅读平台等都不是作者需要去接触与考虑的。作者只是无线文小说生产流水线上的一个环节,不需要主动思考人设和大纲,只需要将编辑设定好的情节梗概理解、消化,再将其填充成逻辑完整、语言顺畅、能被理解的故事。因此,编辑才是一个故事的灵魂人物。

小说写完后就会通过与签约平台建立的网络接口,被抓取到读者能够接触到的各个阅读平台中。而这本新书完成后应该会优先上传到"掌阅"。

"掌阅"是和"繁星文学"合作最密切的发布渠道,公司收入也主要来自与掌阅的合作分成。"掌阅"的用户足够多,在网文市场上也发展了多年,有着相对成熟的运行模式和稳定的书籍需求。

不过,尽管这两年公司和掌阅的关系一直比较紧密,夏小琳还是从项目分成的变化中嗅到了一丝危机。网文市场发展了这么多年,市场早已完成了好几次重新洗牌,供书方与阅读平台公司都在不断增多,"掌阅"的流量难免被渐渐分走。两个月前夏小琳才从工资明细中得知自己负责的上一本被掌阅评定为"S级"(最高等级)的小说分到了多少钱,一眼可辨地,与两三年前同级小说获得的分成相比降低了不少。

不少人都会好奇公司平时的收入主要来源于哪里,身边的亲朋好友时常担心夏小琳的公司收入来源是否稳定,这毕竟直接关系着夏小琳的生活质量。夏小琳在刚入行的时候也担心过,但在这个行业里摸爬了半年,她心里都有了数。这份工作,至少可以让她在北京过得很开心。

十多年前网文刚起步的时候,网友们看的大部分都是盗版小说,等到网文发展到一定规模、具有了相对成熟的体系后,付费阅读成为这个行业的主要营利模式。但是近三四年间,市场已经高度饱和,一些新媒体平台公司又开启了新一轮洗牌,在其中寻找新的出路和营利模式,自此就又演变为某种意义上的"免费阅读模式"。

不过,对用户来说"免费"仅仅代表其在阅读的过程中,不用购买阅读币看书,但是却需要花费"时间"。对晋江文学城这样的付费阅读平台来说,收入主要来自用户订阅、打赏以及相关版权收入等,而对现在阅读市场中这些新兴免费阅读平台来说,广告成为收入的主要来源。读者阅读一章小说,每隔七八行可能就会出现一个广告弹窗。像"繁星文学"这样的公司最终得到的收入高低,很大程度就取决于小说中植入广告的曝光率和跳转率等。

除去广告分成,来自合作平台的收入则还是以小说的市场曝光率以及阅读量为指标计算。以"掌阅"为例,平台内部设置了中、高、低纬度的PK机制,即将一堆书放在一起,采取一轮接一轮的淘汰制度,越能留到最后的小说评级就越高,能够获得的收入就会越高。以女生频道的小说为例,一共有女生好评、女生精品、女生口碑、女生人气、热门畅销、为你推荐等七个板块,只有经过层层PK获得胜利,才可以跻身首页"为你推荐"的七个推荐位(显示为六本,在页面上随机进行显示)。除此之外,她们公司其实也有自己的阅读网站,只不过收入水平比较低,几乎可以忽略不计。

因此,公司收入主要就来源于广告分成和平台发放的小说酬劳。

新项目组的一群姑娘们又留在会议室探讨了一阵小说情节,夜幕便悄悄降临了。大家终于达成一致意见后,便离开会议室各自追赶今天的工作目标。

夏小琳冲了杯咖啡,准备继续码字。刚敲了没几个字,一个声音就从脑后响起:"夏夏,刚忙完吗?来我办公室一下,有个事儿和你说!"

老板的呼唤通常意味着新任务的降临。夏小琳嘴上边应着"好的,来了",边起身到老板办公室去。

原来是"掌阅"那边给了一份反馈,因为受到最近热播的警医恋甜宠电视剧影响,这类题材的小说开始受到欢迎,希望公司能写一写试试效果,老板想让她先写个短篇。

夏小琳考虑了几秒便接受了任务。两本书同时写会很累,但鉴于她经验丰富,倒也不难。她喜欢让自己忙起来的感觉,这也是她为什么从上一家公司辞职的原因。

从老板办公室回来,夏小琳拿起桌上尚有热气的咖啡喝下半杯,眼镜镜片在杯中升腾起的水汽中慢慢模糊。

突然意识到什么,夏小琳抬起头看了眼电脑上的时间,不禁微微一笑:再坚持一会儿,就能下班了。

三

夏小琳下班的时候,会计算好时间提前点一份外卖。她很疲惫的时候,不喜欢等待。

她一边看着《甄嬛传》,一边跟新来的作者毛毛通电话。

"为什么说你写的那个东西不行,因为你那节奏太慢,故事还没开始讲,读者就跑了。我们要做的是吸睛。

"故事的四大要素:结构、人物、情节、故事线。大纲帮你把结构和故事线都摆好了,你就是要通过台词塑造典型人物,情节点要好好把握,知道吗?

"没事就多看看《甄嬛传》。人家之所以火是有原因的,把它每一集讲故事的方式摸得透了,文也就写得好了。"

新来的写手始终摸不着无线文的写作风格,每次交上来的稿子内容拖沓,不干练,这让负责的夏小琳有些烦恼。

夏小琳语重心长地说道:"无线文早就不是无脑文了,要是真的那么好写,随便找个会码字的不都月入几万了?网文不好写,因为它的全称是'网络文学'。跟'文学'沾边的,没点功力能写吗?"

她挂断电话,把面前的碗筷一推,从旁边的置物篮里掏出一盒南京十二钗,静静地点上了一根。

夏小琳是十二岁开始看网文的。从论坛、贴吧,到小说阅读软件,网络文学的阵地不断转移、扩大。虽然她才二十出头,却参与了整个网络文学史。

"其实到现在很多人都对网文有偏见。网络文学算文学吗?恐怕也就是因为看网文的人越来越多了,声音大了,才会有人正眼看,毕竟是有钱赚的地方;不过大家都心知肚明,大多数人只不过是把看网文当消遣。

"不过真的没有必要看不上网文。现在的年轻人,二十五六岁了从来没谈过恋爱的一抓一大把。还有我们无线文的受众,二三线城市的中年人,不断地想象大城市,却没有入场的可能。这个时候,网文提供了一个很好的可以代入自己的想象空间,它所带来的精神上的快乐,是巨大的。

"所以,网络文学挺好,我认为所有的文学都是好的,真的。"夏小琳笑着说。

网络文学总是不断被拿来和传统文学对冲,可文学才不是一个萝卜一个坑的事,也没有正统和非正统之分。

人类还没有什么像样文明的时候,大家吃饱喝足以后就围在篝火边讲故事。那是一切的起源。既然网文也在讲故事,能够让读者感受到舒适和快乐,那难道还不够吗?

关于人们对于网络文学的负面评价,夏小琳的耳朵已经听出了茧子。

"有人说,网文就只有情情爱爱。不过,人不就是为了那点情情爱爱活吗?俗话说,缺什么,要什么。网文在当下有需求,因此就有它存在的价值。"她顿了顿,笑道,"需求越大,价值越大,恐怕网文的意义任何人都无法小觑。"

"如果硬要说瞧不起网文,只能说,它想渡的人不是你,你也没法儿通过网文自渡。"而除了读者之外,网络文学也渡了作者。

说实话,她们公司的员工平均年龄不到三十,一群小姑娘写一本本百万字的网络小说,那么多跌宕起伏的剧情,谁都没有一手的经验。如果真是由亲身经历改编,那文可能真就"废"了。

不过,好在她们这群爱文字的人有着丰富的想象力。那些在小时候不被人在意,甚至是被勒令禁止的蓬勃幻想,曾经被贴上了"天马行空""不务正业"的标签,而现在,被她们编织成了更多人脑海中的梦。

而除了对"网络文学"的贬低之外,还有人会攻讦她们这些团队写手,说她们把文字沾染上了铜臭气。

夏小琳思忖片刻,说道:"做小说的人,想靠它赚钱,看小说的人,想从它得到一些新的感触,领略一下自己现实生活中领略不到的风景和感情,一举两得、各取所需,就很公平。"

夏小琳的母亲一直想着法子劝她回东北老家发展,还想着为她找一份与法务相关的工作,不过都被夏小琳一一拒绝了。

曾经母亲还会以"网络文学没有前途"来规劝她,但现在这个理由也不太成立了。夏小琳觉得,网络文学写作行业至少还能持续稳定发展好几十年,毕竟大家的精神世界都太空虚了,集中注意力也是有心无力的事。看看网络小说打发时间,充实心灵,调节心情,挺好的,至少她自己爱看。

"大家都看看小说吧。小说多美好啊。网络小说是最贴近现代人想象的舒适世界的,那样的生活、那样的命运、那样的爱,现实可遇不到。"

"现实可遇不到。"她又喃喃一句,望向北京并不美丽的夜景。

她手上的女士香烟闪烁着橘红的微光,犹如一只小小的萤火虫,徘徊逡巡。

(遵循当事人意愿,文中人物姓名、公司名称皆为化名,所提及的小说名也有所更改。)

一部游戏，一部关于自由的创作

周雨飞　王晓露

在游戏平台Steam上搜索"青箱"，你将得到一部制作精良、诚意满满的视觉小说。短短1分20秒的预告视频已经颇具视觉冲击力。游戏简介中的"拯救世界""写实风格""囚禁""改变"等字样也足以引发玩家兴趣。自2020年7月23日在游戏平台Steam发行至今，《青箱》收到了120余篇用户游戏评测，其中92%均为好评，在Steam平台获得了"特别好评"的整体评价。游戏的演出效果、音乐音效、人物立绘、背景画面等都受到多次夸奖，剧情和结局也引发了许多讨论。但在这样一部作品背后的制作团队Lunatic Works，实际上只有10人左右，他们也并非专业的游戏制作人员，而只是北京大学的学生。

楔　子

欢迎来到《青箱》世界。

首先你会发现自己置身于一节幽暗的车厢之中，身体随着火车轮轨的撞击晃动着，车窗外的世界因飞速旋转、后退而混乱失焦……这样焦灼的状态一直持续着，不到你进行下一步动作便不会停止。这是游戏世界的惯例，改变将由你的手指来实现。于是你急不可耐地点击界面,想要离开这幽暗、孤独、未知的空间。点击处没有显示任何光标的形状和轨迹,但场景已经发生改变,你终于触发了这部游戏的第一个事件,走向剧本为你设定的选择和命运。界面上出现了这样的文字:

> 坐在车厢里的人总会向外眺望。
> 眺望的理由多种多样:
> 晕车,发呆,欣赏风景……
> 抑或者只是下意识地一瞥。
> 但人们心中压抑的冲动都是相似的。
> 那就是——
> 从车里跳出去。

当最后一行字消失,车窗外的景象瞬间放大并铺满整个画面,暴戾的轮轨撞击声震荡鼓膜,你发现自己迷失在飓风之中。无尽的暗夜里,无数灰白的颗粒野蛮地舞蹈,火车的汽笛发出哀鸣,久久呼啸,而你只能在这不知方向的风中狂飙突进。

——你脱轨了。

游戏从脱轨开始。你,游戏主人公谭延,即将以第一视角经历近五小时的冒险。而现实中的你,《青箱》的玩家,也将暂时脱离日常生活的轨道,开启近五小时的时空漫游。

"要不就搞了吧!做点东西出来"

《青箱》的诞生,也是从一次"脱轨"开始。开发一款二次元产品的想法,是元火动漫社的几个朋友在上海旅游的夜聊中确定下来的。那是2018年的7月,大家都已经着手为毕业后的未来做打算。在经历了大公司的实习,体会过"社畜"的身不由己后,他们希望能自己创作,留下一些属于自己的东西。

在出租车上,大家相互鼓励着,最终决定不管做点什么,都要先把制作组成立起来。当晚,王润楠半夜醒来,"正洗着澡突然脑子一热,要不就搞了吧!做点东西出来"。"于是我们当晚就决定一起成立制作组,做一个二次元相关的作品。制作组的初衷很简单,PV也好、游戏也好,只要是需要大家共同创作、能满足大家的创作欲望的内容就可以。"在王润楠的组织下,大家的创作激情被点燃了。他们想要搁置市场的期待、学生的身份和世俗规定的时刻表,暂时脱离轨道,跳出"箱子",实现一个看似不切实际的幻想。"Lunatic Works"成为他们的自我命名——就像每一位杰出的艺术家一样,拒绝一切循规蹈矩,成为陈词滥调的质疑者和挑战者。

做一部视觉小说

制作组和作品的想法确定下来之后,接下来的一切就水到渠成地向前推进了,王润楠担任起游戏制作人的角色:"我们招人的过程很迅速,制作组整体结构确定下来只花了不到一周的时间。当时在元火动漫社的群里和未名BBS上发布了消息后,很快就吸引了很多平时创作欲望很强但一直没有契机的同学,大家都有很高的参与兴致,音乐、美术、技术各个部分都有擅长的同学。最后长期参与青箱制作的组员共有10人左右。"通过网络社群,一些素未谋面的同好得以加入"组织"。共同的热爱让大家一拍即合,他们每一个人携带着自己的看家本领加入创作的行列中,就如同形状各异的积木,经由巧思和妙手、碰撞与咬合最终搭建出一个全新的宇宙。制作组认为,这个宇宙需要借助视频、音乐、绘画等多种媒介形式,提供鲜活具体的官能感受。于是在商讨之后,大家一致同意:"让我们的宇宙,成为一款游戏!"

视觉小说是大家一起敲定的类型,"它不是已经走到黄昏的东西,而是属于未来的艺术形式",是一门"介于小说和电影之间的艺术形式,不需要太多成本的情况下也能有一定的内容表达"。对于学生团队来说,运维成本和实现难度都是重要的考量因素,视觉小说就这样从众多选项中脱颖而出。

既然要做视觉小说,第一步就是确定剧本。制作组继续在学校的论坛和动漫社群里公开招募剧本大纲,他们一开始并没有对剧本设定很具体的要求和限制,只是希望能兼具娱乐性的同时也有一定的意义和深度,能够给人思考空间。一般人提到GalGame都会先想到校园和恋爱之类的元素,这也是大部分人感兴趣的内容,但制作组明确提出,希望第一部作品校园和恋爱的比例低一些,不要太"烂大街",二次元浓度也低一些,不要太偏离现实。"其实我作为一个游戏制作人,知道做校园恋爱之类题材的游戏会挺好玩,也会有很多人喜欢。但我们的第一部作品并不是基于大众喜好和市场需求才创作的,而是基于大家的创作欲望,一般自己想要创作什么东西,都是想要有所表达的。我们不只是想描述一个现实世界中发生的故事,而是希望做出一些独特的东西,创造一个独特的小世界。"最后制作组收到的剧本大纲里,综合考虑主题内容和制作难度后,公园提交的一部最符合要求。然而它还远不是游戏最终呈现的样子,中间经历了彻夜的语音聊天和天马行空的思维碰撞。笔记本上的记录稍显潦草,一笔一画都在同时间赛跑,渴望捉住那些一纵即逝、灵光乍现的时刻。就这样,众人的灵感与想法在无数次的涂抹修改中得以沉淀。

剧本的打磨是一场持久战，由于情节在持续不断地删改、重组，剧本的名字也一直没有确定。直到几个重要章节基本成形后，一个周日下午，制作组在二教的教室中举行了制作游戏以来时间最长的一次会议。"大家聚在一起讨论了各种各样的问题，其中就包括起名的问题。我们首先确定'箱子'这个意象一定要表现在题目中，它不光代表了剧本中的整个平桦岛，也代表了主角所处的整个系统。人总是活在箱子里的，打破了一个箱子，外面可能还有另一个。其次，关于'青'这个意象，虽然说到'青箱'可能直观上会给人比较舒缓浅淡的感觉，但'青'实际上还有黑色的意思，它仍然是一个束缚人的箱子。此外'青箱'还有一个古代的意象，是收藏书籍字画的箱笼。所以我们在游戏的后面其实也放了很多文艺复兴时期的图，它其实代表整个系统是保存人类历史的。"王润楠回忆起那次会议，大家在黑板上写了各种各样的想法和意向，"可惜当时忘记拍照留念了"。虽然黑板上的粉笔字迹最终被擦除干净，没有以像素点的格式储存在手机里，但它们却化作一以贯之的主题，从此绵延交织在《青箱》的宇宙中。

以"写实风格"为招牌

你也许听说过"好剧本是成功的一半"这种说法，但对视觉小说而言，只有剧本还远远不够，成熟的剧本背后需要面对一大箩筐视觉实现的技术难题。什么样的立绘更符合人物形象、演出效果如何增强剧情的表现力、UI和画面如何营构出统一的美学风格……从文字剧本到视觉小说，无疑还需经历一场持久性战役。

为了实现剧本"写实主义"的风格，制作组选择在现实生活中搜集素材。剧本的主人公是便利店打工人，游戏背景设定中的全民偶像"小可"是电台节目主持人,为了真正了解这些人物,他们还专门采访了现实中的便利店店员和电视台工作人员。制作组中的 woctordho 表示:"我很赞同何大川同志说的'国产 gal(GalGame 的缩写)是人民群众的文学',只有多接触群众,才能写出有时代感的作品。"人民群众才是文艺创作的真谛——互联网时代的二次元创作竟不期然与延安文艺座谈会的文艺理念遥相呼应,用新时代的体裁、语言及美学风格完成了与历史的对话。此外,制作组认为,平凡人的日常生活从不缺乏戏剧冲突,通过艺术加工再现这些小人物的荒诞遭遇——荒野求生、校园暴力、对偶像的疯狂迷恋,甚至是抵抗"外星人"的精神控制等,都是《青箱》试图把握当代人精神内核的努力。

主线人物的立绘也要与作品的写实主义美学风格相统一。相比于其他二次元女主角常见的夸张服饰造型和与现实不成比例的五官四肢,《青箱》的主线人物阿雪和乐萱相当"接地气"。乐萱的人物设定为便利店店员,干练的微卷短发和职业装束刚好符合她成熟女性的人设。而阿雪拥有游戏中的"后继者"这一特殊身份,一直在海边废墟城堡里过着与世隔绝的生活,浅紫色的头发和纯白的短裙能够凸显她与世俗生活的距离感,贴合她在作品中单纯、敏感、脆弱的人物形象。

在影视剧中,布景已经成为一门专门的学问,比如在《催眠大师》《嫌疑人X的献身》等布景优秀的作品中,镜头里的每一把椅子、每一只茶杯往往都是有道理的。《青箱》中的背景也有着如此用心,每张背景图都是以照片为基础,经过一些神经网络和传统图形学的处理得到的。照片可以保证背景中的所有细节都是在现实中存在的,而不是画师臆想出来的,避免"主角独居的家中放着三把牙刷"这样的穿帮场景。这也是其"写实风格"的一部分。

电影语言破次元壁

《青箱》发布后,收到了许多玩家对游戏演出效果的好评:"第一印象最牛的地方就是里面的演出技术,十分新颖,非常牛!我要说碾压绝大部分日厂一线gal也是可以的。"作品被公认最值得称道的,就是令人耳目一新的演出效果。传统的视觉小说大多只有立绘震动、画面抖动等简单的演出,但制作组拒绝在《青箱》中套用平庸的模板。"你可以看到我们的游戏中有很多3D的场景和演出,有一些画面内部的旋转,而不是简单的静止图像。比如男主第一次见到阿雪前的场景,他在海边的沙滩上走,面前出现了一个城堡,一般来说这种演出可能就是放一张图,但因为我们有3D的场景,所以可以实现画面镜头从沙滩拉到城堡,再向上一直拉到月亮,就能给人一种很魔幻、很美的视觉冲击感。我们的背景图也不仅仅是简单的静止图像,而是会有光线和光晕的变化。这种演出效果在文字AVG类游戏(adventure game,冒险游戏)中是很少见的。"

"要让视觉小说的演出取得一些突破,首先要摆正一个观点:视觉小说不是小说的加强版,而是电影的精简版。"《青箱》的主创们意识到:处于成长阶段的视觉小说,在创作过程中难免会直面视听语言、技术手段和想象力的匮乏。必要时刻,他们会选择去电影中寻找灵感。"制作过程中常会有缺乏灵感的时候,对接下来的镜头和演出没什么想法,这时我们就会去看一些电影和动画来补充艺术细胞。"打破艺术门类之间的壁垒,从其他的艺术中吸纳灵感,是制作组跳出"箱子"的另一个大胆尝试。

主创们将心血凝结于创作过程中,终于通过《青箱》这个自足完满的玩家共享世界,与他们的知音相会。"由暴雪下的火车车窗,到雪原上孤立的木屋，再到拉远之后雪花球的俯视图，电影式的运镜与AVG中少见的立体背景变化，让整段演出显得精彩纷呈。男主在遐想尾声所说的那句：每当我凝视货架上的雪花玻璃球，风暴便会席卷我的脑海。给玩家的感觉，就不再是简单的臆想，而是感同身受的理解。"在类似于此的游戏评价中，玩家们对《青箱》的电影感表达了肯定，认为这是一处非常成功的创造。电影语言的丰富与直观拉近了玩家与主人公的距离，让他们体验了仿佛身临其境的感同身受。

跳出市场的"箱子"

历时两年，《青箱》终于走完了从构思到制作再到发行的全套流程，这期间经历的波折不在少数。"最困难的点在于我们并非专业的游戏制作团队，这算是一个业余的项目，大家都有自己的学业，有自己的考试、论文、实验，很难抽出共同时间一起讨论和制作。而且每个人的进度和其他人也有关系，自己的工作做不完就会拖其他人的进度，大部分压力也来源于此。制作团队中也有一些人因为难以兼顾学业和工作，或者压力较大难以适应和调节而中途退出，会面临很多突然的调整，比如我们的画师就更换过一次，当时所有的人物立绘都重新画了一遍。虽然我在最开始就给大家打过预防针，明确表示了工作的强度和难度，但只有真的上手做了才能体会到有多累多难。"尽管游戏作品讲述着跳出"箱子"的故事，但现实生活中，"箱子"如此真切地存在着，主创们也遭遇到各种客观条件的限制。但他们还是寻觅和创造着缝隙与空间，成功完成了作品的创作。

制作之后的发售本不在制作组的计划之内，开始"只是想大家一起做个游戏,做完以后可能免费发到一些同好群里,或者免费上Steam,但后来做出来成品质量还不错,就考虑定价发售了。"制作组平时经常和业内的其他制作者交流创作心得,一次机缘巧合,他们联系到了另外一个制作组的发行商,对方看过demo后表达了对《青箱》的兴趣,之后就聊到了发售的问题。

"其实我们在Steam平台上发布demo后,当时不止一家发行商联系我们,其中还有一些大公司。但大公司相对来说对作品的要求就会更多一些,他们可能会要求对游戏内容进行更改,也不会让我们自己来定游戏的宣传方式,基本上所有事情都得听他们的。我们最后选择的旅人计划是一家比较小的公司,对我们的要求少一些,不会影响和干预我们的作品内容,宣传方式也可以和我们一起商定,我们自己能决定的东西更多一些,而且他们之前也发过一些同类型的国内游戏,比较有经验,所以最后选择了他们进行合作。"

不过在旅人计划的负责人看来:"Lunatic Works大概是我和四元目前见过最有个性也最为头疼的制作团队。这是一群极度理性因而诉求明确的人,用制作组负责人coco的说法,他们这个最初成立于大学兴趣社团的同人制作团队,很多人都是从剧本诞生之初便参与创作,而目前产品的完成形态,也是每一个创作成员意志的集合。因此,他们的诉求很简单,不破坏这份意志。"于是就诞生了以下这些让市场包装头大的对话:"我们不想过度宣传""枯燥感,我们想体现枯燥感。""××和××虽然是故事的重要元素,但我们不想在宣传阶段就剧透给玩家""虽然作品类型是视觉小说,但这和宣传素材不想放人物立绘不冲突"……

在这两年的过程中,制作组的初心从未改变。为了"留下点属于自己的东西",他们做了许多几乎是违背市场规律的决定,坚持将"跳箱"进行到底。

让它远行,去经历自己的生命

《青箱》发行后,游戏剧情引发了许多争议。有的玩家表示主人公谭延负能量的对白和心理活动"实在是有点劝退人";也有玩家觉得作品中作者本人的心理投射痕迹过重,压倒了人物自身的主体性。而最大的争议点是作品的结尾,许多玩家认为游戏收束不够有力,没能呼应前面的铺垫,显得有些仓促。面对这些争议和质疑,制作组并没有为自己辩护,或是对作品做出所谓官方的解释。他们认为,当一部作品完成时,它就剪断了与作者连接的脐带,从此有了自己的生命。它将在远行中遇到一个个玩家,每一次被打开、被重新解释,都是一次点亮,一次成长,主创们不愿扼杀它本该具有的鲜活生命。毕竟这是一场跳出"箱子"的游戏,他们不愿意成为那个箱子。

制作组不想垄断作品的解释权,同样也不想垄断作品的实现技术。团队在创作之初因剧情和视效的需要决定自己在使用引擎的基础上搭建框架,为剧本量身定做一套程序。同时,他们一开始就希望自己的引擎在满足自己需求的同时,这些制作演出和特效的方法也能帮助到其他想制作游戏的朋友。"于是我们将引擎框架开源,在一些游戏开发的论坛上发布了对我们引擎的介绍。《青箱》的 demo 发布后,更多人看到了我们的制作水平,也吸引了更多人的兴趣和关注。目前仍有一些在使用我们的框架做游戏的制作组,这让我们感到真正帮助到了别人。"

《青箱》完成了,但 Lunatic Works 的故事还没有结束。他们决定把制作组的工作当成兴趣做下去,继续在空余时间制作游戏。不同于游戏公司的正规工作,制作组不想迎合用户的口味和市场的需求,重复那些千篇一律的作品。他们不怕小众,也不求所有人能理解。"最重要的是我们制作游戏,表达自我的这个过程。"对于主创们来说,这个过程和其实现的结果都是幸福的。"我们长期的努力在开花结果,总会有新的朋友玩完我们的游戏来给我们留言,说很喜欢我们的作品,大家很乐意分享自己对游戏的想法。有人喜欢我们的游戏,这带来的满足感是很强的。比如说,有人在玩过游戏后写了很长的评论,就会让作为制作者的我们感受到一种和玩家在心灵上的沟通。"经由《青箱》,主创和玩家得以暂时跳出"箱子",打破时间和地域的限制,与远方的人一起创造出心有灵犀的美妙时刻。

就如《青箱》开篇那一次脱轨,就如在《青箱》的制作内外贯穿始终的"跳箱"主题,游戏是主创们对自由的尊重和寄托。他们不想定义《青箱》这个作品,也不会被《青箱》这个处女作定义。《青箱》之后,Lunatic Works还会继续将自由的创作坚持下去。

青山不改,绿水长流。我们期待下个作品见。

加载完毕,欢迎登陆游戏世界

赵绮萱　李叶舟　李　娟　江凡瑄　李苑萌　娜菲莎·艾尼

周六早上九点,小瀚出现在了群聊里。

小瀚:"打游戏不?"

小李:"打啥？ GO[①]？ LOL[②]？"

小瀚:"GO吧,新开了把AK[③]。"

小瀚是一名大二的学生,因为要接受我们的采访,才罕见地在周六早起。但只要是找游戏伙伴,不论什么时间,只要游戏邀请一发出,群聊里总会有人第一时间回应。小瀚来回移动着鼠标,反复"把玩"着这把新武器。好友的游戏邀请弹出后,他把AK收进早已配备好的背包里,踏进游戏战场。

我的故事从《摩尔庄园》开始

和很多00后一样,小瀚的游戏启蒙也是那只红鼻子鼹鼠——来自社区养成类网页游戏《摩尔庄园》。他的氪金初体验也献给了这款游戏。"打不过那些更厉害的人,就充钱让自己更厉害一点,而

[①] 指《反恐精英:全球攻势》。
[②] 指《英雄联盟》。
[③] 一款游戏道具。

且那些皮肤真的蛮好看。"还在小学,小瀚就已经开始为游戏充值攒零花钱了。

从小学时的《摩尔庄园》《洛克王国》,到中学时的《穿越火线》《QQ飞车》《逆战》,再到后来的《星际争霸》《英雄联盟》以及CSGO等,小瀚可以说是中国网络游戏流行史的亲历者。被问到为什么后来不再玩《QQ飞车》和《逆战》时,小瀚笑着说:"因为大家都不玩了。"思索了几秒后,他又补充道:"我觉得这些游戏的运营也出现了一些问题,不像之前那么吸引我了。"年龄的增长和游戏经验的增加,让小瀚选择游戏的眼光更加挑剔起来——更高的难度、更强的操作性成为他的游戏追求,玩法单一的游戏很快就会消磨他的新鲜感。"有些游戏的道具和活动设计越来越花里胡哨,几乎是强迫玩家氪金了,但玩法还是一样,游戏体验不好。"

谈及这些曾风靡一时的游戏,小瀚兴致勃勃地开始科普客户端游戏(后文简称"端游")、网页游戏(后文简称"页游")和手机游戏(后文简称"手游")三种不同载体游戏的区别。2005年,端游在国内市场初露端倪时,小瀚还在上小学,但也听说过暴雪的《魔兽世界》,这款全3D画面的端游将MMORPG[①]、副本等概念带入中国游戏市场,给国内游戏市场带来了深刻变革。然而,由于开发人员不足、技术不够先进、制作流程复杂等一系列问题,端游的开发周期过长,而同时市场竞争越来越激烈。于是为了降低成本和风险,开发商选择照抄较为成功、成熟的游戏模式,端游的市场环境越来越混乱。几乎同时,页游开始兴起。页游没有3D画面,也不要求玩家投入大量精力,开发成本低,但吸金能力强,大

---

① 大型多人在线角色扮演游戏。

批原端游公司开始转向页游市场。但是因为页游玩法单一、游戏关卡固定、创新较少,并且设备与端游需求差距不大,所以页游的繁荣也只是昙花一现。页游开始衰落时,智能手机出现并普及,手游逐渐崛起。2012年是手游业务井喷的第一年,到2015年手游进入竞争白热化阶段,2016年,游戏市场中手游收入占比首次超过了端游收入。不过,在手游中,抄袭乱象也仍然存在;利用规模化复制手段生产出多个同质化产品的做法,让整个游戏市场陷入一种游戏数量多但优质游戏稀缺的状况。除此之外,手游市场还存在市场高度集中的情况,目前国内市场几乎被腾讯和网易双寡头垄断。

虽然无论是市场占比还是具体参与人数,目前手游都超越了端游,但小瀚却觉得端游才是一定意义上真正的"游戏"。端游的游戏安装包及其附件大多有10G左右,如果想获得良好的游戏体验,就必须保证有性能较高的电脑和硬件设备;鼠标、键盘等配件也很重要,只有舒适度和灵活度都较高的配件才能适应端游长时间的复杂操作。"我们还会互相比较设备的好坏,有一套很牛的键鼠[①]甚至可以成为很长一段时间内拿来炫耀的资本。"相比之下,只需一台智能手机就能随时随地开始的手游对设备几乎没有要求,用户门槛大大降低。在小瀚看来,端游和手游中存在着一条鄙视链,其中端游就代表着投入更多、门槛更高的资深骨灰级玩家;而手游则更为大众化、简约化,是许多"游戏路人"的第一选择。不过,这一区别其实对小瀚现实中的游戏选择影响并不大。因为即使心理上更偏爱端游带来的沉浸式游戏体验,但在设备或时间不允许的情况下,他也会摸出手机在王者峡谷里驰骋一番。

---

① 即键盘和鼠标。

我在CSGO里卖道具

　　游戏伴随着小瀚成长的全部过程。在上小学和初中时，为了能赶紧回家玩游戏，小瀚会尽量将作业在学校赶完；上了高中，父母没收他的手机，小瀚就转向身边高年级同学去借，借完被没收了就继续借；他还和朋友小李一起攒钱买过手机，被父母发现时，他们就说是对方"淘汰"下来借给自己的。

　　因为《英雄联盟》等大型端游对电脑设备的要求较高，加上父母对自己游戏时间的限制，小瀚在初中时就开始想办法混入网吧，借成年人的身份证是他最常用的方法。一周七天，小瀚有四天会光顾那些查得不严的小网吧，偶有警察来突击检查时，小瀚也不会从后门逃跑，而是老练地、脸不红心不跳地坐在电脑前继续打怪升级。"警察也不会抓着你查身份证，他就是进来清清人，实际上不会怎么样。"周末，小瀚有时会选择在网吧包夜或者在早场打游戏，因为网费便宜；而假期的他基本就是"泡"在网吧里了。父母给的午饭钱一部分用来充网费，另一部分就攒着给游戏氪金。

　　上了大学，有了一定数额的可自由支配的生活费，小瀚的游戏花销也提升了一个等级——从高中时的一两百元增加到五百元以上，甚至一笔就能上千。作为好友圈内水平顶级的游戏高手，小瀚的CSGO武器装备库可谓琳琅满目，他介绍起来也如数家珍："这个蝴蝶刀叫多普勒蓝宝石，用黑色和蓝色的涂料模仿大理石纹路，帅呆了；这把波塞冬是冬季收藏款；这把狙叫雷击，你看枪杆上就是紫色雷电……"在游戏中，这些动辄上千的道具之间其实并没有性能的高低之分，只有外观的差别，却仍然吸引着大量像小瀚一样的游戏玩家为之氪金无数。"我买道具就像你们女孩子买小裙子一样,它好看,我掏钱。"小瀚笑着解释。

但和小裙子不一样的是,游戏道具的流动交易更加频繁。一方面,玩家的增多刺激了道具需求;另一方面,官方发布的道具数量十分有限,还常常要花钱抽卡才能获得。抽不到买不到,只能转向其他拥有该道具的玩家协商购买,游戏道具倒卖市场就这样逐渐发展起来,小瀚也参与其中。2020年3月,小瀚预测了一场电竞比赛的胜负,提前购入了一批获胜率更高的队伍的印花。后来这支队伍真的获胜了,印花的单价就从30元上涨到了160元,小瀚此时将其卖出,赚了3 500元。当然,市场有风险,有赚也有赔。2020年寒假时,因为资金紧张急需用钱,小瀚不得不低价卖掉了几把心爱的武器,亏损了不少。

许多游戏玩家都像小瀚一样,或多或少参与过游戏道具的倒卖。根据调查,目前在市场上倒卖的装备大多数属于《梦幻西游》、DNF、《魔兽世界》、CSGO、《逆水寒》等热门网络游戏。可供选择的第三方道具交易平台有淘手游交易平台、Yx915手游交易服务、Steam交易市场、网易Buff等网站和APP,数量众多但平台质量良莠不齐。

小瀚还提到,除了他这样的个体游戏玩家,道具倒卖的暴利还吸引了专业团队来分一杯羹。以前面提到的印花为例,掌握内部信息的专业倒卖道具的团队负责人会提前告诉成员们在几月几号扫什么货、最低扫货价多少、最高出货价多少、在几个小时内完成大规模扫货。七天之后,印花价格一般会比之前高一倍以上,一个月翻2—5倍也很正常。在战队获胜、普通玩家开始大量购入印花的时候,倒卖团队再将手上的印花高价卖出。这种扫货的规模很大,通常有几百人之多,而且扫的都是绝版稀有印花或官方曾经发售过的限量款,贴一张少一张,供不应求,因此价格很容易上涨。小瀚说,这种专门从事倒卖业务的团队不是因为玩游戏而开始倒卖的，纯粹就是为了赚钱。对于这种人为抬高道具市场价的行为，小瀚虽然并不赞同，但也承认这种情况是无法避免的。

虽然团队能获得很高的盈利，其成员的单笔收入一般会在五位数以上，但是加入他们需要相当的资金基础，风险也高得吓人。小瀚回忆，大概在2020年七、八月份，一个团队领头人在扫货之后突然卷钱跑路，涉事金额高达千万，他的游戏账号随后被官方封禁，北京市公安机关也已立案侦查。

除了道具，游戏账号也进入了交易领域，这一现象在手游中比较常见。小瀚说，有些手游的机制是通过练级来提升实力、获得稀有道具，这就催生了"游戏工作室"。比如，在淘宝上搜"王者荣耀练级"就可以找到代打工作室，玩家把账号交给他们后，工作室的员工会帮你打游戏升级，有时是技术付出，有时是时间付出，有些工作室还会写程序作弊。游戏账号倒卖与道具倒卖同样有着较高的风险，小瀚的舍友就曾不幸被骗。他购买了一个游戏账号后，原账号主人又找回账号修改了密码，导致小瀚的舍友不能再用这个账号。他发现后赶紧报了案。小瀚说："倒卖市场的水太深，我听说过好多这样的事情了，所以只敢小打小闹。"不过，小瀚认为道具倒卖市场会随着法律的逐渐完善而变得规范。

我国法律条文中已经认定网络游戏装备是合法财产的一种，并且将其法律属性进一步定性为"虚拟物品"。但由于这种"虚拟物品"存在于不同的网络游戏平台，受不同的交易与运营模式制约，道具倒卖具有交易方式复杂、交易次数多、交易金额还未进行税种归类等特点，因此我国在这方面的法律法规还存在很多不完善之处。所以，虽然正规的游戏道具买卖行为是合法行为，但是其在大多数时候也很难得到法律的保护。近些年来，虚拟交易税收征管问题得到了越来越多专家学者的关注,诸多研究也提供了较为全面的意见与建议。关于买卖虚拟道具的税收征管问题,全面"营改增"后,我国税法明确规定,对网络游戏虚拟道具按照销售无形资产缴纳6%的增值税。2008年,国家税务总局明确规定,任何人加价出售虚拟货币所取得的收入,都应按"财产转让所得"征收其个人所得税。

法律的完善也从侧面证明了游戏行业越来越受重视,游戏道具交易平台也在逐渐完善规范起来。

"我向你发出一条好友申请"

虽然道具倒卖能够带来较高的收益,但小瀚说他并不靠这个赚钱,倒卖对他而言更多地只是玩游戏之余的"副业",他更愿意将精力和时间花在"玩"游戏和游戏社交上。

作为一个非常重视游戏体验的玩家,在玩非单机游戏时,小瀚一般都会与队友连麦或者是约上好朋友凑在一起玩,既方便游戏中的交流沟通又能增进友情。即使是单机游戏,他和朋友也会在线下交流。当发现了什么新的游戏,好友们也会彼此推荐。在回顾成长经历时,小瀚和朋友小李不止一次提到了他俩拉着其他朋友一起去网吧"开黑"[①]的事,尽管现在几人去了不同的大学,但还是常常一起打游戏,彼此间的情谊丝毫未减,游戏成了维系情感的重要纽带。游戏还给小瀚带来了一段恋爱经历。在玩手游《明日之后》时,小瀚加入了游戏中的一个公会[②],在公会的微信群中,小瀚结识了同样爱玩这款游戏的女生小丽。两人经常一起聊天一起打游戏,逐渐了

---

① 指玩游戏时可以语音或者面对面交流。
② 即一起玩游戏的玩家组成的集体。

解彼此，互相心动，确立了恋爱关系。"谈了半年多，"小瀚笑了笑，"也算是段美好又独特的回忆吧。"

对社交功能的关注是近年来游戏发展中较为突出的一个点。小瀚举例说，原来的CS[①]打完一局之后就找不到同样的队友了，但是现在结束之后可以加好友，感觉体验好了很多。《王者荣耀》《英雄联盟》和CSGO等大型手游、端游之所以能吸引如此庞大的玩家群体并且具有相对较持久的热度，除了设定和玩法本身具有吸引力外，游戏的社交娱乐属性也发挥着重要作用。比如，腾讯天美工作室推出的英雄竞技手游《王者荣耀》以MOBA[②]为核心模式，采用5v5团队作战的方式，玩家可以在游戏内约上微信或QQ好友一起"开黑"，社交平台与游戏绑定使得《王者荣耀》的社交属性发挥得淋漓尽致，也成为其火爆的一个重要原因。《王者荣耀》的段位人数分布，也证明了其主打社交和娱乐的事实。它的段位从低到高分别为青铜、白银、黄金、铂金、钻石、星耀、最强王者，段位越往上，竞技性越强，越往下，娱乐休闲性越强。根据"S21赛季段位分布图"来看，星耀以下的玩家占据绝大多数，是王者荣耀玩家中的中流砥柱，而最强王者的段位仅仅是前5%。所以，从玩家构成来看，更多人玩王者荣耀是为了娱乐和社交；也因为这种社交娱乐属性，一个玩家会不断邀请新的玩家，是一个游戏用户群体不断循环扩大的过程，由此也为游戏公司带来了大量的盈利。

虽然游戏对于小瀚来说是一种娱乐或社交的方式，但除了获得游戏快乐之外，他同样在意游戏的输赢。"能赢干嘛要输呢"，这是小瀚的游戏态度。作为一个技术在"职业人之下，正常人之上""不

---

① 《反恐精英》(《Counter-Strike》)。
② Multiplayer Online Battle Arena，多人在线技术竞技游戏。

努力的天才,全靠天赋"的资深玩家,他也曾参加过游戏竞赛。

　　2017年,刚玩《王者荣耀》不到一年的小瀚就已经是最高段位的"最强王者"了。当时偶然看到联通杯省赛的消息,觉得自己"玩得比较厉害"的小瀚和小李叫上其他三位好朋友组队参加了联通杯《王者荣耀》的省赛,在晋级赛中他们不幸遇上了冠军队伍,遗憾地止步八强。2020年11月,小瀚还和大学同学一起参加了学校的CSGO比赛。队友们技术水平都还不错,所以第一轮轻松拿下。但到了第二轮,大家都有些发挥失常,于是落败。比赛失利后,小瀚心有不甘,于是为了提升自己的技能,每天都在游戏上和机器人对战练枪、跑图、练道具。

　　如今,游戏的专业化与职业化道路正随着游戏的普及逐渐成熟并形成体系。2013年,国家体育总局决定成立一支17人的电子竞技国家队出战第四届亚洲室内和武道运动会,这是中国电子竞技的开端。2018年,中国电子竞技国家队参加雅加达亚运会表演赛并一举拿下首金,这是中国电子竞技的转折点。国家也逐渐发现了电子竞技的潜力。从目前较为权威的电竞网站"玩加电竞"看目前世界电子竞技俱乐部的排名,可以明显看出在《英雄联盟》和《王者荣耀》中,中国的战队都居于世界前列,2021年5月23日,RNG[①]还拿到了英雄联盟的MSI(Mid-Season Invitational)季中邀请赛冠军。

我们都有光明的未来

　　"游戏、电子竞技、去污名化、社交娱乐,它们本身相互影响,相

[①] 成立于2012年的皇族电子竞技俱乐部。

互作用,共同推动中国游戏产业的发展。"小瀚的另一位资深游戏爱好者朋友小夏总结道。

目前,游戏市场成为互联网经济的重要组成部分,全球游戏玩家人数接近30亿。中国游戏市场规模稳居全球前列。2020年,中国游戏市场实际销售收入约2800亿元,其中自主研发游戏占据了86%以上;而中国自研游戏2020年在海外市场销售收入也超过了1000亿元人民币,同比增长33.25%。[①]学者何威、曹书乐梳理了1981年以来官方权威媒体《人民日报》关于"游戏"的相关报道,最终发现,整个主导框架、游戏玩家形象、游戏的形象都发生了翻天覆地的变化,不再是铺天盖地的负面报道,而是开始强调游戏的"产业经济""中国制造""民族游戏"等属性。《人民日报》游戏报道话语变迁的背后,折射了数字游戏在中国的社会认知乃至意识形态转向[②],游戏去污名化的进程在不断加快,游戏已经成为一种"文娱新方式"。

同时,电子竞技的职业化之路也使得游戏在大众心目中的形象发生转变,对游戏的关注度也逐渐提升。原先在家不务正业、沉迷游戏的"不良少年"可以凭借游戏天赋走上职业道路。虽然电竞的选拔相当残酷,"吃青春饭"也是电竞行业中确实存在的问题,但退役选手并非没有出路。考虑到退役选手的职业规划,2019年6月20日腾讯在电竞年度发布会上宣布了腾讯电竞奖学金计划,与北京邮电大学以及广州体育学院达成合作意愿,用三年六百万元奖学金帮助有意愿重回校园的选手接受成人教育。这在为退役选手提供了

[①] 中国音数协游戏工委:《2020年中国游戏产业报告》,http://www.cgigc.com.cn/gamedata/22132.html,2020年12月18日。

[②] 何威、曹书乐:《从"电子海洛因"到"中国创造":〈人民日报〉游戏报道(1981—2017)的话语变迁》,《国际新闻界》2018年第5期。

更加广阔的选择机会的同时,也减轻了电竞选手父母家人对他们未来发展的担忧。

除了职业化发展,游戏的日常社交属性也吸引着大量路人的加入。《王者荣耀》《英雄联盟》等游戏在兼顾竞技性的同时主推社交和娱乐性,迎合了用户喜好,用玩家带动玩家的方式,吸引了大批游戏小白入坑。"来盘和平精英""一起王者开黑"不仅成为许多人闲暇时的娱乐选择,也成为融入新的社交集体,和同学同事打成一片的重要方式。

目前,包括腾讯、网易、完美世界在内的中国游戏企业都已进入全球游戏企业前20名,中国游戏全行业出海时代也已到来,新加坡、马来西亚、泰国以及印度尼西亚的手游市场几乎被中国游戏垄断。正处于上升发展阶段的中国游戏产业,在保持现有的游戏优势——社交娱乐属性的同时,也应当持续推进游戏的去污名化进程、加强游戏专业人才培养、加强体制整体与产学之间的联系、加强优质游戏的原创性并规范游戏市场、加强游戏市场管理等,推动中国游戏全面发展。

"不管游戏给我们带来了什么,它已经是我的青春,也是很多人青春中不可或缺的一部分了。如果时间推进到未来,我相信游戏一定会成为社会普遍使用的社交方式,游戏会成为人们日常生活中的一部分,就像我们已经离不开手机一样。同时我也希望我们可以设计出更优质的游戏,让中国的游戏也走向世界。"小瀚告诉我们。

小村游戏家

张毓祺

陪　　玩

　　系统音平静地响起："一位队友退出了游戏。"
　　两根手指啪啪摁下"Alt+F4"，屏幕上立刻弹出了是否退出游戏的对话框，"离开游戏"一栏还采用了5秒延时，伴随系统的温馨提示："你的队友需要你！"虽然队友已经不需要他了，但不是所有人都有资格提前退出游戏——老板可以，打工人不行。电脑前的少年冷静下来，他关掉对话框，眼睁睁看着基地水晶旋转爆炸，浮现"失败"的图标。
　　他是《英雄联盟》的一名玩家，也是一名陪玩，因为游戏打得好，所以专门陪伴某些玩家一起玩游戏，职责是在收费时间内尽力带"老板"赢得胜利，保证他们的游戏体验。邵小西不喜欢失败，特别是在工作的时候，他烦躁地砸了下鼠标，桌面中段隐约崩出一个浅浅的弧度。这张桌子桌面太大，直接连着四条细细的桌腿，没有设计其他承重结构，上面却放了很多东西：曲屏显示器，比脑袋还大的正方形玻璃烟灰缸，三个花花绿绿的打火机，几包槟榔，两个空饮料瓶，两个游戏周边手办……小的那个被砸鼠标的动静震倒了。他上淘宝找过，合适的桌子里最便宜的要90元，太贵了。

游戏自动放出了结算界面,耳机里传来鼠标哒哒的点击声,邵小西猜是T哥在翻看对手的战绩。不管是老板还是陪玩,输了游戏都喜欢这样做,看看对面是五个陪玩组成的"大车",三四个陪玩带一两个老板的"小车",五个朋友一起开黑的"本地人车队",或者连开黑都不是的"路人"。这涉及陪玩是否需要赔偿老板的问题,输给"大车"一般是免责的,输给"小车"会免当局游戏的钱,输给"本地人车队"和"路人",就算是炸单,怎么赔通常得协商很久,如果协商不成功,双方大概率会恩断义绝,甚至闹到各种社交平台上。

邵小西经验老到,游戏结束前就知道对面是个"小车",但T哥的性子……他提前把耳机取下来,丢到了桌子上,几乎同时,一阵咆哮声从耳机里传出来:"输给什么土狗队伍,打成这样,你们也配来接单?赢一把加几分,输一把好家伙二十分,我一晚上都白打了!"邵小西的头戴式耳机型号偏小,平时紧紧包在头上,耳机下的头发像被碾倒的杂草,取下时就会露出一条楚河汉界,有点滑稽。耳机上的麦克风时好时坏,邵小西平时都把嘴贴在麦上,总被人嘲笑干嘛含着麦说话,但新耳机比桌子还贵。

这个私人YY聊天频道里一共五个人,都是大老爷们儿,二十岁上下,脾气一点就着的年龄。按说这种时候早该吵成二踢脚的爆竹——一声更比一声响了,但此刻只有T哥一个人开了麦,脏字噼里啪啦往外倒,邵小西怀疑他愤怒的唾沫星子都能穿过网线砸在自己脸上。骂了一会儿,他累了,挨骂的几个陪玩开始试探着安抚。

"T哥,对不起。"

"T哥你喝口水……都怪我。"

在YY频道里,如果ID前面出现一个小绿点就说明这人在说话,其他三个人的小绿点明明灭灭,接二连三的道歉中透露出小心翼翼的讨好意味,但邵小西的一直没亮过,他觉得自己尽力了,不该背锅。T哥的怒火一下有了具体的对象:"怎么,不会说话了,装死吗,你看你玩的都是……"

邵小西直接退出YY频道,打开微信,迅速找到T哥的头像,两人的对话停留在两个小时前。T哥:"能来陪玩吗?"小西:"来了,我租号。"邵小西发起转账请求,3 000多元。对面的人似乎被这种沉默又激烈的反抗气慑了,一直没反应过来收钱,他就摊在椅子上等。这种普通的办公椅,伸手的时候没有扶手,后仰的时候没有靠背,无处安放的手臂和颈椎总是疼痛,但舒适的电竞椅在邵小西的潜意识里属于奢侈品,和桌子、耳机一样,都是忍忍就不需要的东西。

其实邵小西和T哥关系不错,T哥脾气大、爱抱怨,时不时就弹语音给他,邵小西嘴巴紧,也很会应和。但说两人是朋友吧,他们又不得不借助金钱往来。之前T哥给了他5 000元存单,老板只会给自己非常信任的陪玩提前预存,邵小西也勤勤恳恳地服务他,这5 000元已经花了快2 000元。在T哥的聊天窗口下面是邵小西和另一个"老板"梅子的聊天记录,刚陪梅子玩了一把,T哥的"招呼"就来了。他立刻结束了和梅子的交易,不会骗人的邵小西绞尽脑汁想了个理由:"我这下大雨了,在打雷,我怕被劈,打不了了。"

T哥终于收了钱,一言不发。邵小西想给他发个"1"看看自己有没有被拉黑或者删除,但最后只是把T哥的聊天框移出了主页。

从2018年接触陪玩到现在,他有些累了。

电　竞

电子竞技孕育了陪玩这个职业。回顾历史,中国的电子游戏发轫于20世纪80年代,对"电子"的强调反映了20世纪70年代社会主义建设初期发展生产、提高技术的历史背景,在这种强调生产的社会环境中,中国缺少具体的游戏消费动力和场景。

20世纪90年代,日本在全球建立起一套成熟的游戏硬件标准体系,在外来游戏文化的刺激下,中国台湾地区首先开始了对游戏软件开发的探索,诞生了单机游戏基础上的第一代国产游戏。这些游戏的可玩性在于沉浸式的剧情故事体验和虚拟场景探索,缺少社交性,游戏难度也低,没有陪玩介入的空间。

21世纪初,当娱乐性的计算机程序邂逅突飞猛进的互联网技术,一个多人同时在线互动的"游戏社会"出现了,MMORPG网络游戏风靡全国。这种角色扮演游戏同样是体验式的,玩法包括挂机截图、打怪升级、交友结社、生产贸易、据点攻防、恋爱结婚等。在引入内嵌商城前,玩家在游戏里都半斤八两,只要勤"问度娘"、勤"水帖",都能找到免费的游戏攻略和数据库。而在充值功能开发完善以后,如果想要提高游戏实力,只有"肝"和"氪"两条路,即要么花时间,要么花钱。总之,无论一个人想在网络游戏里躺平还是内卷,都不需要花钱找个陪玩。

2010年之后,电子竞技取代了网络游戏的地位。MOBA游戏是在社会化的竞争原理与工业主义的效率思想下出现的。首先,一局游戏的参与人数是固定的,分成多个阵营,游戏的唯一目的是在己方成员的通力合作下击败对方获得胜利。游戏还会设置排行榜,在排位中胜率更高的玩家能够不断提升自己的排名,这是在电竞游戏中获得关注度和影响力的最主要途径。

其次,一局游戏时长通常在30分钟左右,在共同的游戏空间中,更快完成"资本积累"——在更短的时间内获得更多虚拟游戏货币的玩家就能购买更强大的装备,也更容易获得胜利。这种获取游戏货币的能力和决策能力、反应能力、游戏熟练度都有关,玩得好的人除了天赋要好，还需要投入大量时间训练。

最后，每一局游戏都是新的开始，会遇到不同的对手和队友，这种随机性有时直接影响游戏的胜负。因此，那些忙里偷闲，偶尔玩一两把电竞游戏，熟练度较低，但又想赢，还要避免因匹配队友的随机性造成游戏体验不佳的玩家，就很容易选择付费陪玩。

邵小西所在的小学给孩子们开设了电脑课，但他从小对金山打字小游戏提不起兴趣。六年级时，他在县城找到了一家黑网吧，推开那扇隐匿的门，男孩们的嬉笑怒骂、网管的吆五喝六、热情又机械的电子女声广播此起彼伏，方便面和炒饭的味道混合着呛鼻的烟味扑面而来……他走进了电子竞技的世界。邵小西玩的第一个游戏就是经典枪战竞技游戏《穿越火线》，后来又玩过《三国争霸》。

2015年，初中毕业的邵小西辍学了，考场上节节败退的他彻底失去了对学习的兴趣。2016年年底，在《英雄联盟》中邵小西展露了在电竞上的天赋。当时《英雄联盟》的排位排行榜分为英勇黄铜、不屈白银、荣耀黄金、华贵铂金、璀璨钻石、最强王者六个大段，王者以下每个大段包含五个小段，王者以上不分小段，按照分数排名。邵小西从刚刚接触这个游戏，到成为新区男爵领域的王者只用了一年时间，手握500多分，是中考成绩的几倍。这除了让网吧广播每天频繁播报他的游戏荣誉以外，还吸引了许多同样在王者分段征战的"高玩"朋友。

2017年，有个朋友突然问他："要不要一起接陪玩，可以赚钱。"而另一个朋友问他："要不要来参加青训？"青训是选拔电子竞技职业选手的唯一途径，一般由各个职业战队在基地自行组织，地点在电竞之都——上海。邵小西坐在他最常去的"追梦者"网吧里，几乎没怎么犹豫就做出了选择。"上海"对一个从没离开过湖南、辍学后又失去家庭支持的农村孩子意味着什么呢，他连网费都是通过参加网吧活动赚到的,能选择的梦似乎早就注定了。

2018年,中国队在雅加达亚运会电子竞技表演赛上摘得《英雄联盟》赛事的金牌,IG电子竞技俱乐部夺得LPL(中国大陆赛区)历史上第一个《英雄联盟》世界总决赛冠军。《人民日报》、新华网、央视等主流媒体争相报道,一夕之间国家和市场都开始重新审视电子竞技,电竞人才的待遇蒸蒸日上。19岁的邵小西却不知道这些行业变化,他已经不再去"追梦者"网吧了。通过陪玩,他赚钱买了一台电脑,同时登顶男爵领域,以1 300多分高居排行榜第一。

工　作

在湖南省和贵州省毗邻的地方,沱江蜿蜒流淌,滋润了湘西的沃土。有水的地方似乎就有灵气,但邵小西并没有生活在沈从文笔下那座遗世独立的古城里。他住在凤凰县的一个小村子中,村里人不多,家家户户都盖了独栋的三层小楼,稀疏地散落在田边,一些矮墙上刷着"30万盖别墅"的小广告。从邵小西家望出去,就能看到四周交错的羊肠小道将田地切割成狭长舒展的块状。田里的水倒映着天光、山色、屋影,几个头戴斗笠的农民弯着腰,正埋头插秧。

但种田对邵小西来说仍然是陌生的,家里分到的土地早已无人耕种,荒废多年。他的父亲是苗族,做过厨师和工头,现在从事旅游业,在凤凰古城里替游客规划旅游行程和住宿,还经营了一个茶园。母亲是土家族,并没有固定工作,偶尔会出门做些零工。母亲把家里装扮得很漂亮,废弃水管被她组装成了"出"字形的花瓶,每个管道口都装点了错落的鲜花。他还有个妹妹,在凤凰县邻近的吉首市里读师范类职高,毕业后可以做个小学老师。家里已经准备搬出这个村子,但是去凤凰古城还是吉首市,还没形成统一意见。

邵小西放弃升学后，迎接他的是父母的责骂和"混合双打"。自觉在读书上已经没有出路的他想尝试别的方向，也跟父亲去过工地，当过导游，但最终还是回到了游戏行业。对游戏一窍不通的父母不理解他在想什么，拿他没有办法，骂到后来也都是旧词，但在"人穷志不短"的家庭教育下长大的邵小西，觉得自己不偷不抢，打游戏也是用双手赚钱。他在陪玩中重拾了信心，18岁时他的年收入就已经超过了15万元，这比许多985高校本科毕业生的年薪还多，不仅经济独立，还能补贴家用。比如给妈妈转账应对不时之需，负担妹妹的生活费并偶尔满足她买这买那的小愿望，有一次妹妹弄丢了班里五千元的班费，邵小西帮忙补上了窟窿。

2019年，陪玩拥有了官方名字——电子竞技陪练师。在中国通信工业协会电子竞技分会牵头下，中国国家标准化管理委员会发布了《中国电子竞技陪练师标准》，陪玩正式成为一个职业，分为初级、中级、高级三个等级。"电竞陪练师技能认定平台"也正式启用，如果能通过该平台的理论考试，包括电子竞技行业基础理论知识、专业基础知识、相关法律法规知识考核，并且通过相应游戏品类实际操作考试，就能获得"电子竞技陪练师"官方职业技能认证。

但现实中的陪玩业却和国家想象中的"电子竞技人才晋升阶梯"存在差距。陪玩业有四种主体，分别是头部平台、公会、私人陪玩店和私陪，前三者都是帮助老板和陪玩达成交易的中介机构，私陪则是和老板直接对接的陪玩。头部平台如比心陪玩APP是产业规范和业务拓展的引领者，公会在直播平台和陪玩平台之间搭建桥梁、双向引流，但私人陪玩店和私陪却或多或少处于阳光下的阴影中。

私人陪玩店是个体资本支撑的中介机构，基本没有经营资质，私陪则是一种完全脱离系统和平台管理的"零工经济"形式。它们能够灵活地在社交平台的灰色地带中迁徙,导致陪玩业一直拿不出准确的市场报告,只能粗略地估计"电竞游戏市场的10%—20%会转化到陪玩产业"。带有"私"性质的社交服务容易滋生非法交易,监管和治理难度很大。但也正因陪玩业的低门槛,新鲜血液得以持续注入,陪玩业在激烈的竞争中不断升级,除了最早的技术陪玩,现在还有了声优陪玩、才艺陪玩、聊天陪玩、虚拟恋人陪玩等丰富种类,游戏门类也从电子竞技拓展到其他游戏,包括五子棋这种小游戏。

比心等平台是禁止未成年人注册陪玩的,但未成年人并非陪玩群体中的少数。根据《2020比心社会责任报告》,比心2020年累计已拦截13万次未成年人申请陪玩资质的认证请求。这些未成年人大多成了私陪,或者进入了私人陪玩店。在理想状态下,陪玩能够按照"私陪—私人陪玩店—公会/头部平台"的顺序在四种主体中进行流动,使得整个行业保持相对稳定。

然而,在进入陪玩业的四年里,邵小西始终在私陪里原地踏步。

邵小西一开始通过人际传播拓展自己的客户网络,男爵第一就是他最好的陪玩资质凭证,因此不缺老板,无需进入陪玩店被约束和抽成。但是老板多也会有困扰,一方面,工作完全挤占了他的私人时间,邵小西很少出门,也没时间再打自己的排位,很快有别人取代了他在排行榜上的位置;另一方面,接一个老板的单必然会推掉另一个老板的单,久而久之,一些老板就不再联系他。

深度卷入陪玩业后,邵小西还失去了安排自己作息的权利,什么时候醒取决于老板的语音电话什么时候响起,什么时候睡也是看老板什么时候结束游戏。长时间在简陋的条件下进行高强度的游戏操作,逐渐侵蚀了他的健康。不管是体育还是电竞,在这种吃青春饭的行业里，没有合理的养护和训练，无异于焚林而猎、竭泽而渔。

就算不求长远，只求"今朝有酒今朝醉"，网络社交在风险社会里也不是乌托邦，花海中有缠绕的蛛网，丰草下有潜藏的雷区。2019年年底，一位邵小西认识多年的游戏好友邀请他为自己的男友提供陪玩服务，每天陪玩时间长达八个小时以上，但却始终没有支付陪玩费。好友一力担保自己男友的人品，因此邵小西推了其他老板的单子，专心陪这对情侣玩了两个月。但欢声笑语过后，当陪玩费已经快累积到2万元时，这名男性老板突然和邵小西的朋友分手了，直到将所有人拉黑，都没有给他一分钱。

比被欺骗的愤怒更让人难堪的是饥饿的肚子，邵小西不懂什么是理财，"工作"多年他没有任何积蓄。陡然失去经济来源让他试图申请加入私人陪玩店，但是私人陪玩店会查验陪玩近期的段位和分数，邵小西的身体和竞技状态已经无法支撑他像之前一样排位上分了。只有初中文化水平的他也不懂比心这样的平台应该怎么注册。

重新审视这份"工作"，他18岁就拥有远超同龄人平均水平的收入，但四年后除了被透支的健康，被快进的日升月落，被填满的好友列表，好像没有获得别的东西。那些好友可以划分成鲜明的三部分：像他一样辍学做陪玩的农村少年，会找他打陪玩的老板，以及不再找他陪玩的老板。邵小西没单子的时候会主动邀请老板一起玩游戏，免费的，试图找找朋友的感觉。但是，将游戏里建立的人际关系剥茧抽丝，总有金钱穿针引线后的痕迹。

陪玩圈子里有句话："现在电竞打得好的人，要么是陪玩，要么是富二代，只有他们有时间每天打游戏。"在电子竞技的虚拟世界里，真正的王者，只有那些极少数走上职业道路的天才里更少数的世界冠军,或者是在现实社会中原本就端坐云端上的人。

邵小西摸了摸自己的键盘、鼠标和显示器,将那个总被他弄倒的手办扶起来,他即将告别自己房间的这个角落,去表哥的店里做一名淘宝客服。父亲对他反复叮嘱:"这是你第一份工作,一定要坚持啊。"邵小西点头认可了这种说法,四年的独自打拼和坚持,最后还是成了玩物丧志。

有人问邵小西:"你知道国家有陪玩资格考试吗?会发相应的证书,就像教师资格证或者记者证一样。"

邵小西震惊地瞪大了眼睛,他完全不知道。

"如果你2019年的时候就知道这件事,你会去考证,然后一直做陪玩吗?"

邵小西认真读完了"电竞陪练师技能认定平台"上的公告,没有回答这个问题,他反问道:"要去外面考吗,考这么多理论考试,收费280块?"

或许比心陪玩也好,电子竞技陪练师技能认定也罢,就像曾经有人递来的青训橄榄枝,一直悬在半空中,从来没人把它种到泥土里。

(文中邵小西、T哥、梅子皆为化名)

豆瓣娱乐小组：赛博"房子"的坍塌与再建

孙乐怡　刘珂亦　郭雯雯　陈　翊　丁伟伟

"你是个有始有终的人吗？——我是。"

"我设想过很多个终点，可你突然告诉我眼下就是了，我接受不了。"

"你能不能当一切都没有发生过，就当那是一段从未有过的时光。"

《踩组日报》于2021年3月9日宣告完结，彼时它已经连载了634天。一同结束的，还有属于豆瓣拉踩小组作为豆瓣第一娱乐小组的辉煌时光。

豆瓣小组是不同青年亚文化的网络集散地。其中，豆瓣拉踩小组在娱乐小组中独占鳌头，开创了豆瓣娱乐小组禁止直白安利（推荐）、鼓励多样拉踩的独特追星态度，成为"反饭圈文化"的"粉丝"集中地，常被简称为"踩组"。

三个月前，在短短一天时间里，踩组却从喧嚣走向沉默。回顾踩组的"死亡之夜"，踩组组员Sasa评价道："确实很热闹。"

一个豆瓣小组之"死"

作为娱乐小组，踩组死亡之夜的开端也始于娱乐圈内的热点事件。

3月7日晚11点左右,微博释出《山河令》幕后花絮一则。踩组首页由此出现大量新帖,在此则花絮的基础上进行发散,从《山河令》角色"温周"(温客行和周絮)CP(配对)上升至两位主演(龚俊和张哲瀚)的真人CP。3月8日,相关CP帖几乎刷屏踩组首页,此时踩组里非《山河令》受众的组员开始庆祝国际妇女节。

在微博,新的热点正在发酵。饰演《山河令》男主角之一的张哲瀚收到了"泥塑粉"(指将男明星认作女性的粉丝)的妇女节祝福。此言论被搬运至踩组后,有组员发布了张哲瀚此前的采访视频截图,其中他谈道,拍完激情戏后,"那种兽欲就上来了"。这引发了踩组组员对张哲瀚本人的强烈不满,接着引发了对"妇女节当日该男明星靠配对刷屏娱乐小组"的指责。

相关CP帖仍被不断回复顶起,同时愈来愈多女权主义相关帖子出现在踩组首页——这是另一部分踩组组员试图控制组内生态的方式。随后,踩组组长宣布组内禁止讨论张哲瀚七天,封禁方法是禁止讨论演员本人,但可以讨论剧中饰演人物。

在豆瓣娱乐小组中,对明星的封禁有着不同的意义,包括禁红不禁黑、禁黑不禁红、禁真人不禁角色、禁CP等各种不同的禁法。而踩组作为以拉踩为主要内容的娱乐嘲组,在黑帖讨论度高时封禁明星,被解读为对明星隐晦的维护以及"裸奔"(直接表明是谁的粉丝)。在踩组,明确暴露自己的粉丝与偶像身份发表言论是不被允许的,一旦"裸奔",组员将被封禁出组。有组员发帖质疑组长:"不懂就问,吴磊料在妇女节当天为了张哲瀚禁女权算不算裸奔?还是本组组长有特权?"

"吴磊料"就是踩组组长(豆瓣ID:吴磊LEO)。一波未平,一波又起。有组员发现,组长将"女权"设为违禁词。组员无法再发布包含违禁词的帖子和回复,并获得"包含违禁词"的网页提示。

在妇女节这个特殊的日子,踩组内的愤怒情绪迅速被点燃。组内涌现出讨伐组长的大量帖子。组长并未及时就女权一事给出合理的解释。到8日下午两点左右,组长道歉,事态却并未得到缓解。

群情激愤难以平息。豆瓣小组管理员试图通过"锁帖"(将帖子设置为不可回复)控制事态,但组员报之以更大规模的反抗:"裸奔"表白爱豆(idol,偶像)、公开粉籍(粉丝圈中的户口)、为明星开"安利帖"……对小组组规的公然违背与蔑视宛若踩组的一场"大革命",新的权力秩序与规则并非组员的最大诉求,"退组"成为意料之中的选项。

对于包括踩组在内的豆瓣小组而言,大规模的组员流失是致命的打击。也有豆瓣用户宣告:"踩组已死。"

规 则 与 战 场

豆瓣"踩组"全名为豆瓣"拉踩小组",其前身是"青春有你拉踩小组"。建组初期,小组成员多为《青春有你》节目粉丝,讨论内容围绕选秀节目展开。

《偶像练习生》和《创造101》开创了中国偶像元年,让百人选秀成为近年最热门、最有利可图的综艺类型。《青春有你》是《偶像练习生》系列的第二季节目,而"青春有你拉踩小组"则是综艺节目官方小组之外的衍生小组,开辟了一方由节目粉丝自治、自娱、自定义的空间。

与其他综艺娱乐类小组不同,踩组的首页上没有满屏的"表白"与"安利"。踩组开创了"嘲组"这一豆瓣小组类型,其精神内核生动地体现在踩组的头像中。一个取自表情包的熊猫头抬腿把地球"踩"在脚下，一脸不屑的表情以及充满狂躁感的动作，起初在豆瓣娱乐小组中独树一帜。这幅图像意味着讨论任何一位明星时，都要把另一位也"拉"下水"踩"一脚。组内成员虽然也是"饭圈中人"，但却坚定地要与饭圈"主流"背道而驰。组规禁止粉丝暴露粉籍，即以某明星粉丝标榜自身；禁止"饭圈"司空见惯的控评、控赞等行为；对于违规者，组长和管理员有权锁帖，或将其移除出组。

一种以拉踩体为基础的拉踩文化和拉踩心态也开始流行起来。和微博的一言堂不同，豆瓣小组没有固定的权威，所有人都能平等地在一定规约下发表自己的言论。正是这种平等激发了用户对权威的排斥和反抗，形成了"防安利""拉踩"的特殊文化，并滚雪球式地吸引了更多叛逆又好奇的用户。

在2019年《青春有你》结束后的一段时间内，踩组依然只是粉丝内部小范围狂欢的场所。电视剧《陈情令》的播出成为踩组破圈壮大的转机。

和大多数踩组成员一样，Sasa是在2019年夏天开始关注踩组的。耽改剧《陈情令》大火后，踩组内聚集了大量电视剧粉丝，他们在组内活跃发帖，不仅能稳定地产出高质量同人作品、盘点热门话题，同时也依靠人脉在组内透露娱乐圈各类一手消息。在电视剧大结局播出前一晚，晋江兔区有人爆料了王一博恋情的消息，在"粉圈"掀起大动荡。踩组成员秉持着一贯的质疑态度开始广泛搜证，并逐点击破恋情谣言。这场被粉丝们称作"埃博拉战役"的行动让踩组一战成名。

这个成立不足一年的小组迅速跻身豆瓣顶流。但一年后，踩组开始频繁陷于解散的危机。2020年7月13日，小组成员"大唐honor"多次公开违反小组规定，在组内开帖夸赞某位艺人且没有进行拉踩。经其他组员举报后,组长庇护了"大唐honor"的行为,不但没有按组规将其移出小组,反而发帖宣布踩组解散。很多组员自觉退组,引发了第一次解散危机。

"组长擅用职权"的行为为踩组日后的风波埋下了隐患。第二轮冲击则来源于国家对互联网内容的整改。2020年9月11日,由于国家开始整治互联网"诱导未成年人无底线追星、饭圈互撕等价值导向不良的信息和行为",踩组首当其冲被封禁整改30天,其间,大量组员转向其他未被封禁的娱乐小组,造成了踩组第二次用户流失。

2021年3月8日踩组积累的矛盾最终爆发。向前回溯,踩组的崩溃并非无迹可寻。踩组组员Sasa不是3月8日退组大潮中的一员,她早在第一次翻阅组规时就发现,"吴磊料把禁女权写在了组规里"。即使如此,踩组也在该组规的约束下保持了相当长久的稳定。

组规是豆瓣小组建立论坛秩序的核心,而小组管理员仅仅被视为组规的践行者。组长对组规的"僭越"逐渐消磨着组员的耐心,也损耗着组规的效力,而组规恰恰是组长与管理员合法性的来源。在妇女节将"女权"设为违禁词虽然并未违背组规,但当组规已经失去"民心",沦为象征管理员特权的"权杖",曾经作为组员集体认同的组规,也面临着被愤怒的组员"拉"下水,彻底"踩"碎的命运。

老屋与新房

3月9日,一篇名为《她离开这里的时候》的告别帖子,在踩组收获了900余条回复和近2 000条收藏。文章叙述了一个女孩独自离开"青春有你拉踩小组"时与出租车师傅的对话,文中写道:

那些最早的房子都是她们自发一块砖头一块砖头垒起来的,大青午夜场的小酒吧,嫂子之夜的喇叭柱子,拉郎时期的表白墙,印发融梗文学的文学社……

之后先是获奖的那些人先走了,再是围观的人也走了一部分,到最后黑手也有时出现有时消失,好像在其他小城里买了很多新房子。

"房子"是在豆瓣小组拥有一席之地的隐喻。踩组的入组门槛很高,在诸多豆瓣小组里是出了名的"严进宽出",也因此被戏称为"豆瓣985"。与其他豆瓣娱乐组相比,鹅组(八卦来了小组、豆瓣鹅组)有79万组员,吃瓜组(自由吃瓜基地小组)有17万组员,而踩组组员数量长期控制在10万以内,形成了范围更小、联结更强的群体。

在踩组"有房"随之成为一种身份象征。很多人被踩组拒绝十余次却仍孜孜不倦地提交入组申请;"帮写踩组进组理由"甚至成为一项专业化的业务;在踩组"有房"的账号在闲鱼上被炒到不下200元——很多粉丝不吝惜用钱买一份踩组里的发言权和话语权。

Sasa在2020年初才成功加入了踩组。进组一年,她对踩组是充满感情的。虽然组里大家关注的领域都有所不同,从韩圈到选秀,再到电视剧粉都在组内占有一席之地,但组内生态非常和谐,每个人都是很"有梗"、很会共情的独立个体。Sasa曾在组里发布过一个生活的"烦恼帖","里面有很多人耐心有条理地跟我讲话,当时感觉大家都很可靠,但是发同样的帖到别的组就绝不会有这种效果"。

踩组组员之间有着较强的黏性,这也是组员们归属感的来源。即便踩组不欢而散,有的老组员不想再看踩组的帖子,却也舍不得"退组"。而离开踩组的用户则分流到若干不同小组,开始"建新房"。

3月8日当晚,踩组旧成员便各自汇聚人群,新建了"有意冒犯""from事件记录小组""流浪lv的家"等多个小组,并在踩组公开邀请组员加入。3月10日,四个从踩组分流出的小组合并,成立了"四合院"。

然而,"四合院"并未复制踩组的辉煌。由于原分流小组管理员内部存在矛盾,"四合院"从成立之初就出现了管理员选举争议、"网暴"冒组管理员等冲突性事件。如今,"四合院"仅有两万三千余名组员,活跃度完全无法与其他娱乐公共组相提并论。

和Sasa一样,很多原踩组成员抱着复刻踩组生态的愿望加入了"四合院",但觉得"四合院很无聊,慢慢越来越flop(过气、失败)",于是又转向"花园"等其他公共娱乐组。同样从选秀粉丝起家的豆瓣艾玛花园组与踩组几乎是同时发展起来的,在现有豆瓣小组中与原踩组的生态最为接近。但是,旧踩组成员主体是《青春有你》系列节目粉丝,面对以关注创造营系列节目为主的"花园",融入新组的过程困难重重,甚至有人表示看到花园的帖子就生气。

原踩组组员游荡在林立的豆瓣小组之间,固然有不少都能代替踩组作为消遣,但正如Sasa所说,"缺了哪一环都会不一样……踩组再也回不去了"。在这个免除粉籍、防止安利的地方,"踩组成员"本身已然成为新的身份认同,而踩组也成了组员们共同的"爱豆"。

踩组"气数已尽"的宣告从未停止,但截至本文撰写时,踩组仍有五万八千余位成员,与之性质类似的豆瓣艾玛花园组员数也不过七万七千余人。"踩组已死"的论断与其说是一种陈述,毋宁说是对过往踩组的怀旧。它在个人的互联网生存中既留下了难以替代的归属感,也作为具有象征意义的豆瓣"大事件"得到记录。

3月8日后留在踩组的组员们仍在努力活跃踩组的氛围,维护着他们所理解的"踩组的意义":一种从踩组建立之初即独树一帜的"逆反"姿态。在他们看来,虽然组长管理不当,处理舆论方式存在问题,但当"反组长权威"的"女权"声音成为踩组中垄断意见的新权威,持异议的群体被割席分坐,他们便希望让踩组回归"娱乐"乃至"缺德"的"本心",开启"反逆反"的踩组重建。

3月8日事件结束后Sasa也冷静了下来,重新回顾当日,她觉得当时组内的氛围属实"过于激动了"。其他豆瓣小组也隐隐介入其中,比如以激进女性主义闻名的"破产组"(破产版雅典学院小组)。Sasa也是其中一员,她觉得踩组的矛盾之所以激化,"破产组功劳应该不少",但在众声喧哗时,"没有人觉得破产组内部的发言极端得有些疯狂"。

《她离开这里的时候》这一告别帖这样描述踩组的历史:"岂止是地震,房都塌光了。"内部与外部力量的争夺与对抗中,"青春有你拉踩小组"的巨变似乎透露出组员们不愿承认的迹象:原本就并不稳固的踩组共同体是如此的不堪一击。

广场与围城

踩组"死"了。对于处于同一个生态圈的其他豆瓣小组成员来说,这或许只是一个"犄角旮旯的臭东西"走向灭亡的故事。不值得同情,也不值得默哀。在豆瓣这个有近七十万小组的平台,一个踩组倒下了,还有千千万万个小组蓄势待发。在一些老组员还在为塌房之夜感到愤懑或惋惜时,踩组的故事成了其他小组水贴或者群嘲的对象,在不断更新的豆瓣小组塌房盘点贴中被反复"鞭尸",用一句"2021年3月8日,踩组塌房"一笔带过。帖子下的人群或是扼腕叹息,或是拍手称快,但这些故事和感慨转眼都成为过往云烟,新的小组转眼就吸引走了他们的注意力。

踩组塌房,还有一个地方也在拍手称快。在微博广场搜索"豆瓣小组",基本上找不到正面的评价。仅从娱乐功能本身来说,微博上的粉丝群体打投(打榜投票)、做数据、控评(操控评论)的氛围与豆瓣娱乐组里理讨(理性讨论)、放人脉(表示自己认识娱乐圈内工作的人)、扒料(挖掘某人的负面消息)的氛围显得有些背道而驰。有KOL(关键意见领袖)、明星、头部IP坐镇的微博凭借着这些优势占据了饭圈的主流地位,豆瓣小组相应地被赋予非主流的身份。对于许多微博用户来说,微博才是"活在阳光下",占据着主流话语权,豆瓣小组则"躲在阴暗的角落",研究着怎样摧毁自己爱豆光鲜亮丽的前程。

有人抵触,也会有人兼顾。特别是对于95后这群互联网原住民而言,多元是他们生命体验的关键词,生活里往往不止有一种选择。饭圈女孩中,不乏微博豆瓣两头跑的人。追选秀的大云表示,"有时候我看微博首页的那些安利内容,太上头了,大家都在爱啊夸啊,恨不得把自己揉碎了去爱他们,追得人头脑发热。这种时候我就去豆瓣小组冷静一下,下下头(从沉迷中走出)"。但是豆瓣小组也不都是扒料、拉踩的公共组,在明星专组里,组员的迷恋与崇拜程度并不亚于微博用户,甚至因为专组的相对隐蔽性,他们的话题更为私密和疯狂。无论是大众空间还是小众空间、主战场还是副战场,饭圈的狂热不会因为讨论空间的转移而降温。

除了娱乐组,豆瓣小组里也有很多生活类、艺术类、文化类的小组,这些组的用户在炮火连天的娱乐组边找到了自己的心灵自留地,组员们因同样的兴趣相聚,在豆瓣平等讨论氛围的保护下,稳定输出一些奇思妙想或是个人经验,在以个人为核心的社交网络上寻找认同感和归属感。如今,豆瓣小组已经成为许多"小透明"的声音被听到的重要平台,在这样一个"去中心化"的公共文化空间里,人人都能在豆瓣小组发表自己的观点,并且有可能被回应、被讨论。

同样作为讨论空间,豆瓣小组比微博更能消解特定个体的力量,这也是公共论坛追求的目标之一。在豆瓣大部分小组"申请制"的过滤下,组内内容的生产更为优质,平等交流的氛围更为浓厚,而小组建立的平台基础——豆瓣,本身也拥有清晰的用户画像,组员具有较高的用户黏性。尽管网民对它的评价褒贬不一,但在网络社会中,这样允许用户自由寻找标签和表达个性的公共讨论空间能够存在已经十分难得。越来越多的"茧房"被织就,越来越多的回音壁被竖起,能找到一片开阔的"净土",已经难能可贵。

但这并不是说豆瓣小组就是最理想的公共论坛。这一社区的组织形态和权力结构都较为脆弱,论坛体本身也有一定的门槛,与其说是公共空间,不如将其视为一个个趣缘群体内部的狂欢。早在2009年,公共论坛就已经随着微博的出现走向没落。微博上的信息更为碎片化,主体也更为多元,后期在越来越多的官方账号、KOL的入驻下,微博拥有了更高的话语权,人们在讨论特定公共事件时很难想到还有论坛这样的讨论空间。豆瓣小组作为近些年来公共论坛异军突起的产物,短期来看无法取代微博的主流话语权,只是在一个相对而言更小的范围内进行着有限的讨论与传播。

因为相同标签或爱好聚在一起的豆瓣小组组员们,在出现意见分歧时风流云散,原先的精品房摇身一变成为菜市场,空留一地嘈杂和叹息。接下来去哪儿?是去组外找到新家,还是在豆瓣之外找到新家?踩组的成员在纠结和思考,其他小组的豆瓣用户也在思考。当选择权还握在用户自己手中时,这个问题往往没有答案。

破晓

诸葛祥钦 马振宇 李浩然

电竞,这是一个近几年才被大家慢慢熟悉起来的词语。在电竞行业方兴未艾之时,职业选手的日常到底是怎样的?职业选手们是如何投身于这个行业之中的?在这个过程中他们又经历了多少的大事小事,是否也有苦恼与徘徊?在取得优胜时又有着怎么样的感受?

韩鋆是2013年接触到《英雄联盟》的,见到他时感觉他和我们这些大学生年龄相仿,所以采访的时候没有多么明显的距离感。《英雄联盟》这款游戏是2011年公测的,随之在全球范围内传播开来,因为游戏具有策略性、针对性,深受广大玩家的喜爱,中国的许多玩家谈论起这款游戏时都有自己的见解。

在中国有许多像韩鋆一样的人初中的时候因为迷恋上了这款游戏而放弃了学业,然而他是属于那种天赋比较高的,《英雄联盟》这款游戏会自动帮你匹配到游戏水平相近的玩家,玩的时间久了自己的段位就会慢慢提升,从而和游戏理解更好的人一起竞技。韩鋆2015年任职重庆SH职业电竞俱乐部中单(游戏中中路单线发育位置),并于同年带领SH战队征战TGA城市英雄争霸赛。2015年赢得LOL项目重庆冠军,同年打进全国TGA联赛八强。成为一名职业选手,这应该是一切游戏迷的理想工作,并且还能够取得一定的成绩，更是大家共同的梦想。但其实这个行业的路远比想象中泥泞曲折。身为职业选手，他们享受赛场上的每一分钟，痴迷于那种"热血沸腾、毛孔都竖起来、脚趾都扣紧的感觉"。游戏江湖，激烈浮沉，在"成绩=前途"的指挥棒下，他们有的早早离开，有的仍在坚持最初的梦想。与运动员一样，在短暂的职业黄金期之后，他们需要各自找寻人生的另一个出口。当问起他为什么会从事这个新兴职业时，他是这么说的："其实刚接触《英雄联盟》的时候纯粹就是玩游戏，也没想到会成为职业选手最后还能当上教练的，后来玩得好了，别人都会羡慕，从这里面找到了乐趣。再后来有职业的俱乐部找我所以就加入了这个行业。"

当时的他还是一名初中生，要是想去打《英雄联盟》的话就要逃课去网吧，这在同学老师的眼里就是坏孩子的行为，如果家长发现了那肯定还会被痛打一顿。因为初中的管理相对来说比较严格，所以就有很多喜欢这款游戏的孩子晚上翻墙出去打游戏。当时的他纯粹就是想玩游戏，因为在游戏中找到了自豪感，只有在游戏中才能释放在学校的压力。就这样，随着时间的推移，他的学习成绩受到了影响。

到了高中他上了一个辅导班来弥补以前落下的功课，高二上了半年就再也跟不上了，毕竟耽误了这么长时间，想回去肯定是来不及了，他的家人也比较开明，尊重韩鋆的意见，就同意让他去追求自己的梦想。但是在别人看来，年纪轻轻却以玩游戏作为职业，是不务正业的表现，因为当时的电竞行业在中国可以说是刚刚起步，没有多少人真正理解他，所以才会被很多人误解。从初中一直玩到现在，他说自己被冷落过，但因为喜爱，从来都没有放弃过。

从当初刚玩这款游戏到后来走上电竞路，电竞的发展还是比较快的，2015年的电竞和现在相比差距真的是太大了。整个电竞行业在普通人看来就是LPL这一类的顶级赛事,职业选手算是比较稳定的,但真正到了下面的发展联赛TGA,就非常不稳定。当时很多的私人小老板找到你,基本上就是半年换一拨人,一个私人的战队如果说半年打不出很好的成绩的话就会被解散队伍。电竞生涯的初期,韩銎的生活质量是毫无保障的,很难生存是当时的大环境。

虽然对自己的未来没有底,但是韩銎一直有自己的目标,打职业联赛这几年里也有许多不错的成绩:2015年他是SH电竞俱乐部的中单选手,在TGA城市英雄争霸赛中拿到了重庆的省赛冠军,对于当时的他来说就是最大的鼓励和走下去的动力。2016年他任职E聚电竞馆的队长,同年带领EJ战队取得当年北京LOL城市争霸赛的亚军、ROG北京市的冠军,这一年打下来更加坚定了他继续走下去的决心。2017年他任职LD职业电竞俱乐部,担任教练,在他的带领下LD战队获得了LSPL的晋级资格,这个成绩已经很值得褒奖了,因为LSPL是仅次于《英雄联盟》顶级联赛的一个级别,就这样他一步一步地坚持了下来。

三年的职业生涯中有过很多不顺的时候,打比赛的时候一直输,有过想要放弃的时候,但最后他还是坚持下来了。他喜欢队友在一起的那种快乐,五个人玩游戏那种默契配合的劲头,他说要是一个人玩的话早就放弃了。当时他的那些朋友也都挺好的,大多去别的俱乐部发展了,但是他们线下依然是很好的朋友,虽然有时候会在赛场上相见,有时候还是会一起打打游戏,出去喝喝酒什么的,过着平凡的生活。比赛中也有紧张的时候,刚开始打职业比赛的时候会紧张到手抖,这会影响到操作,后面打得多了,习惯了就会好很多。

万事开头难,在经历了空窗期之后,凭借着天赋和努力,韩銎开始了正式的职业选手生涯,可是想象还是和现实有着很大的差距。"2015年电竞行业还不行,行业环境普遍都挺差的,大家也不知道未来会发展成什么样子。当时电竞行业发展十分不稳定,都是一些私人的老板独自支撑一支队伍的费用,所以一般来说半年还打不出比较好的成绩,可能就支撑不下去,要换老板,真的很难生存下来。"那个时候俱乐部都很难维持经营,所以能够提供的环境也可想而知。"刚开始就算是签约了,如果没有打出成绩,是没有工资的,因为是私人老板,只能够勉强提供住宿,一个不大的房间里面有六七个人一起居住,而且请不起专门做饭的阿姨,每天也只能吃老板叫的外卖。"在谈起这些不为人知的辛酸故事时,韩鎏脸上却是带着淡淡的从容的笑容。不管再怎么困难的日子,在一切都已经尘埃落定时,心里都会有一丝怀念,怀念那一段什么都不管,什么都无所畏惧,只需一直往前冲的时光。就如同经历过高考的学生,其实回想起那段兵荒马乱的备考,都会怀念生活充足踏实的感觉。

能够成为电竞选手,第一就需要天赋,但这远远不够,只有刻苦训练才能够在比赛中脱颖而出。成了职业选手的韩鎏,迎来的是每天的艰苦训练。韩鎏表示,做职业选手很辛苦,但是喜欢这行,有动力,就感到很快乐。而且刚开始没有严格的时间安排表,全靠自觉,但不是三天打鱼两天晒网,而是随着状态的变化而自己做调整。其实他们很多时候都是日夜不休坐在电脑前练习,并且没有固定的休息日,没有周末之说。也没有工资这一说,只有打赢比赛,奖金就是你的收入。韩鎏的一天大多都会练习13个小时左右。他认为这样的生活很正常,因为他是一名职业选手,和普通人打游戏放松是不同的。他需要专一的练习,才能在赛场上游刃有余。这些困难,也都只能凭借自己的意志力去克服。这个过程中,他还是会有想要放弃的时刻。"有一段时间状态真的很不好,一直打一直输,不知道怎么办才好。但是想着队友,还是咬着牙坚持了下来,很喜欢和队友们并肩作战的感觉,一个人打其实很没有意思。"队友所能给予的力量是超乎想象的,可能刚开始的时候大家会因为战术配合与队友产生矛盾,随着慢慢磨合后便能互相理解、互相鼓励,彼此也就走得更远了。不过在2015年一起并肩作战的那些队友,现在参加了不同的战队,大家都已经有了不一样的生活。

"我觉得电竞带给我最大的改变就是变得更加自信了,虽然说比赛过程中个人的操作也很重要,但是自信心才是支撑自己打完全场比赛最重要的一点。"他说回想起打比赛的时候,整个手都还在颤抖,根本没有办法很好地操作,也就无法发挥出自己的实力。但是打得多了积累了比较多的经验,慢慢地也就变得越来越好。电竞是一项体育运动,需要不断实战练习,也需要增加比赛中的自信心,不然即使拥有着不凡的实力,没有办法发挥也白费了。

2015年拿到了第一个冠军,第一次打出好的成绩,对选手们来说肯定是有着不一样的意义。"我们在重庆拿了TGA城市英雄争霸赛冠军之后,很开心,因为第一次嘛。也为后面参加TGA全国联赛做了非常多的准备,也幻想过,我们这一站或许可以赢到最后。但是后面参加全国赛的时候才看到了和别人存在着的巨大差距。首先从装备上,别人家很多都是最新最全的装备。而且,他们有专业的教练,还有数据分析师,所有的一切都十分齐全。"而那时候韩銮的战队,甚至于连替补都没有,他们只有五个人,闯入了全国八强。他说那个时候很开心,是因为发现了差距,这种差距可以激励他们在往后的训练中更加坚持不懈,去发现自身的问题所在,学习对手的优点,为下一场比赛制定更好的战术。八强,是不错的成绩,但是电竞是一项体育赛事,除了冠军,第二名和最后一名其实都没有什么差别,韩銮如是说。在第一次亮相于全国赛的时候,他们有收获,也有无力和遗憾。艰苦的一年,就这样落下幕布。

然而,高手也有失手的时候,"2016年在一场比赛中,由于刚开始的时候节奏不好,到后面猛抢大龙(纳什男爵,游戏中的史诗级野怪),打得十分艰辛。"不过无论什么样的比赛结果都是十分正常的,有输有赢,人生常态。

电竞江湖竞争激烈、更迭迅速,而成绩是决定选手职业生命的最直接指标,因成绩不理想而分崩离析的战队不计其数。这像是一种"潜规则",并没有随行业发展而有所改变。韩鎏在选择退役时,早就感受到了这份无奈。在退役之后,韩鎏依旧还在电竞行业中,只是从职业选手转成了教练。

2003年,电子竞技被国家体育总局正式列为第99个体育竞赛项目,2008年改批为第78个体育竞赛项目。电竞赛事在国内经历了漫长的摸索期后,近年来开始高速发展。中国音数协游戏工委、伽马数据发布的《2016中国电竞产业报告》显示,2016年国内影响力较大的赛事共计94个,相比于往年提升明显,游戏直播用户规模突破1亿。

"现在的电竞选手待遇已经比之前好很多,电竞这个行业现在的发展得越来越好",作为职业选手,韩鎏能够切身体会到大行业的发展。据伽马数据显示,2016年电竞游戏的国内市场规模达504亿元,同比增长34.7%,而2017年上半年,国内游戏市场实际销售收入已达997.8亿元,同比增长26.7%。

站在风口上的电竞,受到资本青睐,也遭遇公众偏见,但情况似乎在一步步好转。韩鎏也发现,2013—2017年这五年,更多人意识到了电竞和游戏是不一样的,电竞是一项体育运动,并非游戏消遣。越来越多人能正确看待两者的区别,韩鎏感到很欣慰。尽管尚未获得国家认可的运动员身份,但职业选手在许多方面与运动员无异,"黄金期"短暂,在他们身上体现更加明显。这是一项对身体机能与协调反应能力要求严苛的运动,17岁到24岁往往是选手们最好的时间。目前,电竞行业职业选手大多年龄偏小,他们在从事电竞行业的同时,也是形成自己世界观、人生观、价值观的时候,所以从业者不仅要足够热爱,还要有自己的信仰,通过电竞做出自己对这个行业的贡献,实现自己的价值。

对于自己的职业,韩鎏抱有一种务实的态度。他希望更年轻的孩子们不要盲目地去追求成为一名职业选手,"如果以后有孩子,并不太希望自己的小孩走电竞这条路,成为职业选手,应该先认真努力读书,然后再考虑这方面"。游戏江湖,职业选手们以各自不同的方式踏入,带着家人的理解与不理解。游戏之后,职业选手们的人生也必定会通往不同的出口。尽管有着各自牵挂,但这群青年却从不悔游戏江湖走一遭。"如果让我重新选一次的话,我会选择早一点进入电竞这个行业。"这是韩鎏的回答。

谈及现在及未来,韩鎏的眉头逐渐解开,经历过之前的艰苦,显然现在的生活更让他觉得舒适。在电竞馆的天台,夕阳透过树叶照到他的侧脸,照到他的瞳孔,他眯了眯眼点了一支烟。

"当了教练以后,感觉跟以前真的不一样了,如今都是我督促我的队员来训练,之前我当选手的时候完全要靠自觉,哎,时代不同了。我带队的时候八点起床,然后来到训练基地训练,训练到十二点吃饭,吃过饭后要开会讨论,主要讨论战术上的问题以及团队问题,来帮助队员之间有更好的配合。我们还会约全国性训练赛,大概每天下午的两点、四点、七点都会有,每打完一场训练赛后就要准备下一场训练赛。上午的时间就让队员自己单排训练自己的技术。晚上的话打完训练赛如果不困还可以自己打,不做要求,只要第二天不起晚就可以。我们从周一到周末没有休息的时间,每天都要在这里训练,我如此,队员也如此。其实我觉得这比我们之前要好得多,起码他们现在还有大学上,我们那时候只靠自己,什么也没有,背负着自己的理想以及父母的期望,除了坚持又能做什么呢?有时候真的想放弃,但我知道不能。"

从他的眼神中我看出了坚定,又有一丝遗憾。我不知道是他对自己没有选择上大学的遗憾,还是对自己毅然选择这条路的遗憾,但人生总会有遗憾,我相信他只是遗憾,不是后悔。我其实理解他的这种感觉,作为运动员的我其实与他的经历很相似,但不同的是,我离我的梦想更近,与其说是通过自己的努力,还不如说只是我比他幸运罢了。幸运的是我的梦想是国家认可的项目,不是不切实际的追求,在当时电竞还被人们一度认为是沉迷游戏的年代里,有谁又会把它作为梦想呢?所以我真的很佩服他,佩服他的勇气,佩服他的热情,更佩服他的执着。

"其实现在的工作比前一阵带队的时候轻松一点,现在我主要是当战队指挥,需要每天看顶级联赛的视频,分析其中的战术打法,从而运用到自己的队伍中来。哈哈,其实并不厉害,只是带小队伍,带不了人家那个级别的队伍。如果面对的是小比赛的话,做好自己的东西就可以,做好自己的BP(ban/pick,禁用和选择来确定比赛对决的内容)、自己的战术设计。如果面对大比赛,比较厉害的队伍的话,像城市英雄争霸赛之类的比赛,一些队伍与我们交过手,我就会针对性地做一些战术设计。这其实在我们之前打职业赛的时候不会有的,那时候没有现在像我这个职位的人来指挥我们,甚至连替补都没有,全靠我们五个人来沟通与配合。我一直认为电竞不等于网络游戏,电竞更是一种精神,因为自己之前的经历,现在我会有意识地培养队员的团队精神。这个比赛是一个团队的比赛,虽然对自己的操作技术有要求,但更重要的是整个团队的团结意识。以我的经验来看,南方家长更有远见更开明一点,就我带过的队员以及我自身的经历来说,他们更遵守自己孩子的想法,而北方家长则比较传统，认为学习最重要。我暂时就想着以带队为主，最近有个学校想让我过去教课，教学生如何打好电竞，我打算去，因为我们那个年代不被社会认可的电竞，现在竟然还可以作为一门课来学习。我相信那里的学生跟当年的我一样，都是怀着自己的一腔热血来学习这门课程，并且都有着自己打职业的梦想。我会尽我最大的努力来教他们，因为我知道他们的不容易，知道他们那股热情，知道他们那颗坚定不移的心。最近三五年的打算就是这样，后面还要看整个电竞行业的发展，目前电竞已经申请成为奥运会项目，但还没有批下来，但就电竞已经进入亚运会的项目来看，估计离进入奥运会也不会很远了。"

韩鋆抬起头看了看车水马龙的街道，捋了捋头发，从他的眼中我看到了期待。也许是对现在年轻人勇于追求梦想的期待，也许是对电竞行业得到更多认可的期待，也许只是对自己内心中的向往的期待，总之他对这个社会充满着期待。很多人也像他的经历一样，在追求梦想的路上披荆斩棘，面对现实的嘲笑，生活的为难，还要微笑着继续前行。随着时代的变迁，越来越多的人愿意跟着自己的心走，摆脱旧时社会的思想，即使再艰难，也要找到前进的动力，这才是我们这代人的代表。谈起电竞给他带来了什么，他毫不犹疑地说是自信。自信看起来轻描淡写的一个词，它包含了韩鋆多少的青春，包含了多少个不眠之夜，从最初比赛时手还会发抖的年轻选手，到现在成熟的战队教练，自信都起着很大的作用。我也喜欢电竞，看着自己喜欢的行业被人认可，真的是一件很开心的事。我只是喜欢，谈不上热爱，所以对它的感情没有像韩鋆一样深，假如有一天电竞真的成为奥运会的比赛项目，我无法想象曾经为了它努力的人会有什么样复杂的心情，但我知道他们一定不后悔自己选的道路，并且会在这条道路上继续前行。

成为"娃妈":玩"芭比娃娃"的当代青年

尹　航　郭雨辰　印秀绚　张文杰

"这么大了,还在玩芭比娃娃呀?"

家里来客人时,默雪正专注地为刚从"妆师"那里接回来的娃娃们换上精心搭配过的衣服。听到这个熟悉的问题,默雪笑着答道:"看,我的娃娃漂亮吧!"接着轻轻地扭动娃娃的关节,摆好姿势、架好相机,寻找合适的拍照角度。摆弄了好一会儿,默雪终于拍出了满意的照片,打开了朋友圈编辑框。

入坑多年,默雪早已习惯了类似的提问。最初,她还会有些不悦,并认真地向对方科普,"这是BJD,不是芭比娃娃"。后来问的人多了,她也渐渐明白大多数这样问的人都没有恶意,就不太把这些误解放在心上了。

BJD全称Ball-Joint Doll,即球形关节人偶,顾名思义,就是一种依靠球形关节连接的可动人偶。默雪的娃娃们就是BJD娃娃,不仅可以给它们更换服装,还能修改妆容,调换手脚、头发,甚至眼球。

在谷歌、油管、推特等国外网站、社交媒体搜索BJD,来自世界各地娃妈们的养娃日常、经验分享跃然屏上。起源于欧洲的BJD文化,曾风靡于俄罗斯,后传入日本、韩国及中国。BJD娃娃们穿着Lolita、燕尾服、JK制服、和服甚至汉服、旗袍,头发、眼珠五颜六色,代表玩家个性化的审美倾向。

其实，用木头或黏土制成的关节型玩偶可以追溯到古埃及和古希腊，在现代历史中，球形关节玩偶起源于19世纪末至20世纪初。大约在这个时候，德国和法国等国家开始生产用素瓷（一种不上釉的瓷器）制成的球形关节娃娃。那时候这种玩偶是为了艺术创作，而不是为了定制收藏和把玩，它作为模型出现在超现实主义摄影作品中。艺术玩偶通常由素瓷制成，价值比定制的BJD高很多，作为艺术作品大多售价数千美元。这一领域知名的艺术家如恋月姬在20世纪80年代开始创作人偶，并发布人偶的摄影集。

而今天的BJD文化大概源起于1999年，当时日本Volks公司推出了Super Dollfies系列娃娃，这是一种用聚氨酯树脂铸造、用弹性绳索串起来的玩偶，高约57厘米，并且可以实现完全定制化。这些特质也使得BJD逐渐发展为一种基于爱好的亚文化。随后几年内，韩国、中国的BJD公司开始涌现，生产发布他们自己的原创玩偶。今天，大量公司以及个人艺术家创作和销售BJD娃娃。

随着收藏风潮的兴盛，球形关节人偶逐渐成为流行文化的一部分，且经常与动画等流行文化产生关联，频繁地出现于许多的影视作品当中。例如在2004年上映的日本动画电影《攻壳机动队2：INNOCENCE》便以球形关节人偶为题材，其导演押井守为纪念动画电影的上映，特于东京举办了球形关节人偶的展览。

"多栖"少女的"入坑"之路

由于与二次元文化紧密联系，许多BJD玩家们除了活跃在娃圈，同时也是cosplay、Lolita等亚文化的爱好者。默雪就是这样一个小众圈子的"多栖"少女，用她的话来说，对这些文化的认同是个"难以幸免"的过程。

"初二时,我看了第一部日漫,叫《黑执事》,因为真的很爱这部漫画,就加入了相关的同好交流群,也开始渐渐参加漫展,cosplay自己喜欢的角色。"对于二次元相关的文化圈子,默雪都有所涉猎。"我还很喜欢买谷子①。以前为了展示自己的厨力(迷恋程度),会攒零花钱去买官方周边,工作之后会有更多的钱让我挥霍在这些看起来没什么意义,但却让我自己感觉很爽的事情上……我会疯狂地买许多喜欢的角色的谷子,然后在他生日的时候给他摆阵庆生。"

在中国语境下,学业通常是青少年成长过程中的重中之重,父母往往限制孩子在非学业相关的爱好(如电子游戏)上投入的时间精力,二次元、小众亚文化的兴起更常常被视为"易于沉迷""浪费时间金钱"的"不正经爱好"。但默雪的妈妈却是位特立独行的家长,"我把BJD娃娃买回来后,我妈和我一起'折腾'它。我妈是个'老二次元'了,她喜欢手办,还喜欢山口百惠"。

从2016年"入坑"至今,默雪已经养过七个娃,她最后留下了四个。于她而言,这些娃娃早已不只是玩具,而是她精心照顾的"崽崽"。"如果有一天我没有精力照顾他们了,我希望把他们送到一个更好的地方,让别人更好地照顾他们。"这也是她选择转手部分娃娃的原因——让他们得到更好的生活。至于为何会买好几个BJD娃娃,默雪说,一方面是因为娃娃可以根据性别、尺寸、比例等划分为不同类型,另一方面是出于对"高颜值"的欣赏。"这在BJD圈很常见,毕竟它的标签就是打扮换装,'好看'是必要前提。与审

---

① 谷子:goods 的谐音,货物。一,看某动漫或玩某游戏后,其公司或厂商会发行一些物品周边和角色周边产品,统称为官谷(官方谷子)。二,看某动漫或玩某游戏后,一些看官或玩家有能力进行与原作相关的绘画、刻章等艺术创作,还能把作品交给制作工厂批量印发画稿,制作抱枕套、印章等,进而贩卖,这些周边产品被称为同人谷。三,买这些周边产品被称为买谷。以上相加就是谷圈(引自百度百科)。

美相关的游戏我也没能幸免,奇迹暖暖、闪耀暖暖我也玩过。"

不同于批量生产的普通娃娃,由于BJD娃娃市场较小且原材料、工序更为复杂,娃妈们需要等待一定工期才能"接娃回家"。就像孕妇在孕期为尚未出世的婴儿逛街购买童装那样,娃妈们在接到娃娃之前,就开始琢磨起衣服、眼珠、假发等配饰了。新手们常常在淘宝上购买工厂批量生产的"大货",这些店主很多都不玩BJD,因此成品较为粗糙,但胜在便宜。而有预算的老手则倾向于圈内人"太太"们制作的服装,带有自成一派的独特风格,成品精细,也更为昂贵。等待是娃妈们的常态,默雪曾购买了一套名为"白夜行"的衣服,等了一年多才收到货。

如果你购买的是带官妆的娃,"接娃回家"后,你就可以开始给他/她换装、拍照了;如果你选择了购买裸娃,那在收到娃娃之后,你就需要开始着手给他/她送妆了。BJD娃娃的妆容分为面妆和体妆,与给真人化妆一样,给BJD上妆同样是一个技术活,一般都由专业的"妆师太太"来完成。而玩家们则可以在BJD贴吧、咸鱼等渠道找寻自己满意的妆师送妆。不同的妆师有不同的接妆规则,"比如有的要求送妆前在纸条上写好要求,只能写三个,如果超过三个,娃娃就会被退回来,如果写得不清楚,或者出现条件相互冲突的情况,娃娃也会被退回来"。在默雪看来,制定规则是有必要的,但是部分规则过犹不及,"我太害怕这些妆则了,所以我基本上选择找关系好的太太"。

有规则和门槛的趣缘群体

在街头巷尾,一个吉他爱好者很容易遇到另一个背着吉他的人,但BJD的圈子太小了,玩家很难在现实生活中遇到同好。互联网为同好相识、相聚搭建了桥梁,天南海北的BJD玩家们在赛博空间相遇,形成了基于互联网紧密联系的人际网络。"贴吧现在没有以前那么火了,但'BJD吧''BJD吐槽吧'仍然是娃妈们交流的主阵地。"

除了给娃拍照、录视频,发布在社交媒体上,BJD玩家们还由线上走到线下,自发地组织BP、茶话会等线下交流活动。

"BP,就是BJD Party,它类似于漫展。但去BP不仅只有BJD爱好者、妆师或者是服装太太,还有一些商家也参加。我会去那里给娃买一些东西。"而茶话会则是娃妈们小型的线下聚会活动。大家在QQ群里约好后,分别带着自己的娃线下"面基"(网友见面)。默雪的手机里还保存着第一次参加娃聚的照片,时常翻出来展示给朋友们。当时在一间咖啡厅的二楼,娃友们把自己的娃摆在桌上,一边喝下午茶,一边聊着圈里的八卦,说起"圈里谁干什么坏事了,谁又翻车了,或者哪家店又倒闭、跑路了",互相分享送妆、搭配、保养技巧及装扮的购买渠道,因为养娃的玩家大部分都是女孩子,所以茶话会看起来就像一次闺蜜聚会或社团活动。

"如果你看中了别人家娃娃的衣服,还可以互相换衣、拍照留念。"默雪补充说,"还有很多种有趣的玩法,比如说如果你有个男娃,刚好在娃聚里碰到一个风格相似的女娃,就可以凑一对CP,设计好桥段,拍一套'剧情片'。"

在圈外人的印象中,这种线下交流活动门槛很高,其实不然,唯独有一条绝不可触犯的"戒律"——不能带盗版娃。只要娃是正版的,哪怕不是群成员,也可以参加活动。

昂贵的价格是让很多人在BJD圈内外边界处跃跃欲试却望而却步的重要原因,虎嗅上一篇题为《一个娃娃22万,"娃圈"如何让年轻人排队入坑?》的文章曾引发网友关注和讨论,一时间BJD娃娃"天价爱好"的形象深入人心。但圈内对假娃的抵制却并非基于价格树立圈子的门槛,在"富人"与"穷人"之间架设藩篱,而是为了维持圈子的秩序。

"其实养BJD也不一定要花很多钱,BJD娃娃本身虽然相对于普通娃娃要贵,但你不一定要为它定制昂贵的服装,可以花几十块钱给它买淘宝大货。你可以花几百块买一个二手娃,然后换一个几十块的妆,再买套衣服,这也算养娃。"在默雪的描述中,圈内玩家之所以讨厌盗版,是因为在盗版翻模的影响下,很多娃社都倒闭了,圈子的生态和秩序遭到了破坏。"和任何盗版物一样,盗版BJD更便宜,一个正版BJD娃娃如果卖1 000多元,那它的盗版可能只有300多元。本来打击盗版就不是一件容易事,而BJD又属于小众亚文化,国内的盗版BJD就更多了。"

为了抵制盗版,圈内还总结了一套鉴别指南。嵌在后脑勺的"头牌"和独一无二的"身份证"是正版娃的硬性标志。每个娃娃都有一份"出生证明",上面印着它专属的编号。模仿人类世界的社会组织模式,玩家们为BJD娃娃世界建构了一套"识别语言"和"准入证明"。此外,阅娃无数的老手们还积累了一套"鉴娃"的软性经验——正版娃与盗版娃的质感和通透度不同,一般而言,由于盗版娃是正版娃翻模而成的,所以往往比正版娃小一圈;盗版娃的树脂原料质量更差,因此比较透明。

抵制盗版是圈内默许的规则,无论是玩家还是妆师都以各种方式共同抵制盗版。妆师在接妆准则里明确表示,如果玩家故意以盗版娃冒充正版娃送妆,妆师可能直接将盗版娃销毁并"挂"在圈内,且不予赔偿。"但是其实大家都很友好,如果发现盗版情况,会提前进行交涉,要求玩家出示购买记录,如果有证据表明娃妈是通过正规渠道买到了盗版娃,妆师也是会理解的。"

破除圈内圈外之壁

在搜索引擎上搜索关键词"BJD",一系列关联问题"我如何跟家人解释BJD不是养小鬼?""BJD娃娃有没有灵异事件""BJD娃娃是变态养的吧""BJD有灵性后会不会伤害主人"反映了圈外的负面想象和评论。有人将它们视为恐怖、恶魔的化身,就像《鬼娃娃花子》《死寂》《安娜贝尔》等电影中的恐怖玩偶,似乎把它带回家就会有不好的事情发生。但在很多娃妈看来,BJD娃娃就是另一个自己,他们将自己灵魂里最单纯、美好的理想和情愫寄托在娃娃身上,娃娃怎么可能是恐怖的呢?甚至在一些娃妈看来,娃娃是一个永远不会伤害自己的完美的容纳感情的容器。

除了"恐怖"说,还有人觉得BJD娃娃就是"芭比娃娃",很难将"玩娃娃"和"大人"联系在一起,人似乎理所应当在童年之后远离娃娃。娃娃意味着"幼稚""依恋",游戏总是"虚拟"的象征,与娃娃一起游戏是"不成熟"的表现,是逃避和远离现实世界的行为。在一些外界观念中,"娃妈"们是因为在现实中内向、不善社交,对身边的朋友和家人缺乏信任,才转而寄情于娃娃。对二次元群体的刻板印象也很容易被附着到娃妈身上,以为她们过着山顶洞人一般与世隔绝的生活。

但是在BJD玩家看来,BJD并未成为他们与现实世界交互的壁垒,反而构成了其精神世界的重要部分,促使其与现实生活进行正向健康的互动。在线下活动中,他们一起玩娃娃、交流爱好,也藉由此在现实中成为朋友。他们之间的社交关系与其他建立在诸如篮球、象棋、书法等"积极爱好"之上的趣缘群体内部关系并无二致。这种友谊会超越"养娃"的爱好,即使在"退圈"之后,性格相契合的朋友仍然留在他们的生命中。"我因为'养娃'认识了一些朋友，她们中有的人其实早就不养娃了，但我们因为这个爱好相识，交流后发现彼此三观相合，所以还能一起玩。"在默雪看来，无论是在圈内还是在圈外，"养娃"都给她的现实生活带来了积极影响。

另一位娃妈"小林"认为，当她自己购买木板、木块、胶水，亲手为娃娃设计和搭建房屋布景的时候，她可以达到长时间的专注，是她在繁忙的学习之余，一个能够获得精神平静的休闲活动，BJD仿佛带她进入了一个纯粹的、平静而美好的世界。

从"学生党"到"打工人"身份的转变让默雪实现了经济独立，在她看来，她一直能够在她的爱好上进行理性消费。"我还是学生的时候，不会花太多钱买太太出的东西，也不会疯狂地重复买谷子，我觉得有一个就很开心了。等我赚钱之后，我拿出一部分工资去做自己爱好的事情，我觉得这没什么问题，关键在于控制比例，量力而行。"

鄙视链、攀比风、恐怖、疯狂、变态……社会充斥着针对BJD圈子的负面评价。但是在批评之前，不妨立足于复杂的社会背景，透视BJD"娃妈"的真实的圈内外生活，或许能够真正理解这个圈子的文化、运行规则和秩序，它并不一定是对现实世界的一种逃避，而是在现实世界之余，一方有朋友、有审美体验、有成就感和满足感的精神乐土。

随着社会的发展变迁，人们休闲娱乐和建立情感联系的方式也越来越多元化，某种意义上喜欢的事物，只是买到的容器，藉由它获得的情感和体验才是椟中真珠，那个椟或许或早或晚都要还回去，但是那个珠可以永远属于自己。其实，BJD和其他各式各样的爱好一样，情感投入和情绪体验本身就是一种珍贵的收获，亦是个体和这个世界联结的一种方式。

第二编
倾听别人

静水流深：历史、记忆与女性力量

郜 敏 伍雪怡 王寓澄

引子：没穿上的"战袍"

旗袍，寓意"旗开得胜"。每年高考时，它便会成为许多中国母亲们的"战袍"。

2018年6月，叶楠的裁缝朋友为她量身定制了一身为女儿送考的旗袍。翠绿的纱上绣着金色的兰花，剪裁别致，气质清雅。她试穿时，幻想自己穿着它站在北京炎炎的夏日之下，目送着十八岁的女儿沐子走进高考考场。但高考当日，特意以"为女儿高考送考"为由向单位请了假的叶楠，却和丈夫罗舟一同穿着睡衣，难得地在家好好休息了两天。

临考前几天，她对沐子说："你高考那两天爸爸妈妈都请好假了，有什么需要我们'服务'的你就说。"沐子却说："哎呀，我不要，你们让我一个人把这两天过完就行了，我要保持平常心。"

"高考那两天，沐子凌晨四点钟就悄悄地一个人溜出了家门，一个人走着去了那个考场，然后考完就又一个人回来，在家也是点外卖吃，就跟她平常一样。"叶楠回忆起沐子高考那两天时，便也就没了其他家长那么多丰富的经历，譬如"等孩子等得哭了""校门口当场昏倒"等等。

不过，这些因过度关心子女而诞生的"送考轶闻"，她虽未曾经历，却并非无法理解。"那个昏倒的家长，就是沐子她们考场的，说是说中暑，可北京那天哪有那么热啊？就是紧张、担心，可谁又能不担心呢？"

数学考试结束后，沐子班主任打电话给叶楠，问孩子心态怎么样。叶楠听班主任说了才知道，数学大题出得很难，很多孩子出考场后都绝望得痛哭流涕。"班主任说班里成绩好的孩子好多都哭了，我一听这都是沐子的朋友啊，我肯定就会想她是不是也'心态崩了'。"

于是，挂了电话后，她悄悄打开沐子房门看了一眼，结果发现她跟个没事人儿似的，趴在床上边玩手机边背文综呢，才连忙给班主任发了条微信："我家孩子心态不错，请您放心。"

叶楠最终穿上她精心定制的旗袍，是在沐子查到成绩的那天。沐子回忆道："我当时一个人在房间里查分，查到后跟同学互相比了比，又跟北大招生办的老师确认过这个成绩稳了，才出门告诉我爸妈分数。"沐子说，她自己其实挺淡定的，但妈妈激动得哭了。

下午，沐子提议要去拍证件照，大学入学的时候可以用；叶楠陪她去的时候，发现那家照相馆还可以拍人像写真，就穿着那件旗袍，给自己也拍了几张。照片里，她化着清丽的妆容，梳着优雅的盘发，眉眼皆洋溢着由衷的喜悦，在旗袍的衬托下，显得更加知性优雅。

"那部电影《你好，李焕英》里不是说'从我出生开始，我妈就是中年妇女的样子'吗？好多人都说有共鸣。我没有啊，我觉得我妈到现在也不是啊，她一直老精致了。"沐子指着这几张照片如是说。

文艺年代：真诚而热忱的爱

携来百侣曾游，忆往昔峥嵘岁月稠。

> 恰同学少年,风华正茂;书生意气,挥斥方遒。
> 指点江山,激扬文字,粪土当年万户侯。
> 曾记否,到中流击水,浪遏飞舟?
>
> ——毛泽东《沁园春·长沙》

诚如沐子所言,叶楠的精致从少女时期便开始了。在几张泛黄的老照片上,她或梳着秀气的麻花辫,穿着开襟式的学生装;或将长发散在身后,身着当时流行的带有泡泡袖、蓝底白点布料外加白色绸带领结的小洋装,每套衣服与发型的搭配都自有章法,体现着她对于美的独特认知与追求。

但是,"精致"并不能完整描述少女时期的叶楠,除了对美的追求,更为核心的是青春的真诚与热情、浪漫与幻想。1992年秋,叶楠考入岳麓山脚下的湖南师范大学,成为邓小平南方讲话后进入高校的第一批大学生。初入大学,叶楠好奇而又兴奋,觉得大学里事事都新鲜、样样都有趣,天地如此宽阔、一切皆有可能。跃跃欲试的叶楠很快迎来了机会,她因为爱好看电影、写影评,当选为学校影评协会的副会长。是时恰好迎来中国电影的新高潮,题材新颖、形式大胆的先锋影片将叶楠带入一个全新的世界:她在《秋菊打官司》中感受"时代的脉搏",和同学讨论周星驰的《大话西游》究竟是不是电影,向往《罗马假日》里浪漫纯真的爱情……学校里的小小社团虽规模不大,但同学们青春洋溢、热情高涨,很快得到了长沙市影评协会的关注,协会邀请学生们看电影、写影评,挑选优秀作品登在报纸上。相比枯燥的课程,看电影好玩又新鲜,叶楠投身其中,乐此不疲,每月新来一批影片,她心中便暗喜又有新的"精神补给",立刻邀上三五好友一起去看。

不过,叶楠在影评协会如此积极,除了对影片的喜爱,还有一些

"小心思"——她日后的先生罗舟正是协会的会长。两人相识于中文系组织的新老生座谈会,但结缘却远比这要早。罗舟是小有名气的少年作家,常在报纸杂志上发表诗歌、散文等作品,喜好文学的叶楠自然也没有错过这些优秀作品,觉得这位作家文笔优美、天马行空,不禁心生崇拜。他常写,她常读,冥冥之中或许已有一条红线将两人连在一起,却是谁也没有发现。在新老生座谈会上,叶楠经人介绍认识了罗舟,却怎么也不敢相信这位比自己大一级的少言寡语的师兄便是自己一直钦慕的少年作家,既有吃惊,也有好奇,还带着少女独有的欣喜与羞涩。罗舟也对这位爱好文学、心思单纯的少女颇有好感,两人渐生情愫。

彼时的大学校园里,虽然谈恋爱还是一个敏感的词,但改革开放的春风与市场经济的蓬勃发展逐渐使青年男女冲破了保守封闭的思想,用开放的心态迎接萌动的春心与朦胧的爱情。在这样一种氛围下,叶楠与罗舟分别作为92、93级的第一位党员,他们的结合得到了党委副书记的支持,这位书记认为,叶儿要发芽,花儿要开花,是大自然的规律,年轻人相见、相爱,不应该受到政治或道德绑架,而是要给他们发展的自由空间。校领导的支持,少男少女的相互吸引,让叶楠与罗舟很快走到了一起。

那个时代的爱情并不惊天动地,也没有海誓山盟,但日常生活里的小惊喜却总是格外甜蜜。罗舟写得一手好文章,每周的《湖南师大校报》上几乎都会有他的作品。在媒体资源匮乏的时代,校报就是一所大学里最为重要的大众媒介,而罗舟发表在校报上的文章,也自然而然地成为向心爱的姑娘传情达意、记录恋爱日常的最好渠道。每周五下午,校报准时送达各个宿舍,这是叶楠最为期待与喜悦的时刻。她与舍友一起读罗舟写的散文或诗歌,在字里行间寻找与捕捉两人恋爱的点点滴滴,如一起去看露天电影、爬山。年轻的女孩子们读着读着便忍不住调侃叶楠,叶楠羞红了脸,害羞而甜蜜,又带着一点点得意与骄傲,回应这群"小狗仔队"的调侃,女孩子们打闹在一起,银铃般的笑声回荡在宿舍。此外,叶楠与罗舟都是第一次来到长沙,在好奇心的驱使下,他们常利用业余时间探索这座具有悠久历史的城市,岳麓山、爱晚亭、太平街……他们的脚步踏遍长沙的名胜古迹。湘江边上、橘子洲头,他们快意少年、畅想未来,可谓"恰同学少年,风华正茂;书生意气,挥斥方遒。指点江山,激扬文字,粪土当年万户侯"。

大学的恋爱时光,被叶楠称为"文艺年代"。在当时,没有"富二代""官二代"等社会热词,没有对房子车子的欲求,少男少女纯真而懵懂,爱情发生于两个灵魂之间自然而然的吸引,是纯粹的"因为爱情而爱情"。彼时的叶楠与罗舟一无所有,却又觉得一切都会有的,真诚热忱,而又无知无畏。带着爱与信心,叶楠和罗舟跨入了婚姻生活。

1999年,叶楠与罗舟在长沙完婚。幸运的是,他们赶上了长沙市最后一批福利分房,在成婚当年便分到了一套80多平米的两居室。一想到在偌大的城市里,万家灯火中有一盏是属于她与罗舟两个人的,叶楠心中便充满了幸福。但婚姻生活总是伴随着难以避免的摩擦,叶楠发现自己与先生在日常的饮食起居、生活传统、待人接物上都存在很大的差距,甚至小到一个菜怎么做,比如做紫菜蛋汤还是做酸菜蛋汤都会引发矛盾与争执。但庆幸的是,两人的冲突始终伴随着反思与调整,最终在这一磨合过程中找到了最适合自己的小家庭的相处模式。

成婚后一次娘家的春节团聚,让叶楠开始反思原生家庭在自己身上留下的烙印。叶楠的母亲是一个"无比强势的人",她干练、要强、掌握着家庭的话语权,她的三个姐妹也是如出一辙。当叶楠带罗舟回到娘家吃饭时,罗舟看到岳父和几个姨夫在妻子面前不敢发声,只得埋头吃饭,由衷感慨叶楠家的女性太过强势,并旁敲侧击希望叶楠不要变成这样。先生的感慨让习焉不察的叶楠第一次意识到自己原生家庭的特点,她回想起自己幼年的最大遗憾:叶楠的父亲拉得一手好二胡,叶楠被二胡的韵味折服,希望能跟父亲学习。但作为中学教师的母亲认为拉二胡不务正业,会影响叶楠考上理想大学,对此严令禁止。因此,不仅叶楠不能学习二胡,连父亲也不能再拉二胡,"二胡"成为家庭中的禁词,自此无人提及。这一遗憾一直延续至今天,她曾试图找老师学习二胡,却因为年纪渐大,学得格外费劲,直到现在,叶楠的书房中还摆放着一把二胡,作为对自己儿时梦想的缅怀。

叶楠由此反观自己原生家庭的模式,进一步想到自己与先生的相处:先生性格敏感细腻,需要尊重、鼓励与支持,自己作为妻子,不能去主导他,而是要懂得退让与宽容,给先生留下充足的空间。经过不断反思与调整,叶楠与罗舟终于找到了最契合的相处模式——既是夫妻,又是朋友;彼此交心,相互扶持。学生时代种下的爱情之花,在此时开得更艳更盛。

两个战场:兼顾家庭和工作

2009年,罗舟因工作原因调职到北京,夫妻二人分居南北两处。一边是为事业独自打拼的丈夫,一边是上小学需要照顾的女儿,叶楠的心里多了一个遥远的牵挂,又苦于自己无法分身为二,兼顾北京和长沙两个家。经过两年的纠结和慎重考虑之后,叶楠带着女儿搬家北上,一家三口终于团聚。然而,尽管提前做好了心理建设,兼顾工作与家庭却比叶楠想象中更难。

第一年到新的单位，工作节奏非常紧张。一周中有四五天都在外面出差，回到北京的时间只有两三天。推开家门，映入眼帘的是客厅脏乱的沙发茶几，还有角落里堆了半人高的衣服。叶楠简直无法忍受，顾不得自己的辛苦，立刻放下行李，又投身于家务劳动之中。忙到夜里一两点，她才能从工作和家务中脱身出来，回到自己的一方小世界中，提笔写下前一天的日记。凌晨五六点，她又出发奔赴机场，进入下一个未知的战场。在无需出差的日子里，叶楠也没能闲着。单位设有午休时间，但叶楠却很少休息，她常常争分夺秒赶回家去，将食材洗净、切好，又步履匆匆地回来工作——只为了能在沐子放学回家后，以最快的速度端出丰盛的晚餐。从工作回归家庭，不太像是回到自己温暖的小窝，却更像"从一个战场到达另一个新的战场"。出差—回家—打扫卫生、洗衣服、做饭—工作—出差，这个近乎封闭的循环流程，在叶楠初到北京的第一年给她烙下了深刻的记忆。

日子在这样忙碌的生活中一天天过去，沐子即将迎来小升初考试。班主任特意召集学生家长，准备开一次专题家长会传达升学考试的相关信息。这是女儿沐子在学业长跑上的第一个转折点，家里都希望她能够顺利考上实验中学——北京最好的中学之一。从小到大，因为罗舟工作的原因，沐子的家长会永远是妈妈到场，爸爸在老师处几乎成了"隐形人"。很不巧的是，这次家长会当天，叶楠有重要工作必须出差，几经尝试调整无果。十几年来，叶楠第一次将参加家长会的神圣职责交到罗舟手中。

"我当时很生气，特别生气，我还不够累吗？"叶楠出差回来火冒三丈，她不能理解，为什么丈夫能因为工作把答应好的升学家长会完全忘在脑后，留沐子一个人在班上等了那么久。十几年来无怨无悔，所有的家长会都是叶楠自己一个人参加，这一次她叮嘱得有多认真,就有多生气。叶楠一直跟沐子的老师保持着良好的沟通。叶楠的母亲、姨母都是人民教师,她自己也是本科师范院校出身,知道和老师保持良好联系的重要性。从沐子幼儿园起,她接送女儿时都会主动认识老师,逢年过节给老师发短信,开家长会主动与老师沟通……用自己的积极行动向老师传达在培育孩子上形成合力的信号。这次无故缺席,是当家长的失职。她当即跟单位请假,带着歉意和诚意,第二天一早出现在了班主任办公室。

这次关键节点上的缺位和矛盾给叶楠和丈夫制造了一次深刻谈话的机会,也在解决问题的过程中互相和解。"我知道他最大的幸福,就是事业的充分发展,自我价值在社会上得到实现。"叶楠对早出晚归的丈夫予以体谅,明白他是在为整个家庭未来的生活而奋斗,自己应该"理解他、尊重他、支持他、成就他"。罗舟也愈发认识到,叶楠为这个家庭付出了太多。想起每晚十一点下班回家,妻子在厨房忙碌的身影和亲手做好的夜宵,心里更加柔软。

时光如白驹过隙,从叶楠洗衣的指尖上、从拖地的水珠里、从深夜的烟火气中悄悄溜走。转眼,女儿沐子即将迎来人生中第一次重大考试——中考。中考结果出来的那天,叶楠正好去中国职工之家开会。一路绿灯,心情舒畅。得知成绩的瞬间,她的心却陡然沉重下去。一向成绩优异的沐子发挥失常——总分550——这么低的分数是父母、老师和她自己都没有预料到的。叶楠赶紧跟老师联系,开始学着查询历年分数线,动员罗舟多方寻找门路,争取看能否让沐子去实验高中寄读。一家人陷入忙碌和焦急之中,像热锅上的蚂蚁。在这场分数与划线的博弈中,最受伤的其实是女儿沐子,"这可能是她人生中最大的一次挫折"。那段时间,沐子每天闷闷不乐,经常一个人躲在房间里,还和爸爸吵了好几次架。母女连心,看见女儿这么难受,叶楠的心也揪在了一起。她突然明白,自己最开心的时刻,并不是沐子放学回家将高分成绩单拿给她签字的时候,而是看见沐子脸上绽放出幸福灿烂笑容的瞬间。作为母亲,叶楠知道自己不能在沐子陷入低谷时自乱阵脚,她收拾好心情,向单位请了年假,带女儿和母亲一起去日本旅行——这是她们中考前的约定。不论结果如何,这次旅行是向母女俩忙碌了三年的初中生活说再见的仪式感的表达,也是叶楠对女儿心境的一种保护和安抚。

幸运眷顾,沐子顺利进入了实验高中。作为北京最好的中学之一,这里聚集了首都最优秀的天之骄子们,在高考的统一评价体系下,竞争压力可想而知。孩子的辛苦与难受,最终难免传导到母亲的身上。叶楠这边在单位忙着工作,那边女儿沐子又哭着打来电话,倾诉在学校的种种苦累和委屈——她不过是个十几岁的小女孩。一个母亲对孩子的共情和心疼,大抵是天底下最自然的情感之一。沐子出生时,叶楠25岁,看着自己孕育的可爱新生命,"我觉得自己生的就是一个天才"。在沐子长大的过程中,叶楠逐渐明白,"培养孩子就是一个不断降维的过程"——看清成绩和分数的表象之后,逐渐回归到生活的本质中来。现在,她对女儿最大的期许就是愿她"开心、快乐、踏实地过好每一天",这是一个母亲对女儿最重要、也最朴实的期望。

2017年暑假,叶楠家从白云观搬到了现居地,女儿沐子也即将升上高三。罗舟工作太忙,叶楠在照顾好沐子的生活起居和自己的工作之外,一个人主持整个新家的装修工作。从水、电、气、物业、停车方方面面进行细致打点,到空间布局、室内装潢、家具挑选的精心设计,叶楠前前后后忙碌了两个月左右。新家呈现出古典而优雅的风格,与叶楠的气质完美契合,客厅悬挂的"梅、兰、竹、菊"四幅湘绣是她颇为满意的点睛之笔。"有些事情可能沐子爸爸更擅长,但有些事情只有我才能做好。"说到这里,叶楠不经意地轻挑眉毛,露出了一点小得意的神色。这是继2012年暑假之后,她第二次干"室内设计师"的工作,显得驾轻就熟。搬家的那天早上,罗舟六点多就去上班了,正在厨房洗碗的叶楠对着门口叮嘱了一句,"记得晚上回这边吃饭,地址别搞错了"。

回忆起当初北上的决定,叶楠庆幸自己选对了,她认为人生更深广的意义在于回归家庭,支撑自己最终行稳致远的也是家庭的力量。"对于一个女人的一生来讲,做这样的选择并不是牺牲,而是自我实现必不可少的。培养了一个好孩子,有一个稳健发展的先生,我觉得比自己在外面光鲜亮丽,更落得实一点。"当然,"爱情也好,家庭也好,没有什么唯一的标准模式,都得从实际出发"。罗舟负责担当,叶楠负责给家里更多的爱和温暖,"我觉得这个模式适合我们"。

四十不惑:细水长流的女性力量

沐子上大学那一年,叶楠也刚好换了个工作,从干了几十年的国家机关单位,到对她而言算是全新领域的银行。离开原单位的那一天,老同事们给她开了个欢送会,在大家深情话别时,有个挺年轻的小姑娘对她说:"叶姐,我很佩服你,作为一个女人,在这样的年龄,还有勇气走出自己的舒适区。"

而对叶楠自己而言,转职更像是一件顺水推舟的事。她说,一方面,她确实觉得那些做了几十年的老工作太无聊了,眯着眼都能做得很好,很难再为这些工作兴奋起来;另一方面,这个转职的机会刚好和沐子上大学的时机重合了,自己不必再瞻前顾后地考虑如何照顾她,大可趁着还算年富力强放手一搏。能力、时机与机遇恰好兼备,她觉得自己是幸运的,可以水到渠成般地进入新状态。

这个"新状态"不仅止于工作和家庭,叶楠觉得这是一种全方位的"四十不惑"。她开始慢慢摸索,自己应该为自己做些什么。一开始,为了适应新单位的工作,她开始尝试学着身边的年轻人用手机APP学英语;后来,又在家置办了一套笔墨纸砚,重拾从小就感兴趣的书法。

2019年,她在一次老乡的聚会上,与朋友久别重逢。那是一个在国家大剧院歌剧队工作的女演员,叶楠打早就知道她很会唱歌,她那次却萌生了想跟她学习的冲动。"我觉得是一种潜意识觉醒了。我甩掉了孩子和工作的旧包袱之后,反而更觉得每一天都需要为了自己去好好经营,每一天的质量都要为了自己牢牢把握。"

她正式拜师这位朋友后,又拉了一位闺蜜入伙。三人每周约定一个夜晚,在家一起唱唱歌,因音乐与美食分泌的多巴胺而沉醉。"我们会先大吃一顿,吃完歇一会儿,再唱几个小时歌……"她们三位女性从事着不同的工作,各自都有被工作搞得很憔悴的时候,"这时候敞开心扉聊聊天、放声高歌,真的很解压"。她说,有一次她们吃得实在是太多了,三个人边唱边打嗝,按理说是很尴尬的事,可她们每次回忆起来都笑得无拘无束。

对于她们来说,这样的"上课"更像是闺蜜的聚会。她们又把这种聚会从唱歌发展到了跳舞、打羽毛球、做美容……"总之就是想到什么就做什么,总比边看电视边吃东西要强。"

沐子上大学已经三年,叶楠的生活就这样循序渐进地丰富了起来。诚然,四十岁不是少女时代,经常要面对的还是极度现实的苦恼,可她觉得,自己非常享受这样的生活状态,既包括那些忙里偷闲的"傻乐",也包括棘手的难题。"你随着你自己年龄和阅历的增长,你会告诉自己这其实都是生活的一种馈赠。你去享受你的每一天,每天都尽可能地保持一个好心情,也珍惜每一个日子,现在这种意识会越来越强,因为你觉得每一天都不会再重来,都是你自己的。"

沐子是个"零零后",也是个冲浪在互联网前沿的女大学生。叶楠与她交流时,经常谈到在这样一个时代里,作为女性应怎样过好人生。沐子常跟她聊一些女性主义、女权主义、性别觉醒等话题,而叶楠对她说这些时的角度与她截然不同,更像诉说一个作为成熟女性的母亲对尚处于青春年华的女儿的关切和期许。

"我常常跟她说,你们在一个特别好的时代,条件和起点都比我们要好太多,一定要珍惜这个美好的年华,不要太率性,其实生命经不起太多的试错和折腾。尤其是在择偶这种决定了你后半辈子人生幸福的问题上,要特别清醒和理智,要保持好自己的独立。"

沐子也会跟叶楠讨论,诸如女性因家庭分工受到的钳制、在社会竞争中遇到的不公等问题。叶楠回想起自己的前半生,做妻子与做母亲赋予了她不可推脱的责任,也确实让她有所牺牲,可她并不认为这些事情是女人的命运般的悲剧。她会鼓励沐子相信,即便有家庭的负担,女人也可以活得很精彩,更何况这已经是一个女性力量开始凝聚的时代。

"当下的这种大的文化背景给了女性很好的机会,你不要陷入所谓的性别之争。你要首先自己拯救自己,自己走出来,自己勇敢地去自我实现。没有谁能束缚得住你的手脚,不让你去发展,不要让女性的劣势成为你逃避自我实现的借口。"

沐子在老家的书柜里,无意间找到了叶楠十五岁时的日记本。在日记里,十五岁的叶楠说自己的处事观是"'爱'字当头"。她写到自己最欣赏的影视剧中的女性形象,是《大海的暖流》中的乔娟,她评价她是"晶莹透彻的清泉",纯真善良,敢爱敢恨,来去自如。

叶楠也会常常回忆起自己在岳麓山下的少女时代。诚然,她已不再是那个梳着麻花辫、穿着花衣裳,成日净泡在诗歌与电影的浪漫中的女孩,但她并不觉得如今挽起长发、衣着素雅,肩负着事业与家庭重担的自己,是岁月蹉跎后无可奈何的模样。

在世界这个偌大的剧院里,无数女性正扮演着属于她们的角色,从女孩,到女人,到妻子,到母亲。成长、事业、婚姻、生育,冥冥中,似乎有种种伏笔编排着她们的命运轨迹。但女性的力量,恰恰正蓬勃地流动在此之中。她们独特的柔软与不屈,像山涧破石而出的清泉,鸣奏着以柔克刚的生命之歌。

她定居在了陪读的地方

何欣诺　单楠茜　徐一凡

"来,快来站好,咱们拍照了。"

六月初的一个晴朗午后,正是上课时间,校门外原本空无一人。远远地,从马路对面走来二十几个穿着旗袍的中年女子,三三两两挽着手,聊着天,来到校门口站定。有人举起手机:"就站这儿吧,这儿光线好。来,快来站好,咱们拍照了。"其他人将卷着的大红横幅展开,上面印着:"2018,杨村一中,旗开得胜,金榜题名。"她们在横幅后面一字排开,对着镜头微笑起来。

这些人有一个共同的名字:陪读妈妈。再过几天,她们的孩子即将迈入高考考场。

"舞蹈室,走,我们带你去"

位于天津市武清区的杨村一中,是一所全日制寄宿式重点高级中学,而在杨村一中的对面,有着另一个江湖——一片用于安置拆迁户的小区。小区分为蒲瑞祥园和蒲瑞馨园两部分,许多陪读家长在这里租房。进入高三,学生的饭菜营养和休息质量成为家长最关心的问题之一,有时间和精力的家长,索性让孩子从宿舍搬出来,亲自照顾他们的饮食起居。于是,"陪读妈妈"群体逐渐发展壮大。

这里与繁华的老城区有一定距离，成为冷清的新城区里为数不多热闹的地方。

三年前，如梦为了照顾读初三的儿子子涛（化名）和高三的女儿子璇（化名），搬到了蒲瑞馨园小区。搬家后的第二天，孩子们早早去上学，她开始寻找方式面对大段的空白时间。走出家门遛弯，几个年龄相仿的女子结伴路过，如梦猜想，这些人也是陪读妈妈。此时是早晨八点。妈妈们的社交能力，甚至胜过多数年轻人，没有羞怯和犹豫，如梦大方地开口搭讪："你们这是去干嘛啊？""跳舞啊。""在哪儿呀？""舞蹈室，走，我们带你去。"那是她第一次进入舞蹈室，也是第一次进入全新的朋友圈，一段难忘的陪读历程就此开启。

每天上午八点到十点跳舞，中间有十分钟的休息时间。孩子在哪个班级，今天中午做什么饭，下午怎么安排……如梦和新朋友们在短短的十分钟里交换着信息。很快，她能将舞蹈队微信群里的人和现实里的人对应起来，并以网名称呼：如梦、风铃、芬芳、树林……她们习惯于唤彼此的微信昵称，甚至不清楚一些人的真名。如梦提到这些妈妈的时候，喜欢用一个词统称："美妈们"。

孩子眼中，妈妈似乎永远和家、和厨房联系在一起，其他场景是陌生甚至难以想象的。中午十二点，熙熙攘攘的学生穿过马路回家，一踏进门，饭菜已上桌。与母亲交谈不多，心里还惦记着昨天考试的成绩，忧心着早晨没听懂的习题——对一个高三生而言，这是比天大的事情。妈妈对自己的关心，似是理所当然，但她如何度过一天中其他的时光呢？孩子没有兴趣知道，妈妈也不愿说这些，仿佛这些时间是不存在的。如梦说，即便偶尔提一句自己的事情，得到的反应也只是"哦"。"就像是屏蔽了。"她讲道。一点半，又该上学去，从关门声"砰"地响起，直到晚上九点半放学，这是属于妈妈们的一大块时光。丈夫不在身边,又不忍心打扰孩子,她们不由自主地找到彼此,释放着态度、观点和情感。

随着了解加深,可以结伴做的事情越来越多。结伴逛菜市场,交流哪家的蔬菜新鲜,哪家的水果香甜;结伴去学校附近的公园,或遛弯或骑自行车,春夏秋冬之景皆是拍照的好素材;结伴开车到市中心,游泳健身也能了解一下;结伴去商场购物,不愁没人帮自己挑选衣服。

有那么几次,厌倦了平时常去的超市、商场、公园,如梦和朋友们想到去KTV。上午先分配任务,有人买水果,有人买瓜子花生,有人从网上领优惠券订包间。一点半,孩子去上学,妈妈们就开车到老城区的KTV,每个人的包里都揣着一点吃的,不在包房里消费零食。不喝酒,喝茶,茶叶也是自己带的。会唱歌的人唱歌,会跳舞的人跳舞,歌是老歌,舞是交谊舞。一晃回到上世纪八九十年代,她们变回一群年轻的女孩。每个人表演完,其他人都鼓掌,还不忘用手机录视频发到微信群里。唱完歌,AA付款,人均分摊下来也不过几十块,直接用微信发红包。

KTV不是年轻人的专属,妈妈们也喜欢去KTV,不过,她们不像小年轻一样"乱花钱"。自带零食,自备茶叶,她们心照不宣地实行自己的"套路"。好久没有像这样,与应酬无关,与利益无关,痛痛快快地和同龄人玩在一起。上一次,还是在读书的时候。

女人的话题永远不会缺少消费,代购和拼单渐渐在微信群里盛行。拼榴莲、拼雾霾口罩、拼维生素E乳……只要有人发现物美价廉的东西,不管是吃的穿的还是用的,必定分享到群里,再问上一句:"还有想买的美妈吗?我多买点咱们分!"舞蹈室简直成了小小的销售市场,几箱快递拿到那里,很快便"消化"了。如果团购一麻袋一麻袋的大米、苹果,便有人负责挨家挨户地"送货上门"。

树林也是陪读妈妈中的一员,她向朋友们推荐了自家酒庄生产的红酒,在微信群里卖出许多。为了回馈客户送福利,树林将老家的葡萄装满后备箱,拉到武清给朋友们品尝。另一位陪读妈妈微风在廊坊永清开服装加工厂,一开始,她邀请了二十几个朋友去买衣服,妈妈们回到舞蹈室,便将新衣服展示给其他人。质量信得过,又是厂家直销的价格,于是第二次集齐一百多人,包了两辆大巴,体验了一次最特别的"买买买"。

一年转瞬即逝,高考临近,妈妈们的心也跟着孩子的成绩揪了起来。只是,有些人生的坎必须自己迈过去,妈妈们纵然着急,也帮不上太多的忙。有人在微信群里说:"我们穿着旗袍给孩子们讨个好彩头吧,这叫旗开得胜!"是的,哪怕是一点点的仪式感,也好过束手无策的煎熬。大家很快分头买好旗袍,制作了红色的大横幅,于是便有了文章开头的一幕。

对着手机镜头微笑的时候,那种感觉是复杂的。孩子们即将迎来改变命运的重要时刻,陪读生活就要结束,陪读妈妈们也面临着分别。刚刚搬到小区时,以为陪读生活是孤独、寂寞的,多年以来,也习惯了默默付出,绕着孩子转的状态,但没想到,这一年竟如此纯粹快乐。如梦看着这些和自己年龄相仿的姐妹,除了感到不舍,更多的是珍惜。

"做父母的,谁不想儿女能有好条件"

一双相差三岁的儿女都考上了武清最好的学校——杨村一中。在同一所学校里,儿子读初中,女儿读高中,如梦也终于决定定居武清。

"你知道我搬多少次家了吗?我正儿八经的搬家十多次了。"

如梦夫妻北漂了二十多年,从老家带来了一岁多的大女儿,又在北京生下了一个儿子。丈夫上班,如梦就开了个烟酒批发店,做生意、看孩子两不耽误。又过了几年,等到大女儿开始上小学,如梦就把店盘出去,全身心地看孩子,住址也就一直随着孩子的学校位置的改变而换成离学校比较近的学区房。北京—郑州—北京—天津……终于,孩子们来到了武清上学,如梦也在天津定居了下来。

儿女住校,原本可以使她清闲一阵,然而每周末看到儿子日益瘦削的脸,她开始意识到有点不对劲。起初她还以为是因为初二课业压力重,儿子平时休息不好,后来才发现是因为熬夜玩手机才瘦成了现在的样子。一个十四岁的少年,每天只吃一顿饭,不知道持续了多久,她只知道儿子少吃饭省下的钱攒起来买了三四个手机,彻夜打游戏。最开始,如梦发现儿子是因为彻夜玩手机而困倦的时候,就在夜里偷偷去儿子枕头底下收手机。收走一个,又看见第二个,再抓一次又发现另一个。最开始手机还被藏在枕头下面,后来就直接装在睡衣兜里了。就在母子的周旋持续了一段时间之后,终于再没发现儿子周末玩手机,如梦松了一口气。

然而不久之后,校长的电话却又带来了一个令人意外的消息:"你快来吧,你儿子大白天的在说梦话!""又找到一个手机,"如梦回忆说,"一个同学给了他个手机,另一个同学给了他一张卡。"子涛用着同学们拼起来的手机,依然彻夜沉浸在游戏中。学校最后发现子涛白天梦游,情况实在比较严重,就告诉如梦,没准儿这孩子就得退学或者休学了。如梦也因此决定搬到学校对面租了个房,不再让儿子继续住校,而是开始了三个月与儿子同屋的生活。

租的房子就和学校相隔一条马路,儿子每天中午和晚上都回家吃饭,自然不会再有多余的钱买手机。为了纠正儿子不良的生活习惯,如梦在一间小屋里塞下了两张小床,时时刻刻盯着儿子的起居。

几个月后，儿子的生活终于回归正轨，女儿却因为压力大产生了一系列问题。

从小就活跃在各种学生组织和社团里的女儿子璇一直就是家里的骄傲。虽然在不断变换学习城市和学习环境，但她总能在短时间之内适应陌生的环境，步入年级前几名。即使在郑州那样的人口大市，她也能在转学三个月后考进前几名。然而在杨村一中，子璇却被压力逼到了死角里，进退两难。身在实验班的她处于激烈的竞争漩涡之中，越想进步，越是困难，自信在一次次的考试中消磨殆尽。在挣扎很久之后，她终于对母亲说出自己想要退出实验班的想法。

"那孩子就毁在实验班了。"如梦现在说起，依然后悔不已。由于当时已然是高三，在经过和班主任的商量之后，她最终没有让女儿换进普通班。但就在高考前三个月，子璇开始满脸起痘痘，严重掉发，压力大到无法记住任何东西，天天以泪洗面。不久后的高考也严重失利，与自己理想中的大学遗憾告别。

在高考出分之后，子璇毅然选择了去香港教育大学就读。上了大学，换了生活环境的她仿佛重新释放了自己，找回了久违的自信，再次活跃在学生活动之中，积极参加校际交流。说到女儿现在的生活，如梦脸上又扬起了一丝骄傲的神采。

女儿去了香港，儿子上了高中，如梦也从学校对面租的房子中搬回了现在的家，但是她的陪读生活还在继续。"搬来武清以后都搬了三次了，我以后不想搬家了，等他俩成家了再说，目前先暂时住这儿了。"子涛每天和同学一起骑车上下学，丈夫的工作也从北京调来了天津。但是这种更加稳定的生活，并没有让如梦得以放松。

高二的子涛大多数学科已经结课，但是考试成绩却越来越不稳定，对自己的要求也一降再降。从"我不就考个一本么？"到"我给你考个本不就完了么？"，再到"不就上个大学嘛？"排名也从五百名掉到了九百多名。"我有几天没理他了。"如梦面对儿子一落千丈的成绩也不知说些什么，于是干脆选择让他自己反思。后来从老师那里得知子涛那几天心情也不好，还去找老师谈过心，说明了他想学习的愿望。本来得知消息后的如梦心情已经缓和了许多，但是回家后发现儿子依然无所行动，她再次被激起了怒火。

"我昨天就生气了。"面对没写作业却窝在沙发上看电视的儿子，如梦生气了，"你什么作业都不做，补课两个小时做那两道题也没用，神仙都救不了你！"她拿上车钥匙就开车去银行取了一万元现金，放在了盒子里。"你觉得报班有用的话咱就报了，你就指望着报班，我看你成绩到底能不能提上去。我给你搁这儿一万块钱。你取多少，给我留个条，写上日期扔这盒里。钱搁这里，条儿你也搁这里。"

这一万块钱也是如梦想了很久的一个办法。其实补习课可以一次性购买六十个小时，还能有一定的优惠，但是她拒绝了。"虽然是贵一点，但是你想要补哪块儿就补哪块儿。"如梦和儿子一起算了一下账，一门学科一次课两节，要六百块钱，如果五门一起补，一次就是三千元。她取了一万元钱现金留在了子涛的桌上，打算让他自己记账，感受一下钱如流水般被花出去的感觉。现金与微信支付最大的不同就是现金看得见、摸得着。微信支付不过输入一个数字而已，而当现金一点点变薄，不知儿子是否会有一丝感触，开始珍惜每一次补课的机会。

说到这里，如梦禁不住摇摇头："哎呀，这个弟弟真的是非常难弄！这孩子受不了啥脾气，我现在还在发愁，真的是一点儿也不能放手。"在信任儿子可以独自学习一段时间，排名却越来越糟糕后，如梦现在又开始看着儿子写作业。在儿子身后坐了四个小时，却看见桌上的卷面仍是一张白纸。"一切的过程都在草稿纸上,草稿纸上乱糟糟的。"如梦还从之前女儿的同学家里要来了各科的笔记和复习提纲,儿子却翻也不翻。让姐姐子璇打电话激励子涛,却也没什么作用。谈到未来,儿子也没有任何想法。

"孩子退路太多了。"

"跳舞这东西就是练"

"像这样的舞蹈队,主要都是为了打发妈妈们陪读的空闲时间,要不这孩子走了,我们天天一个人在家干啥呢,也没人聊天。"在刚搬家后的第一年,如梦几乎每天早晨的空闲时间都会在舞蹈室度过,在舞蹈室老师的带领下,她与一七届的妈妈们一起学习了近一年的健美操。

2017年夏天,如梦的女儿结束了高考,一七届的妈妈们也各奔东西,但与此同时,如梦的儿子考上了杨村一中,这不仅意味着如梦要开始第二轮的陪读生活,也意味着她可以继续在小区里练习舞蹈。

随着一七届的陪读妈妈们从舞蹈室离开,一八届的陪读妈妈们在新的学期活跃起来。虽然对于如梦来说换了一批一起玩乐与练舞的伙伴,但是一八届的妈妈们都特别热情,不论是早已认识的王老师,还是初次见面的陌生人。并且相比之前学习的健美操,如梦更偏爱她第二年开始接触的形体舞,因为她认为形体舞的内容更丰富,也更具有难度。

"人家都待我不薄,我一去就让我站前面,我说我啥也不会。"由于如梦是一七届的领舞之一,一八届的阿姨便热切地邀请如梦继续站在前面带舞。但毕竟健美操与形体舞的差别很大,如梦在健美操里所学到的许多舞蹈技巧并不能运用到现在的舞蹈学习中,而且许多一八届的妈妈们已经有一年的形体舞经验,如梦与她们并不处于同一起跑线上。

或许是源于对形体舞的热忱,又或许是因为对完美的追求,刚进入一八届舞蹈队的那段时间里,如梦经常利用儿子在写作业的时间,自己对着王老师在群里发的舞蹈视频细细琢磨。"就慢慢跟着练,跳舞这东西就是练,人家跳得好,咱好好学不就完了。"

"努力点、认真点学呗,慢慢就习惯了",凭借着这样的信念,如梦在数个月的练习中慢慢赢得了大家的认可,大家一谈起如梦便老是会夸她舞姿优美。再后来,如梦逐渐成了舞蹈队的骨干人物,有关一八届舞蹈队的许多大小琐事几乎都由她牵头组织,大到元旦晚会,小到下发通知,就算不是她亲自组织的,也是她安排的负责人。刚来的妈妈们没有基础,她便与另外几个跳得年头多的阿姨们一起轮流给她们做示范,带着她们找乐感慢慢练。

而在这时,如梦的儿子却向她提出想要回家住,如梦觉得子涛顺利考上高中之后算是暂时松了一口气,虽然原来的住处离学校稍远,但他爱运动,靠骑自行车上学就能解决这个问题,况且蒲瑞馨园的条件确实不如家里,也就同意了。但是搬回原来的家中后,因为距离的原因,如梦与馨园舞蹈队的往来日益减少,她也将领舞与组织活动的工作交给了别人。

当然,搬回原来的住处之后,如梦也没有放下舞蹈,转而加入了枫丹天城舞蹈队。这个舞蹈队与如梦以前住在小区里参加的舞蹈队大有不同,枫丹天城是一个属于天津市武清区的舞蹈队,经常受邀去参加开幕式表演,并且还会有少量报酬,尽管每个人分到的都不多。阿姨们加入舞蹈队两个月后,就参加了武清区运动会开幕式表演、庆十一活动、影视基地开业仪式表演等众多活动。

说到这里，如梦便拿出手机给我们翻看舞蹈视频，"这是我这几天在一个舞蹈队学的舞，还要参加比赛"，如梦边播放视频边解释道。现在舞蹈队里的许多人大多是以前有专业舞蹈背景但现在已退休的妈妈们，还有少数与文化馆、体育局挂钩的专业舞蹈老师，不同于之前的业余消遣，如梦渐渐将舞蹈当作生活中不可或缺的一部分。

"不给钱也喜欢这个，就是想去玩，想跟她们学一些专业的东西"，如梦抱着虚心求学的态度在舞蹈队里收获良多。因为枫丹天城舞蹈队需要在舞台上演出，所以对于参演人员的要求不再仅是将舞蹈动作做得熟练、优美，而是进一步要求她们掌握队形的变换以及要在台上展现出良好的精神面貌。

如梦认为之前在小区舞蹈队里的练习有些生硬和死板：以前小区舞蹈队总是翻来覆去地跳相同的几十支舞蹈，现在的表演形式更加丰富；小区舞蹈队在练习的时候对队形没有要求，也没有固定的站位，但是现在如梦需要配合队友、记住队形变换，来完成完整的舞蹈演出。

"因为跳舞的时候会转身，下一个找谁对齐，在跳的时候就得眼观六路。"如梦对此并没有感到有压力，反而乐在其中，"原来我跳舞，她们还得逗我。我倒是经常笑，但是跳舞的那种微笑，还不太一样，人家专业的，天天逗你笑，瞪着你演这、演那，不笑都不行，习惯了就笑了，现在好多了"。

如梦感慨道，跟着现在的舞蹈队两个月学到了很多东西，对舞蹈也越来越感兴趣，但是她也慢慢感觉到力不从心，舞蹈队过高的演出频率，让她没法把儿子与舞蹈两边都顾上，但她也想好了："现在先跟他们混混，偶尔去一趟，等儿子考走了，我就也不打算上班了，把这舞蹈队当以后的工作了。"

除了与儿子在学习上斗智斗勇，如梦也在陪读生活中收获了纯粹且珍贵的情谊，也找到了自己真正的热爱——舞蹈。三年前一次与美妈们的搭讪，让她踏入了舞蹈室，也踏入了全新的生活、踏入了一段难忘的历程。如果说陪读生活中遇到的大小琐事是人生路途中必不可少的酸甜苦辣，单纯的友谊能将她从世俗中抽离，那么舞蹈则以最简单的方式给予了如梦云朵般柔软的缓冲，让她在繁忙的生活中回归自己。

被分隔的日与夜：退学少年和他的"敌人们"

诸琪清　王玉宾

矛盾的泄密者

当我第一次问邵豪杰学校里有没有不良少年的时候，他不假思索地说没有，并反问我："我们学校在二环附近，你觉得呢？"过了一会儿他又说，原本是有一个，但已经被退学了。

邵豪杰是北京一所重点中学的高三学生，我与他碰面是在十一月中旬的一个傍晚。学校刚结束期中考，学生们陆陆续续走出校门，或是抱怨考题太难，或是计算自己扣了多少分，也有人冷着脸，步履缓慢地走在一片"考试""分数""排名"的嘈杂声中。天快要黑了，在沉重感不断蔓延的时候，人群中走出来一个穿着红色运动服、身材高大的男孩，在我还没认出他的时候他就远远地向我挥手，一路小跑过来，那个人就是邵豪杰。

他对这次考试的描述是"就平时那样"，而他的平时成绩一般能稳定在年级前十。邵豪杰原本生活在大兴，考入北京主城区的一所重点高中后，他的父母就在学校附近租了房子，和他一起在主城区居住，假期的时候再短暂地回到大兴，直到邵豪杰高中毕业。

他说，在市区找到不良少年是不切实际的，只有大兴那样的地方才可能有不良少年。

"为什么呢?"我问。

"我觉得这种孩子城里高中一般都考不上,一般就在郊区啊,而且我小时候的玩伴,现在有相当一部分是所谓的不良少年。"

邵豪杰有一个"发小",叫超超,在他还没离开大兴的时候,两人是邻居。由于双方父母相互熟识,就常常让他们一起写作业、一起上补习班,放假了也一块儿玩。超超是一个话很多的孩子,充当着两人之间气氛的活跃者,和他一起玩的时候,即便是漫无目的地走在路上,邵豪杰也不会感到无聊。小孩子相处没有顾忌,到对方家里做客、过夜是常有的事情,似乎都把对方的家当作了自己家;争执、吵架之后,他们也总能迅速地和解。初中以前,两人的学习都很好。

而在邵豪杰离开大兴后,超超却留在了大兴读书。初中的时候,因为与数学老师发生了激烈的冲突,超超开始拒绝上数学课、写数学作业,从此走上与老师和学校对抗的道路。这场学生与老师之间的较量,不论对错在谁,必然会以超超的溃败告终:他葬送了自己的成绩,没考上高中,只能升入本地的职高。而在职高里面,原本与世界抗争的斗志与勇气都消弭了,超超开始和新朋友们整日逃课,一起出去吃饭、喝酒、玩乐,放弃学习似乎已不需要理由。

"他受到了那些人的影响,"邵豪杰说,"他们学习不好,也根本不想读书,但是喜欢以兄弟相称,跟社会上的黑帮似的。"

"你们高中的男同学之间难道不是以兄弟相称的吗?"

邵豪杰顿了一下,谨慎地解释道:"但他们就只剩下了这些东西。我们可能也以兄弟相称,但每个人都有自己的事情,每个人都有自己的计划,所以我们不会一直混在一起。但是那些不良少年,他们是没有这种计划的,他们的生活特别随心……"

邵豪杰如今在重点高中里的重点班,班里的同学大部分都跟他一样,作为其他区中考的前几名被招揽进这个"群英荟萃"的小教室。这是一个好学的氛围填满了每个角落的班级,每个人一开始就在努力地学习,每个人的脸上都表现出想要学好的野心。但这种强烈的好学氛围,与经常见诸报端的那些"奋发学习"的班级在"高考动员"的鼓动下所呈现的状态是不同的,后者是爆发式、情绪化的,带着强劲的野蛮生长力,甚至有些过于激动;而邵豪杰他们班级的"好学"是相当克制和冷静的。

每天五点放学后,邵豪杰先在学校写作业写到七点,然后骑车回家吃晚饭,八点又开始学习,学到十点半就睡觉。班里的其他同学大部分也是如此。周末的时候,大家会三五结队地一起自习,约好时间后就不迟到不早退。"我没有课余活动,"邵豪杰这样说道,随后又补充,"但我们偶尔也会有一些休闲娱乐活动,像看电影、唱歌这些,在大考之后大家会一起出去放松一下,平时就还是以学习为主。我们的生活都比较规律。"

在高二快结束时的一个周末,邵豪杰的女朋友对他提出了分手。收到长长的分手短信时,他正坐在必胜客和同桌一起自习。他僵硬地坐了半个小时,心里难受极了,他想说一句话,却又一直说不出口。最终他忍不住打断了专心写作业的同桌,说:"咱们去打球吧,我失恋了。"在同桌表示自己要学习后,邵豪杰提早离开了必胜客,独自去理发店剃了个"秃瓢"。

"一些事情是和学习有冲突的,大家会选择学习,就没有那么多精力吧",他替同桌解释道。在高二结束后的暑假,邵豪杰打算去天津旅行,他没有再打扰班里的同学,而是选择叫上了超超。

邵豪杰其实挺矛盾的,他相信同学之间应该保持着"正常"的交往,可以一起出游、娱乐,但进入私人的生活,解决情感上的问题,就不是这种"正常"交往应有的功能了。但他又隐约向往一种兄弟间的感情,希望发生电影里那样挥洒热血的故事——在说出这个渴望后,他自嘲地笑了:"我是不可能有这种关系的。"

邵豪杰曾一度触碰到这样的关系。在和班级里的男生保持客气的同时,他时常和学校里的所谓"差生"混在一起,黄泽就是其中一个。一开始,他听说黄泽足球踢得很厉害,就主动过去找他切磋,后来慢慢成为球友。他喜欢和那些人勾肩搭背地走向球场,然后痛快地在球场上奔跑、冲撞,球场上流下的汗水带给他一种"热血"的错觉。虽然和这个群体的往来也仅仅是一起踢足球或打篮球而已,他们之间并没有太多交流、也不存在真正的共同语言,但在某些时刻,他几乎要相信在这些人和自己是患难与共的兄弟。他或许只是需要一个地方装载这些憧憬。

他也经常翻这些人的朋友圈、QQ空间,想知道他们最近都做了些什么。黄泽在朋友圈里发的香烟或者酒瓶,他记得比谁都清楚,因为他觉得自己能理解黄泽。他说:"我完全理解他,我也有这样的渴望,但我的人生还有别的规划。"

高二寒假里,邵豪杰和班级同学们组队去美国游学。游学途中,他像往常一样刷着朋友圈,突然看到一条有些惊人的动态:黄泽在朋友圈发了一张与女朋友一起裸着上半身的合照。他把男生们招呼过来围观这张惊人的照片,而一同跟过来的还有随行的年级主任。

我问他:"你觉得,这张照片可以让一个人被退学吗?"

他先是摇头,然后说:"可是他还公开地抽烟喝酒、烫头吧,而且他还和女朋友做出那样的事情。这些是成年人可以做的事情,你提前做了,那就显得你很社会。"

初中毕业的那个暑假,邵豪杰被超超拉着去烧烤摊吃夜宵。几串羊肉下肚后,对方提议喝酒,邵豪杰想着"我已经初中毕业了,应该做一些男人的事情了",就表示同意。而在啤酒瓶端上桌后,这次"男人的挑战"却未能如愿,他喝了一杯就醉了,头昏脑涨地杵在酒瓶面前,感觉一点也不舒服。对方却一瓶接着一瓶地喝,喝了四瓶还很清醒,顺便对邵豪杰糟糕的酒量取笑了几句:"哥们儿你不行啊。"那个夜晚,烧烤摊随意摆放的桌椅间,邵豪杰红着脸、扶着沉重的脑袋、一言不发地看着儿时伙伴不停地往杯子里倒酒,再一饮而尽。在他模糊的视线中,超超的身影也慢慢变得模糊。

如今他得知,这位儿时的伙伴被父母安排去做了护士,但一直考不到护士的证件。

"他死活不想学了,他觉得他肯定考不上了。"

"那你有没有劝他好好准备考试,先把护士证考下来再说?"我问。

些许沉默后,他带着犹疑和某种决心缓缓开口:"我已经劝导过他,但这不是其他人能改变的。他已经对人生失去希望了。我自己其实也在纠结,对于朋友到底该怎么取舍。"

该怎么取舍呢?在被勤奋、自律、优秀的同学环绕时,是否应该和"狐朋狗友"断绝来往?在习惯了每天按照严格的规划完成学习任务时,是否应该打消计划之外的念头?在维持着友善而疏离的人际关系时,是否需要压下那份对兄弟豪情的向往?在夜深人静所有人都睡觉时,是否可以打个电话叫朋友出来哭一场?

他想不明白,他矛盾万分,曾经他试图通过与黄泽那些"差生"的来往,在球场上维系自己的另一面,但他越来越感到整日与这些人混在一起是不对的。他始终没有决心做出了断,而在他选择把黄泽朋友圈里的照片分享给年级主任的那一刻,现实替他做出了取舍。他只能努力说服自己,黄泽是个劣迹斑斑的不良少年,他被退学是罪有应得,然后忘记这件事情,正如忘记自己心底的不快乐。

封锁过去的"情圣"

我问许卓人:"你知道为什么那么多女孩子都喜欢你吗?"

他摇了摇头,无奈地表示"我理解不了她们的想法",过了会儿又不确定地补充:"可能是成绩吧。假如我成绩不好的话,就没人知道我是谁,我也不会有多大的影响力。"

许卓人是这所学校里成绩最好的学生,考试似乎永远能排年级第一名。但他的成绩并非一直都那么好,只是他很少和别人提起自己初中那两年的时光,也很少有人能想到,许卓人和黄泽是初中同学。

那时的许卓人有点害怕黄泽。黄泽坐在教室的后排,是普遍不怎么爱读书的后排男生的头儿。"他总能召集起来一群人,一起说别人坏话。"许卓人就是时常被针对的那一个,他的性格有点古怪,不像一般的好学生那样专心学习,也不喜欢后排男生每天只知道跟着黄泽整人的样子。他不好好写作业,却还鄙夷同样不好好写作业的后排男生,结果便被黄泽盯上了。

某次数学作业,他抄了朋友的答案。作业上交时,坐在最后一排的黄泽突然大步走到讲台前,在教室完全安静下来后,黄泽大声告诉老师:"许卓人这次抄了×××的作业!"

老师愣住了,在沉默的空气里,许卓人也坐在椅子上一动也不敢动,他知道此刻所有人都在看他。几秒钟过去,老师像醒过来一样,批评许卓人,让他写检讨,也顺便批评了那个提供作业答案的孩子。事后,许卓人用一种超乎寻常的理性把问题归结于自己抄作业,并没有记恨黄泽,但黄泽不会这样宽容,在体验到胜利的喜悦后,他就把许卓人划入日常捉弄和攻击对象的名单里了。

班里男生在课后一起打篮球的时候,黄泽会突然对许卓人伸出一条腿,或者做出飞踹的动作——虽然体育能力出色的他或许只是想吓唬吓唬许卓人,而不会真的伤害到他,但这些动作在许卓人看来却太下作了。"流血是小事,因为不影响上课;戳伤了肿了很疼,也还能坚持;非要用腿,让你去医院弄拐,这事就大了。他这样肆无忌惮,一点也不在乎别人的身体,就很伤人。"

后来,许卓人就习惯于避开与黄泽接触的机会。倒不是因为害怕发生肢体冲突,而是"他说话太难听了"。班级举办唱歌比赛的时候,许卓人唱了首英文歌,因为在变声期,他的嗓音有点怪异,黄泽就围着他说了一整天"你唱歌像女人一样"。

许卓人无奈道:"我宁可他到处跟别人说我坏话去,也比为了恶心我,一直对我一个人重复这些要好。"

与黄泽有关的记忆在他初三进入高中"预备班"那一天起,就被封存了。"有了更好的同学,分数上来了,大家对我也都有一些体面的表示。我就更讨厌想到过去那些不友善的事情。"他实际想要封存的,不仅仅是被黄泽霸凌的记忆,更是那个不会说话、不会看人脸色、不会与异性相处、成绩也不好的自我。

初三的时候,有一个女生暗恋许卓人,他清楚对方的感情,却不知道如何处理,怕谈恋爱影响自己的学习,又舍不得拒绝,终于想要拒绝的时候却怀疑对方是不是真的喜欢自己。于是他什么也没有做,拖延了两个月后才拒绝了对方。他为自己的犹豫和软弱感到不齿,前些日子得知那个女生得了抑郁症,他也觉得是自己的过错。

而进入高中,考试成绩总位列年级第一的许卓人迅速地拥有了很多仰慕者。他不理解为什么突然会这样,但他已经慢慢把自己框进了那个玩世不恭的学霸形象里。他觉得这样做也未尝不行,反而可以在恋情中学习一点东西。与这些姑娘的交往看起来是水到渠成的。他公开地把自己打造成了一个"情圣",每到午休时间就去别的班级和女生聊天,回到班级后大声嚷嚷:"我又去和女孩子玩儿啦。"他以为,表现得越轻浮、越熟练,就越能摆脱第一段感情里那个懦弱、迷茫、不知所措的自己。

奇怪的是,许卓人的行为明明在公然地宣告自己早恋又滥情,却没有人觉得他这样做有什么不好,老师们顶多调侃两句"今天去找谁了呀",也不会过问太多。那些女孩子们,居然能和平地相处,没有嫉妒或是猜疑,仅仅是乐意围绕在他身边。这一切的不合理都在许卓人过于耀眼的"学神"光环下被隐藏在光亮之中。而他的老同学黄泽却经不起相同眼光的审判,一旦事情被发现,就难逃罪责。

一年后的许卓人找到了现在的女友,他觉得自己是时候结束"情圣"之旅了。令他如释重负的是,预想中的尴尬关系并没有到来,所有人都能接着做朋友,友善地相处。虽然还是搞不懂女生究竟在想些什么,但许卓人感觉到自己似乎摸到了某些人类情感世界的门和路,至少不会犹豫着徘徊不前了。他说:"我自己都难以想象,自己会有这样的进步。"

"那黄泽呢?你觉得他初中和高中比起来有什么变化?"

"不知道,没怎么听他们同学说他不好,想必还可以吧。现在应该还在踢球吧,还在踢球就不会太差。"

"你知道他为什么被退学吗?"

许卓人轻描淡写地说:"压根就不知道。都是很久之后有人告诉我他被开除了,我才发现已经好久没看见他了。就跟孔乙己的结局一样,很自然地走远了,我们也许就当这人从没出现过一样了。"

"更加真实"的退学少年

用黄泽自己的话说,在高中"转学"之前,他过的都是一种虚假逢迎的生活。

因为个子高，总是坐教室后排的缘故，和后排男生们一起胡闹是他对"转学"以前全部生活的总结。对黄泽来说，自己从小学到高中发生的变化仅仅是"胡闹"的程度不同而已：先是联合捉弄同学，然后是联合欺负同学，最后是联合殴打同学。但他的矛头明目张胆对准的都是同学，对于老师，不管背后怎么骂，他当面绝不发生冲突。

自从黄泽迷上足球之后，足球成为可以和"胡闹"相提并论的事，他一有空就往足球场跑，午自习时间全拿去踢球，晚上更是要一直踢到静校。自然，他很快成为全校足球的头号种子选手，连完全不懂球的女生都能看出一群人里面他踢得最好。高一的时候，或许出于球技的吸引力，他交到了现在的女友，一个经常来看他踢球的初三女生。

在那之后，女朋友的照片，开始与烟盒、酒瓶一样，频繁地出现在黄泽的朋友圈里。他是吊车尾进了高中，初中时勉强能应付的学业，在高中就变得困难了，他不再拥有学业上的任何资本。女朋友的存在，也许成了他另一种表现自己的方式，他希望让自己看起来"男人"一点，于是取巧地从成人世界里借走了各种道具：烟、酒、暴力、性。

在发出那张裸着上半身的合照后不久，黄泽就把朋友圈动态删除了，他意想不到的是，寒假刚结束，学校就以"损害学校形象"为由突然要求他退学。他不知道发生了什么，也不明白为什么学校领导有他发的照片。他猜想到告密者的存在，第一时间把同班同学的十八代祖宗骂了个遍，将他们拉入了黑名单，又在朋友圈对那位卑鄙的"捅刀子"的人连发了十几条咒骂和警告。当然这一切都改变不了什么，当退学的要求下达，那张合照被所有同学知道的时候，他就再也无法留在这里了。直到离开,他都没有找出那个告密者是谁。

黄泽到了新的学校,新学校有很大的操场。寸土寸金的二环旁边,容不下一片这么大的绿茵草地。他原来的学校里只有一个教室那么大的"足球场",里面铺着绿色的塑料草皮,外面围着高高的铁丝网,走进这片场地就像走进一个铁笼,而同学们也直呼其为"笼子"。在新的学校里,黄泽终于可以在宽敞的足球场上自由奔跑了。

他和女朋友的感情也更加坚定了。他坚持不懈地每天在朋友圈发和女朋友的合照、情书,配以各样的表白,来"向那些傻×证明我们有多相爱"——吊诡的是,他预期中的观众都被拉进了黑名单,并不能看到这些情比金坚的记录。

黄泽把所有原先高中的老师、同学都称作"傻×""精神病",最大限度地表现出自己对这些人的不屑。而在我们的谈话中,他旁敲侧击地想了解那些人是如何说他的,当然结果无论如何都会引发他的咒骂。提到"退学"或者"床照"肯定会惹恼他,而比起这些,更令他害怕的是被遗忘,得知没有人关心他转到什么学校、现在过着什么生活,他气急败坏地大骂这些同学是"自私自利的杂×""好学校里的傻×"又连着说了一串脏话。

他删除了朋友圈里所有抽烟、喝酒、竖中指的照片,却与新朋友们一起抽更多的烟、喝更多的酒、打更多的架。他一听到别人评价他"与众不同"就暴跳如雷,却喜欢张口就来"我过的是real的生活,别人都是虚伪的""我过去生活在精神病院里,现在出来了"这些嘻哈风格的宣言。他努力地想要去掉自己身上"不良少年"的标签,因为正是这个标签带来了退学的耻辱,但他并没有放弃这种生活方式,反而比过去任何时候都更像一个不良少年。过去与人打架往往是事出有因的——虽然原因有时仅仅是看某人不爽,而现在他打架是为了打架本身,打架对他来说成为了"real"的一种标志。他开始用"real"与否评判一切、解释一切,说过去的自己一直在虚伪地逢迎,现在的自己才真正活出了"real";过去的高中人人皆是虚伪冷漠,而新学校认识没多久的同学都是真朋友。

而"real"究竟意味着什么,对他来说并没有那么重要。重要的是在16岁,因一个难以启齿的理由退学,他的自尊心受到了巨大的伤害。此后他的行动、他的理由、他"皈依"的嘻哈思想,都是他自己为弥合这一颗破碎的自尊心做出的补救。他坚持说自己是主动转学的,不是被退学的——如果你在这时候问,既然如此,那恨从何来,他就会开始用最难听的话咒骂,因为除此之外,他没有别的办法。他不是手艺人,碎裂的自尊心修修补补,也永远拼不齐了。

"你会和你的女朋友永远在一起吗?"

"当然会。"

"你想过和她一起考大学吗?"

"没。"

"那你想过将来和她要做什么工作吗?"

"没。"

"那你怎么知道你们会永远在一起呢?"

他开始疯狂地骂人,各种脏话一时间劈头盖脸地砸在我脸上。

看我没有反应,他总结道:"知识分子就是一帮傻×。你可以滚了。"

我们的谈话因为他这句话结束了,而之后在他的朋友圈中,我仍可以看到有关他女朋友的种种信息,仿佛某种宣示。

无奈的倾听者

我第一次与黄泽在微信上接触的时候,无意间说自己是由他以前的同学介绍过来的。他听到那所中学的名字,就破口大骂起来,各种不堪入耳的粗口在手机屏幕上跳出来,我被惊呆了。他最后留下一句脏话就把我拉进了黑名单。

但他很快把我移出黑名单,再删除好友——让我通过一条一条向他发验证消息的方式道歉、解释、再道歉、再解释。然而在收到不知道多少条道歉和解释之后,他并没有通过好友申请,而是简单地让我"滚吧"。

过了一个多礼拜,他突然把我加回好友,问我是怎么看待他的。我迷惑又惶恐,小心翼翼地寻找中性措辞,甚至为他的行为开解,在我已经对他有大致了解的情况下。他却不领情,乱骂一通后,又把我拉黑了。几天后,他又重复了这些步骤,只不过把问题换成"你觉得我奇怪吗?"等着我回答,结果还是骂我一顿然后拉黑我。

在一个月的时间里,上述过程上演了一次又一次,我不停地被加回好友、被提问、被辱骂、被拉黑。不管我怎么回答,这一过程都不会改变。我在那段时间里才明白许卓人为什么说"他那些难听的话就已经很让人难受了"。我听着这些话却不能反击,只能沉默地接受这些,在血液涌上头颅的那一刻,眼看着自己被拉进黑名单。

我不认为黄泽这样做是疯了或者突发奇想。他很聪明,也很清醒。他知道我要找他做访谈,并且随着月底越来越近,这种需要也变得越来越迫切。同时他知道我出于道德和方法上的规范,不可能对他发火。在他这十七年不停与别人发生冲突和碰撞的人生里,我可能是唯一一个无论被他用什么恶心的方式对待都会用无比平和、几乎是温驯的态度回应的人。于是,在他生活缺少乐子的时候,在他破碎的自尊心急需修补的时候,他就会来找我,通过踩碎我的自尊心来弥补他的残缺。情况就这样持续了一个月。

怀着倾听他人的心,是否就一定能进入他者的世界?在我和黄泽之间,答案是否定的。被一所重点高中以一种屈辱的方式退学后,他对所有"好学校""好学生"都抱有深刻的敌意。他构建起一套价值理论来保护自己的尊严:好学校里的好学生都是虚伪的书呆子;不读书的人才有真性情、真智慧。而我在一开始就被归类到了他的对立面,变成他强化自我认同的工具——只有把我踩在地上,他才能站起来。

交流的无奈大抵如此。并不是语言不通,也不是工具缺乏,更不是性格差异,而是各种各样的社会理由让人们固守于自己的阵地——比如"real",内心越不确定的人,其固守也越发难以撼动。人与人之间犹如被分隔的日与夜,虽然无比接近,却始终坚持着各自的黑暗与光明。

但在另一面,邵豪杰和黄泽其实有着非常相似的诉求,而在黄泽的阴影下生活了两年的许卓人也从未觉得他是个恶人,只有黄泽对他们怀有莫大的敌意和排斥。那是否意味着,如果卸下些许防备、摒弃某些偏见,人们就有可能发现彼此的共通之处呢?

这或许是倾听他人赖以实现的基础。

(文中邵豪杰、超超、黄泽、许卓人等均为化名)

逆行：21世纪"民间科学家"画像

王 珂

"好父亲，坏父亲"

夏天的老陶醒得很早。他凌晨五点钟就从床上爬起来，借着微亮的天光打开百度贴吧，对质疑他"永动机"的人一条条回复。贴吧的发言充满了不友善的反串和嘲讽，老陶虽仍然不时认认真真回复这些"钓鱼"或"观猴"，但是也会对此感到无奈："跟他们讲道理，讲不明白的。他们只相信想出来的，就不看你做出来的，你能怎么办。"

老陶是"民科"的一员，即"民间科学家"或"民间科学工作者"。《光明日报》曾在2005年对"民科"下定义："游离于科学共同体之外而热衷于科学研究的人。"而在当下互联网语境之中，"民科"并不是一个等同于"业余科学爱好者"的中性词，反而常常带有强烈的讽刺意味：民科们不接受学术共同体承认的范式和共识，他们的探索注定徒劳无功——有的民科自称推翻了相对论，有的自称发明了永动机，有的声称证明了哥德巴赫猜想。他们不仅时有十分荒诞的空想，而且往往在网络和现实中行为出格、不可理喻，常常招致人们的哂笑和讥讽。

作为家中的长子，老陶目前正经营一家油漆厂，有一个务农的二弟、一个在广州打工的三妹和一个开塔吊的幺弟，父亲在世的时候是村里的铁匠。老陶自幼学习用功刻苦，有一个科学家梦，他的科学启蒙读物是《小灵通漫游未来》。1985年老陶以十分优异的成绩从小学毕业，家里人奖励了他一本《小灵通漫游未来》连环画，期盼着他能好好学习争气，而这本书在他初中三年被翻阅了不下百次，直到现在，老陶都能如数家珍地讲出小虎子和小燕的故事。1988年的中考，老陶的数学和物理考了全县的最高分，但他并没有如愿继续接受教育。在中考结束的暑假，他的父亲因为一次山洪意外去世，他不得不中断学业，扛起家中的重担。老陶至今为自己没能继续上学而遗憾，但他觉得少年时的经历为他埋下了一颗种子：连环画里哪有什么做不到的事情，当时看起来科幻的东西，也是人能做到的。

老陶开始"民科事业"已经是2010年前后，当时他的油漆厂才刚刚平稳运行起来。按照他的说法，造永动机的想法也是慢慢形成的。他的"轮盘式永动机"灵感来源于厂子里的砂磨机，最初只是想鼓捣个小玩意，后来才发现按照这个思路继续往下走，能做出一个非常灵巧的东西，实现自己推动自己。老陶属于动手实干派的民科，对永动机的所有想象局限在县城里的小五金店。他乐此不疲地隔一段时间就去五金店买回一堆杂七杂八的零件，按照他的理解，永动机就是永远能动的机器，所以只要设计出怎么给它自己提供动力的方法，永动机就能实现。

2016年，老陶的"永动机"发明成功了。当然，他称作"永动机"的装置无法真正不依靠外力自行运作，老陶对此的解释是：它体现了"永动"的原理，而虽然限于材料和机械的复杂度限制，他还没有办法做到严格意义上的永动，但只要加以改进就不难实现。老陶甚至为此申请了专利——专利局只负责资质的审查，至于科学性与可行性并不在他们的关心之列。他把"永动机"的专利证书很小心地装裱起来，放在客厅里最显眼的位置。专利费一年千把块钱，不是个小数目，但老陶心甘情愿地年年掏钱，觉得专利是国家对他的科技的认可。

自2016年"永动机"发明成功以来，老陶每年都说要将专利投产，但是每年都会因为各种各样的原因搁置。近些年油漆厂的生意并不好做，老陶也一年比一年忙。而且他有个瓷娃娃一样轻型血友病的儿子，动不动就得去医院输血，脸色白得吓人。他对老陶搞永动机颇有不满，觉得自己有个脑子有病的爹。老陶对此付之一笑，觉得他儿子是学文科的，也不懂啥，骂由他骂，能给自己传宗接代就谢天谢地了。这个儿子与永动机一样，占据了老陶大量时间和精力，甚至抚养儿子对老陶来说也是另一种心甘情愿承担的"永动机"——遗传病永远好不了，那你养他就没有头。其他亲戚觉得老陶虽然是个怪人，但他除了"科研"之外完全就是正常的父亲和老板，也就由他去了——毕竟谁没点爱好？

老陶也偶尔上网发帖表示自己成功发明永动机，但却从不泄露永动机的原理，怕别人把他的想法偷去卖。然而实际上也基本没有人看他的发明，仅有的几个回复也都是反对的声音。之前老陶每天都能收到反串支持者的网友私信，开始的时候他还会十分认真一条条回复，后来也就作罢了。"网上的人觉得我是神经病，神经病也能开厂子赚钱？"老陶开始还会对此进行辩驳：你一张纸、一支笔，用一套弯弯绕绕的东西做纸面上的功夫，只要你想证明，可以证明出来所有东西都是不可能的；后来他觉得网上吵架没意思，也不太上网了，但是他始终自信地觉得永动机的发明已经胜利在望。

"向后看，向前看"

旗云是民科中典型的赛博喷子，谙熟怎么把别人惹怒进而跟他

"对线"之道。他对每个质疑他理论的人满口脏话,时刻熟练运用充斥着emoji表情的"抽象话"对他们进行高强度人身攻击。他坦言,有的时候也不是真的想骂人,而是喜欢看无法理解他理论的人气急败坏的样子,这样一来他就能俯视这些臣服于"官科"权威的人,油然而生一种智识和独立思考能力上的优越感。

"官科"即"官方科学家",是所有"民科"的假想敌。民科普遍认为,他们对科学的探索之所以不受认可,正是因为官科学阀形成"科共体"(科学共同体)支配学界,人们崇拜官科的权威思维作祟,压制了敢于质疑的观点和精神。旗云对说他"思而不学则殆"、让他"多读点书"的网友嗤之以鼻:"多读点书,读的是什么书?官科的书吗?我为什么不甘心被他们的观点支配,是因为我相信自己判断的基本事实。"他又接着解释:"你看,我为什么只质疑热力学第二定律,我为什么不质疑牛顿定律?因为我有脑子,有分别什么科学是对的,什么科学是错的的能力。这些科学真的科学吗?真的一点都不需要质疑吗?"

与他激烈的言辞形成鲜明对比,现实生活中的旗云十分内向甚至腼腆。

2001年,旗云出生于某个中原小镇的工人家庭,父母工作忙的时候就放任他在书摊边看书,旗云唯独喜欢科普类书籍,囫囵吞枣地陆续啃完了不少理论物理的科普,能量、粒子、相对论、时空等20世纪科学的重大进展深深迷住了他。他试图努力搞懂这些符号和表达式,在网上疯狂搜寻信息以满足自己旺盛的求知欲。当时的旗云想在大学学习理论物理,想要像书中写的那样,用自己的智力劳动开拓人类知识的边疆。

然而,旗云升入高中后,发现他虽然对理论物理感兴趣,却并不适应考试。在学校的奥林匹克竞赛选拔考试中,他惊恐地发现自己面对卷子只能手足无措,顺理成章地失去了进入校队的资格;他的数理化成绩也并不突出,始终在"略微过得去"的水平上下浮动。之后,旗云的高中生活沿着"小镇做题家"的常规路径度过,在平淡的刷题和考试中度过了高中三年。2019年,旗云高中毕业。在父母的压力下,旗云选择在本省一所高校的法学专业就读。

学习自己不想学的东西让旗云感到十分痛苦:他讨厌死记硬背,而法学恰好需要高强度的记忆和背诵。大一上学期他挂了两门专业课,糟糕的成绩让他愈发试图逃避现实。大一下学期,旗云在一次昏睡中灵光乍现,他发现现行的热力学第二定律存在基本的问题。一瞬间的"开悟"之中,弦理论、相对论、量子理论这些抽象的概念在他脑海中仿佛凝聚成了整体,让他确信自己就是那个被选召者,从床上惊喜地蹦了起来。自此一直到现在,旗云都试图把那天的灵感扩充成完整的"理论体系"。旗云并不擅长枯燥的运算,他"科学探索"的过程是艰难的,每一次重大的"理论突破"都依赖于某个瞬间灵感的迸发,用来演算的草稿纸和本子乱七八糟地占据了半个衣橱。

旗云常常把自己想象成一个殉难者的形象,他的"科学英雄主义"情结让他容易被自己感动:他通读了爱因斯坦相对论的原文,不断地发现现有科学理论中的"明显错误",关于这些问题为什么没有受到前人的质疑,这让他感到十分痛苦,他最终得出的结论是:这些理论在某个尺度上总会是正确的。微观层次上牛顿定律百分之百不正确,并不影响工学上对牛顿定律的应用。而恰恰是因为科学共同体压制了人们的自由思想,人们才会迷信权威,不愿意反思这些从来如此但不一定对的东西。因此,他被诊断出双相情感障碍后也不愿意吃药,觉得服用药物是用来麻痹他思考的手段。

旗云古怪的作风和糟糕的习惯让同学觉得他有精神病。不久前他刚刚跟室友大吵一架,室友一怒之下把他桌面上的东西从阳台上扔了下去,他一声不响地把东西捡回来。他有的时候一睡就是二十个小时,有的时候看书能看两个通宵。昼夜颠倒的生活逐渐损害了他的健康和专注力,整个身体都在向他发出警报。网上的人吵不过他的时候会说"嘴这么臭,你生活一定很不如意吧",对此旗云大方承认:"就是不如意,老鼠人(生活不如意,失去希望的人)呗,老鼠人有什么好说的。"

但也会有一些时刻,他会觉得自己就是天选之子,觉得自己吃过这些苦后,就把未来名利双收"欠下的债"提前还清了,总有一天可以被他所认为的"科共体"接纳,到时候他的名字会出现在所有的物理教材上;这些片刻过去之后,他又会在网络空间跟人"对线"时陷入愤怒和自我怀疑中,觉得他在无止境的独行长路上太过孤独:"你们不就是在膜拜自己造的神吗?你们知道你们相信的观点是怎么证明出来的吗?"

这些异常高涨的情绪填充了旗云阴云密布、随时有被退学风险的大学生活之间的缝隙。旗云的宿舍在五楼,他从窗户俯视下去时,经常想张开双臂一跳了之。但他最后觉得虽然活着也没什么意思,但死了也没什么意思,他对自己的未来还抱有一点"万一"的可怜期待,靠着自己偶尔迸发出一星半点的"科学"灵感火花和对未来如梦似幻的畅想,还能为自己的人生勉强吊一口气。

"旧未来,新未来"

反民科吧吧友小杨认为,像老陶和旗云这样,虽然持有错误观点、但仍然可以交流的"正常"民科在所有民科中并不典型,只占比较少的一部分;而另一部分民科往往"非蠢即坏",要么极度偏执、价值观有很大的问题,甚至有一定的精神异常;要么借民科之名敛财行骗,几乎无法与之正常交流。

反民科资深人士,知乎用户"零度君"将民科分为"没有科学精神但又试图取得科学成就;以民科之名,行诈骗之实;以民科被打压为借口掩盖自己事业的不成功或者对现实世界的不满"三类。他认为,民科现象归根结底是无知和反智的表现,反民科如同辟谣,虽然短时间内难以消灭民科本身,但其对民科违反学术道德乃至社会公德的荒谬言行的批判,有助于维持社会正常的价值观和科学精神。

百度贴吧民科吧、反相吧、永动机吧和雷氏力学吧中常常有大量民科出没聚集,其中"民科吧"是民科与反民科人士最大的战场,现任民科吧吧务团队"37℃春小树""夕阳下的9527"等人均为反民科人士,而此吧中"三江方士"、雷绍武等民科因其出格的言行举止均有较高知名度。"三江方士"以研究数学为主,提出了认为调和基数收敛的"中华级数",同时也曾发表过"中医救人、西医害人""黄曲霉素无毒"等论调;年逾古稀、热衷于炒股和书画的雷绍武则以自创"雷氏力学"挑战牛顿力学和电子理论闻名。而初中肄业的钟表店员工何文涛则在民科中行为更加极端。何文涛曾经先后制成所谓"小马达永动机"乃至奴役鬼魂的"鬼推磨永动机",甚至已经出现了一定的妄想症状。民科吧吧务"壶师傅"曾经在加入何文涛所谓"革命"微信群后得出结论:"不过是他作为一个社会底层渣子发泄个人不满的一个垃圾桶而已。……每天必做的几件事是:让大家转发他的文章;被表哥欺负后骂男群友泄愤;对群里女性性骚扰。"何文涛的父母将其当做累赘,开钟表店的表哥表嫂对他任意欺压,上班时连手机也要上缴没收,同事对他颐指气使,连弟弟也拒绝承认与他有任何关系。

在网络空间之外，民科们很早就开始各显神通，通过给科研机构写信或直接上门的方式试图让自己的观点得到承认。早在2005年，民科郭英森就曾在自行车后座放一块牌子，到北大、清华、中科院门前"摆擂台"。直到现在，清华西门路边电线杆上仍有上书"素数公式"的小广告张贴，中关园附近也时常有要求见到某位知名教授、验证物理理论的民科出没。未名BBS曾将"爱国进步民主科学"戏谑地缩写为"爱进民科"，展现着这个独特群体的魔幻和现实。

作为清华大学的学生，小杨曾经活跃于与民科争论的"前线"，在争论中他发现，改变民科的观念难之又难："想要推翻物理基本理论的人不少连高等数学也不会，毛细现象、磁力、杠杆，这些原理的第一类永动机已经被前人反反复复试验过无数次，但真正讲的时候民科仍然会觉得你是纸上谈兵，是用权威压制他们。他们已经活在了自己的一套自洽的逻辑之中，他们的理论也要烂在这套逻辑里面，跟他们吵真的很累很累。"

但同时小杨又会感到疑惑：对科学的热爱本来按理说是好事，那他们为什么变成了病态畸形的状态？小杨觉得："零度君说反民科是讲给大众看的，是播种科学精神。我觉得现代科学不像几个世纪之前，现代科学知识是高度专业化的，不进入他们民科所说的科学共同体，就无法谈科学研究。有些民科没有办法进入共同体，甚至连门槛都摸不到，要是把这种局面完全归结于他们个人的素质不高，我也觉得有一点偏颇。"

旗云的账号终于因为骂人太多被举报而禁言了，他本人也仍然被困在自己的生活中，对自己的未来十分悲观。他说，自己就算哪一天突然死了也不奇怪。但旗云仍在期待，有时又会处于异常的亢奋状态，对别人滔滔不绝地说起自己那些天马行空的畅想。

结束访谈的时候,老陶又提起《小灵通漫游未来》,觉得"当时的人想象的东西,都是能实现的东西;现在的人连想东西都想不出来,都是些虚的"。他又勉励笔者"一定要好好学习","他们往我们身上泼脏水,但我们毕竟是老了!但是年轻人还年轻,思维僵化了,精气神就没有了!"说着,老陶的眼睛又亮了起来。

(文中部分人物为化名)

一个北漂的"纪录片女孩"

王子宁　时炎炅昊　江　阳

新冠肺炎疫情发生以来的一年多时间,有悲伤有感动,有突如其来的变故,也有乘风破浪的勇气。有的人在疫情中遭受了平生最大的挫折,有的人则在疫情中成为公众关注的英雄人物。这一年多对于大多数人来说,似乎都是生命记忆中不可抹灭的一个时间切片,而对于小晋,一个普通的"北漂"四川女孩,这一年多似乎显得有些平淡。

"搞艺术很花钱也很难,但我还是想搞搞试试"

"我小时候一直都有一个做摄影师的梦想,如果把范围说大一点的话,我想做一个艺术家。我最喜欢的摄影师是薇薇安·迈尔,她是摄影界的泰斗,我很喜欢很喜欢她的作品。"小晋此刻随手拿出她包里的一叠照片给我们看。她拿起桌面上的小蜡烛,借着微弱的烛光,分享这些精彩的底片:"薇薇安和一般男性街拍大师不同,她的街拍更关注入微的人物神态和人性风景……"

眼里有光,这四个字完美演绎了她讲述对于摄影的热爱时的状态。她最希望做的是一个街拍摄影师,但是她也很清楚如果要让自己的热爱持续下去,纯艺术是绝对不可能的,所以她在大学的时候也学习过很多商业拍摄知识,希望未来能够一半时间花在艺术拍摄上,另一半时间用作拍商业照片,起码能够养活自己。

"在大学四年期间,摄影就是我生活中的关键词,我从大一开始就加入了摄影协会,一直到了大三当上了主席,然后大四开始就带新人。"她回忆起几年前的大学生活,不禁感叹岁月不饶人。

每一对父母几乎都不会支持自己的孩子去追求一些天马行空的梦想,劝说的理由大多都是不实际、别做白日梦等,她的父母也不例外。"我爸爸妈妈知道我很喜欢摄影,但是他们的思想就很传统,觉得做摄影师不是铁饭碗,真的没有什么前途,就算我怎么说也没用。"

大学四年里,她都没有跟家里拿过一分钱,因为既然家里人都不支持自己的梦想,那就只能靠自己的双手。那时候,她下课了就赶紧跑到学校十公里以外的摄影棚打杂,攒一些生活费,给自己设定每日消费限额,不能超过50元,因为如果花得多就存不了钱去买机器。

"搞艺术真的很烧钱,我记得我大二的时候看中了一部佳能的单反,价格精确到点数我都记得很清楚,是25 890.9,我相中了,因为它既能拍出好看的街头照,又能拍出商业照,所以没有不买它的理由。"价格接近两万六千元的高级相机,对于一个不问家里拿生活费的大二女生来说,似乎不是一个奢侈品,而是一个奢望品。生活本就拮据,再加上这个价格对她来说堪称天文数字的相机,她甚至把每天能用的钱控制在25元以内,再多做几份兼职,最终买到了自己的心头好,身体却发出了警报。

"那个暑假,我在医院的病床上整整躺了一个半月。"她低下头说道。梦想,在这个年代,似乎因为种类太多而变得廉价,似乎也因为执着太少而变得昂贵。

"梦想？还是现实一点吧"

"其实现在回想起以前，我觉得自己好幼稚。"她冷笑地自嘲道。毕业前，以为什么东西都能如自己所想那样顺利，但是真正等到毕业了，穿上学士服抛起自己的四方帽的那一刻，一切的梦想，都变成妄想，跌在地上的四方帽就好像梦想一样，狠狠地摔在地上。

这几年，根本没有什么工作室愿意扩招，更何况是一个大学刚刚毕业、初出茅庐的小姑娘，要进入摄影圈是一件很难的事情，特别是艺术拍摄方面，因为这个圈层的门槛很高，出身普通家庭的她根本没有这个能力在这个圈子里待下去。所以，她一步一步地与现实妥协，做了一件起码能让她活下去的事情。

"我第一份工作是拍纪录片。"她话语中有着一丝无奈，但紧接着又补充了一句："不过我的毕业设计也是一部纪录片，也算是学生时代和社畜时代的无缝衔接了吧。"2019年毕业以后，她去了一家专门拍摄纪录片的央视旗下的工作室工作，她并没有想在这里待多久，因为她只当这里是一块踏脚石，一个跳板，对于做纪录片，她表示真的没有什么兴趣，因为纪录片并没有很大的创作空间，她依旧钟情于艺术拍摄。更何况，她在这里只是纪录片生产流水线上的一个搬运工，她并不参与图纸的设计，而只是一个拿着锤子和扳手的廉价女工。

2020年1月，突如其来的新冠肺炎疫情席卷全球。2月底，国内疫情依然比较严重，回家待了不到一个月的小晋就一个人扛上相机、电脑等吃饭的家伙什儿回到了北京。"在家待着也没什么事，不如回北京吧，反正哪里都有疫情。"她在谈起自己2月底就回北京继续工作时似乎带有对疫情的一些不在乎。

但是在疫情大潮的裹挟之下，小晋的生活也并不如她所说的那样不受影响。2020年，对于影视行业而言，是难忘的一年，在疫情下受到不小的影响。突如其来的疫情让大银幕遭遇了长达174天的停摆，也让上半年的小银幕冷却下来。"无戏可拍"，这样的大环境加速了整个行业的洗牌，在大浪淘沙、沉者为金的氛围中，能活下来的公司真的不多。

由于她所在的公司专门为企业拍摄纪录片，而由于受疫情影响，跨省拍摄碍于跨省流动隔离政策而无法正常推进，很多企业因为疫情资金链断裂而纷纷破产，纪录片拍摄计划就从满满当当变成了空白。裁员、减薪、迟发工资，这似乎是现代市场中每一个处于困境中的企业都会优先做的三件事，小晋也像疫情中的无数打工人一样，面对了。

才工作不到一年的她失业了。"我本来也并没有想着在这个公司待很久，只是想着这个公司是央视旗下的，资源还是比较多的，适合刚进入行业的人去摸索和尝试。没想到疫情来了，公司的状况也不太好，工资拖了三个月没发。虽说公司裁员没有轮到我身上，但我是要吃饭、要交房租的啊。虽然疫情期间找工作也不是很容易，但我总是要离开自己的舒适圈的，总归要尝试点别的，早点也没啥不好的。"

新冠疫情在小晋这里被形容成了一种催化剂，加速了她离开公司的速度，她觉得自己依然是在自己原有的道路之上，只不过是将一段时间内的一次尝试变成了若干次尝试罢了。但小晋谈起自己之后的工作时，都不会提起公司的名字。

"还是靠谱一点吧"

小晋的姐姐是一名销售行业的从业人员，疫情对于销售行业的冲击尤其明显，所以在这样的一个契机下，她的姐姐选择创业。而刚刚离职的小晋因为有拍摄的一技之长，就被她的姐姐拉入创业团队之中，主要致力于一款社交软件的开发。虽然称为一个创业团队，但实际上连一桌麻将的人都没有凑够，只有小晋、她的姐姐和一个程序员。

"反正刚离职，也没工作，不如就试试呗。"这似乎不是小晋审慎思考之后的人生选择，或许是亲情让她做出了这个选择，也或许是她单纯地"想尝试点别的"。

不过疫情之下，企业的生存本就是个大问题，无数的中小企业都面临着贷款难、资金链断裂等问题。而对于创业而言，道路只会更加艰辛。不到半年，创业团队就解散了。如此恍惚，就像一场梦，所有的一切都回到了原点。

"如果我姐靠谱一点的话，或许创业还是能继续再做一段时间的。但是我姐太不靠谱了，所以我就只能指望自己靠谱一点，或者说让自己再现实一点吧。"

不到一个月的时间，小晋又找到了一份工作，只不过是一份短期工作——跟着一个团队去拍摄记录电视剧剧组拍摄进程的纪录片。"可能是因为我的第一份工作就是拍纪录片吧，所以找这份工作比我想象中要容易一些。虽然待遇也不是很高，因为去外地要隔离，我们能跟的剧组也有限，很多时间都花在了隔离上。但是单纯拍摄纪录片和拍记录电视剧拍摄过程的纪录片还是不一样的，起码我能去了解一下电视剧是怎么拍摄的。而且，这家公司能按时结算工资给我，也算是靠谱吧。"

虽然小晋一开始说自己打算先拍纪录片，积累一些资源、学习一些技术之后就转行到广告和电影行业中做拍摄，但是小晋这一次还是踏进了纪录片拍摄的圈子之中。

"其实也不能说我走进了职场的舒适圈吧,因为我也没在这个行业做出什么成绩,也没自己拍出过什么像样的片子。但是我更知道自己现在是踏不进广告和电影圈子的,因为这两个圈子都是有壁垒的,你没有积攒到一定程度,去了也是做和我现在差不多的事情,工资反而会更低,那又何必呢?我要是挤破了头非要现在就挤进去,那就变成跟我姐一样不靠谱了。"

"一步一步来吧,我也不知道自己什么时候会再跳出去"

由于电视剧剧组散布在全国各地,小晋所在的团队一个月也跟不了几个剧组,再加上小晋口中的"他们给我的这个工资,让我觉得自己好像被骗了",干了三四个月后,小晋再一次跳槽了。2020年还没有结束,她已经开始寻找自己的第四份工作了。

"我也没有想到我这一份工作会干这么久,已经八个月了,居然是我毕业以来干得最久的一份工作。"从记录电视剧拍摄的团队退出后,小晋又在北京找到了一个美食纪录片的拍摄团队,加上疫情隔离政策的放宽,2021年开始,小晋前往全国各地进行美食纪录片的拍摄。又是纪录片,毕业两年内,小晋做了四份工作,其中三份都与纪录片相关。

"我觉得我的毕业设计可能是一个魔咒,纪录片和我似乎绑在了一块。但是吧,我本科毕业前想的是自己拍一拍纪录片、拍一拍电视剧,最后再进入广告行业,但现实和我想的不太一样。不过纪录片对我来说似乎也没有什么特别的含义,反正就是拿着相机拍摄,抱着电脑剪辑嘛,其他类型的拍摄不也是这样的吗?"在旁人看来,小晋似乎被打上了"纪录片女孩"这个标签,但是她并不觉得这个标签属于自己,她更愿意用"摄影行业民工"来概括自己。

由于小晋两年内换了四份工作,我们开玩笑似的问她打算什么时候换下一份工作,她的表现似乎有点过于平静了:"一步一步来吧,我也不知道自己什么时候会再跳出去。之前我觉得自己积累够了资源、掌握足了技术就会往广告行业、商业摄影领域闯一闯,但是究竟怎样算积累够了、掌握足了呢?也许有一天我偶然拍的一张照片在微博上得到了很多人的认可,我就可能会往商业摄影领域跳槽。也许有一天我跟着剧组认识了广告营销的客户,他们认可我,我就会往广告领域跳槽。但是这些都是我能掌握的吗?我不能,我只能先挣够吃饭和交房租的钱,有余力的话攒一点小积蓄,这才是我现在所想的东西。反正我才24岁,24岁就成为著名商业摄影师的人也没几个吧?我又为什么偏偏要做那一个呢?"

理想大概是不会被抹灭的,但是理想是会被裹挟的。小晋在校园中为自己的职业生涯绘出了一张清晰的蓝图,而现实就像一个喷雾器,往这张蓝图上一点点喷洒水汽。蓝图模糊了,但是依然是可见的。理想仍然是存在的,但是不会再像当初那么急切了。

"倒也不是说我对现在的工作有多么满意吧,至少我现在能全国各地跑一跑,挣的钱也够我生活,这和我之前跳槽的情况不一样。没有不靠谱的人、没有拖欠工资、没有不够生活所需的酬劳,我现在大概是没什么理由跳出去吧。但也说不好,也许有一天我对美食纪录片突然厌恶了,我可能就会立马跳槽吧。"

"感觉疫情期间身边人的爱情都好难"

在聊到疫情期间有没有什么让自己感触特别深的事时,小晋感慨:"感觉疫情期间身边人的爱情都好难。"

小晋的闺蜜和她一样也是一个"北漂"女孩,她闺蜜的男朋友则在准备考研"二战"。疫情期间,两人都回了老家。大概三月份的时候,小晋的闺蜜接到公司通知,要回北京上班。但那时候疫情风险依然存在,高铁站、出租车都是感染风险较高的场所,小晋的闺蜜特别害怕,就联系了自己的男朋友,想让他陪自己一起回北京。但是她男朋友拒绝了,小晋的闺蜜,一个不到一米六的小女孩就自己拖着两个行李箱,从老家坐高铁到了北京。因为害怕出租车空间过于密闭而感染病毒,就坐了一个多小时的公交车到了住的小区。而她的男朋友并没有给她安慰或陪伴,两人也就不欢而散了。由于疫情,小晋租的房子里来了一批她完全陌生的新室友。每天和外人说不了几句话,让她觉得格外孤独,于是就在社交软件上又认识了一个男孩,但两人在一起不到三个月,就又分开了。

"我觉得疫情真的是让身边好多人的感情都遇到了挫折。感觉以前好多朋友都和他们的另一半关系特别好,就是能走到结婚的那种。但是因为疫情都分开了。"但颇为有趣的是,小晋和自己的男朋友在疫情期间也是经历了数月的异地生活,现在依然在一起。"可能是我觉得疫情对我没有什么影响吧,我们两个的关系也就还和往常一样,也没有说因为疫情就格外亲密或格外疏远。"

从小晋的身上,我们看到了一个把不确定性作为常态的女孩。怀揣着具有不确定性的理想,做着有不确定性的工作,那么在带有不确定性的疫情来临时,似乎她更能找到一种与自己的契合,或者说是一种确定性。

"其实吧,疫情对我也是有影响的"

从餐厅走出去后,小晋看到我点了一根烟,就示意自己也要来一根。她看着临街的各式各样的餐馆热热闹闹,吐出了一口烟:"其实吧,疫情对我也是有影响的。今年春节回四川老家的时候,我跟我姐在街上走,发现很多原来经常去的火锅店都关门了。作为一个土生土长的四川人,我居然要重新去尝试到底哪家火锅店好吃。如果你真要问疫情对我有什么影响的话,我觉得这算是一个吧。"

当然,这只是其中之一而已。尽管在旁人看来,小晋是一个把不确定当成常态的人,但是对于她自己而言,被迫不确定似乎为她带来了一些压力。"其实一直以来,我都没有详细地为自己做过规划,因为我觉得现实总不会按照计划来,倒还不如到时候再说。可是疫情发生之后,身边越来越多的朋友变得非常紧张。往小了看,就是看到别的城市有零星病例的时候开始担心,会不会造成大范围影响;往大了看,其实大家都在担心自己的未来。"

"我又何尝不是呢,以前一直觉得不用什么事情都想太多,想了也没用,但起码那是我自己的选择。好像从疫情发生之后,做不做计划已经不是我们能自己决定的事情了,因为太多事情是我们没有办法提前想到的。疫情发生之前,应该没有人想象过每天戴口罩出门会成为我们生活的常态吧。"

"但是我觉得疫情对我最深的影响,应该是我对生命的认知。以前身边的亲人朋友生活都比较平淡,也没发生过什么大事,所以我一直认为死亡是一件离我很遥远的事情。可是疫情发生之后,我的想法有了一些微妙的改变。我开始变得珍惜自己的身体,以前熬夜是常态。"我们忍不住问小晋,现在是不熬夜了吗?"现在是一边紧张,一边熬夜。"小晋说完忍不住笑了起来。

"人本质上大概都是很顽固的,有些想法不知道从什么时候开始,就深深地在脑子里扎根。哪怕我已经意识到熬夜会影响身体,但是我还是坚持熬夜。不管怎么说,至少我现在能意识到人类的生命有多脆弱。网上现在不是有很多关于印度疫情的报道吗？之前我还看到了一些视频，十几具尸体，歪七扭八地堆在一起被火化，旁边有几个人在抽烟。那时候我就在想，也许死亡和我之间只是被一堵墙挡着，距离其实并不遥远。

"我觉得还是珍惜眼前人吧，虽然很多事情没有办法计划，也不知道将来会发生什么事情，但起码现在的生活态度我自己还是能决定的。这段时间想的事情说多也不多，说少也不算少，有时候稍微想一些比较深刻的问题，会被自己潜意识打断。因为我从骨子里一直很抗拒这种瞎想的行为，但是不得不说，留给自己一些独立思考的时间确实会改变一个人的思维。"

"接下来还是那样吧，做好自己的事情，能吃就吃能玩就玩，只不过生活都已经这么艰难了，可能以后要提醒自己得活得尽兴一点。"

最后小晋又点了一根烟，我们本来想提醒她，抽烟太多对身体可不好，最后还是没说出口，掏出打火机帮她点上了火。

走向"清北名师"

马晓龙 周 弘 邹 彤

引 言

根据中国互联网络信息中心发布的第46次《中国互联网络发展状况统计报告》,截至2020年6月,我国在线教育用户规模达3.81亿,占网民整体的40.5%。新冠疫情暴发后的天然导流,让在线教育公司在2020年跑出了一条美丽的增长曲线。据估计,未来五年,中国互联网教育行业的复合年增长率将达到31.7%,其中移动在线教育的复合年增长率将达到52%。

在如此庞大的市场吸引之下,各路资本疯狂涌入在线教育,作业帮、学而思、猿辅导、高途课堂等相继完成新一轮融资,在可见的未来里,一场激烈的混战将在互联网教育的舞台上继续进行。这些头部公司在各个层面上展开了拼搏,不论是在线广告投放还是产品运营维护,其中一个不得不提的兵家必争之地便是对师资力量的争夺。"资深教师"已然无法满足现在家长的期盼,从清华、北大(以下简称"清北")毕业、留学国外的各路"考神"更对他们的胃口。因此,各家教育机构都对刚刚毕业的清北学生许诺了高额的工资以吸引这样一批新的师资力量。

2020年秋招开始,几家互联网教育公司开始"清北定向"主讲教师招聘薪资比拼,仅是清北本科毕业生的聘用年薪,就从30万元一路涨到60万元,并且年薪保障承诺的期限也从一年延长到了三年。同时,招聘人数并没有因为薪资的上涨而缩减,反而愈发有扩张之势,仅"跟谁学"(现更名为"高途")一家在2020年的秋招就聘任了二三十位"清北定向"主讲教师,2021年春招也延续了这一规模。这些互联网教育公司,手里攥着融资热钱,都表现出了"一掷千金用人才"的豪气,击中了那些迷茫的应届毕业大学生们的心。

在这样的背景下,这两年毕业的清北毕业生似乎都多了一个新的选择——成为一个拿着高额报酬、在直播间对着镜头、激情澎湃地给几万学生上课的"清北名师"。阿吉和小敏便是两位做出了这一选择的清北毕业生,这一次,我们听这两位上岗不久的年轻教师谈了谈他们在互联网教育中的成长之路。

初出象牙塔的迷茫:升学的挫折和工作的选择

阿吉的迷茫始于两年前的保研失败,作为一个乖乖女,阿吉已经习惯按部就班地完成每一阶段的学业,然后以优异的成绩踏入另一个阶段,但这种状态被保研失败所打破。"也不是说非要保研、读研究生,但突然就蒙了,因为我从来没考虑过未来,只是觉得自己应该读个研究生,然后找份好工作。"至于什么样的工作才算是"好工作",阿吉坦言自己也没考虑过。

那段时间,阿吉十分迷茫和无助,身边的人对她投以同情与关怀,劝她早做打算,父母则是希望她考研或是出国。阿吉这时候才发现,自己这么多年来从来没有认真规划过自己的人生,她不想仓促地决定自己的未来,考虑了很久,最终决定休学。"休学"对很多学生来讲，意味着出了某些问题，但阿吉想要给自己一年的时间，做自己喜欢的事情，更重要的是，用一年的时间来规划自己的未来。庆幸的是，父母很支持她的决定。

"于是我一个人就踏上了去巴厘岛的旅途，去做志愿者，教当地的小孩子英语。"出于谨慎，阿吉休学后并没有放弃申请国外研究生的机会，于是去国外做志愿者就成了一举两得的事情——既是自己一直向往去做的事情，也可以帮自己拿到申请研究生所需要的志愿证明。

一个院子，一排平房，四五间教室，便是阿吉在巴厘岛支教的地方。她教当地小孩英语，"备课"和"上课"循环往复，构成她在巴厘岛的大部分日常。孩子们起初比较羞涩，只敢默默用眼神打量阿吉，但随着相处的深入，孩子们逐渐同她建立起信任感，他们彼此的关系也愈加密切。每天一早，孩子们都会在教室门口等待她，看着车来了，就呼呼地涌上去，大喊阿吉的名字。

那段时间，阿吉不断治愈着自己。除了和小朋友们相处之外，阿吉还交到了很多天南海北的朋友，他们给了阿吉很多关于自己的思考，也是在与这些朋友的相处过程中，阿吉开始反观自己，"我开始关注自己，问自己到底想要什么，如何去实现自己的目标"。或许是因为觉得自己在这里找到了某些问题的答案，阿吉在支教回国后的一个月后再次踏上了去往巴厘岛的旅途，这次是到一个度假村做翻译。这里的工作人员来自世界各地，也游走在世界各地，他们乐观的态度鼓舞着阿吉做自己喜欢的事情。"冥冥之中就注定了我要跟他们相遇，也注定了我能在这里寻找到更多生活的可能性。""或许对很多人来说，我休学、出国做志愿者是对现实的一种逃避，但其实我自己清楚，这是一种面对，面对真实的人生。"

再次回国后,阿吉不顾家人的反对,到上海租房生活,打算在这里找一份实习。家人希望她能够重拾信心,继续准备出国或者考研,但阿吉不想,她认为之前保研或者出国的想法只是自己逃避面对未来的方式,现在她想找一份适合自己的工作,尽快安定下来。"之前的旅行教会我的最重要的事,是去探索生活的可能性,同时不断排除我不想要的生活方式。所以我选择了来我很喜欢的上海生活一段时间,不管最终是否决定留在上海,这都是我自己的选择。"虽然在上海找实习的经历十分坎坷,但阿吉还是坚持了下来,并在36氪找到了一份线上实习的工作。"其实挺奇妙的,本来是想逃离北京,但兜兜转转,又找到了北京的实习单位。"

无独有偶,小敏的迷茫也是从升学的不顺利开始。小敏原本打算在北大本科毕业之后就出国留学,也早早地开始了出国留学的各种准备,但是新冠疫情打乱了这一切的计划,也打乱了小敏走向人生新阶段的脚步。还被学生的心气占据着思想的小敏,一下子被当头棒喝,睁眼便已经是进入社会的大门前。是听从父母的期待做一个公务员,还是去互联网企业?是在北京找工作,还是直接回家复习考研?和当时很多被疫情打乱了规划的应届毕业生一样,小敏也不知道未来会怎样,出路还得自己找。

初入互联网教育的懵懂:
薪资的吸引和"试试"的心态

阿吉在休学一年后重回校园。虽然已经大四,但阿吉不仅要完成本专业的课程和经济双学位,还要尽快参加秋招,尽可能地投出更多的简历。

"虽说要尽可能多地投简历,但其实我也只是投了几家互联网大厂和几家互联网教育公司。"但鉴于之前两段互联网公司的实习经历，互联网公司不是阿吉的首选。"怎么说呢，我不排斥所谓的'996'或'997'文化，但我接受不了的，是他们的态度和价值观。之前实习的时候，感觉自己做的工作非常没有价值，没有任何获得感，有时候我都有点儿怀疑是不是自己出了问题。所以但凡有别的选择，我都不会去互联网大厂。"因此，阿吉拒绝了已经向她伸出橄榄枝的美团，也没有参加其他互联网公司的面试。

而之所以会选择互联网教育公司，"我觉得也是因为巧合。"阿吉告诉我们，她一直以来都有想要当老师的想法，甚至一度想要去中学当老师。休学期间，一位在家乡办培训班的学长邀请阿吉做一段时间的培训讲师，由于报酬丰厚，阿吉接受了。"我当时带的是初中地理和历史，没有课程大纲，完全要靠自己设计课程，那一段时间累得够呛。但在跟学生交流的过程中，我突然发现，自己还是挺有当老师的潜力的。"培训班的同学都很喜欢阿吉，学长也对阿吉赞不绝口。

同时，阿吉的家人也希望阿吉报考公务员。"他们觉得，女孩子嘛，考个公务员或者当个老师，稳定，社会名声也好。"恰好那段时间，学而思网校到北大做宣讲会，阿吉就去听了听。"既然他们想让我当老师，我自己也有这个想法，那我为什么不去试试互联网教育呢？"因疫情而大火的互联网教育公司在近两年的招聘中铆足了劲儿，对北大清华的学生开出了十分优厚的待遇。"我当时的第一想法就是，哇，这待遇也太好了吧！"对于选择直接就业的阿吉来说，互联网教育公司便成了她的首选。

正当此时，阿吉无意间在朋友圈看到一个老乡发的招聘广告，正是一家互联网教育公司。"我当时连名字都没听说过，但看到她（老乡）的朋友圈中经常分享的日常，让我觉得这个公司的氛围很棒,所以我就想着,要不我也去试试吧。"凑巧的是,那是"跟谁学"(后更名为"高途")第一次放开招聘,并以60万元的年薪吸引清华北大的优秀毕业生加入其团队。阿吉在老乡那里得到了内推的机会,于是立马投了简历,并马不停蹄地参加面试。当时的阿吉一头短发,"面试官说我特别酷,他们觉得我很有个性,能够形成自己的风格,一定可以成为一名很棒的讲师"。经过三天的训练营选拔,阿吉顺利拿到了高途课堂的录用机会。

和早早确定志向的阿吉不同,互联网教育对于小敏而言是一个走投无路的选择。

在小敏最迷茫着未来、不知走向何方的时候,她说她的面前只出现了一个清晰可见的"还不错"的选择——去"作业帮"工作。小敏说,当时真实体会到了"病急乱投医"的心情,迷茫却又紧迫的时候,投出去很多简历,包括腾讯之类的互联网公司和新华社之类的中央媒体,同时还在父母希望的考公务员方向纠结徘徊。恰巧,小敏的大学室友正在准备"作业帮"的面试,她便也跟着去了。本来是想着给自己多一个选择的机会,但没想到的是,那些心仪的大门都拒绝了她,只有这一个"试一试"的大门热情地向她敞开。

小敏说,那个时候的情况似乎真的没得选,想去的被拒绝了,拿到手的不喜欢,只有"作业帮"看起来还不错。"最开始我并不了解这个行业,至于为什么觉得它不错,在我什么都不知道的时候,应该就是薪资吸引了我吧,"作业帮"给出的承诺是首年年薪本科生30万、研究生60万。"

"本科毕业就能拿到30万的年薪,这在同龄人中是比较高的薪资水平了。"小敏说,作业帮面试通过之后,她就没有再继续投简历或者参加别的面试,而是直接投入"作业帮"的岗前实习工作中。

在成为"清北名师"路上的摸爬滚打

和阴差阳错进入这一行业时的懵懂和迷茫不同,在采访的时候,阿吉和小敏谈起他们现在的工作内容,都充满了极强的认同感和成就感。

"我现在的状态,就跟住在公司里一样。"

一被录用,阿吉就开始在"跟谁学"实习。一是迫切想要经济独立,向父母证明自己的选择是正确的,二是公司的领导都很重视阿吉,希望能够尽快培养她上岗。但后来国家出台了一系列针对互联网教育的规范和政策,要求互联网教育规范化运营,未取得教师资格证就不能正式上岗讲课,所以阿吉现在正在"轮岗"阶段,熟悉各个岗位的工作,争取在拿到教师资格证之前完成轮岗工作。"其实除了预备讲师,我还有另外一个身份,也算是管理层吧,负责培训新入职的同时,帮助他们设计课程,成为一名成熟的讲师。"

阿吉介绍,高途课堂是众多互联网教育公司中唯一能够实现盈利的公司,并且由于没有获得大厂的融资,因此工作相对自由。不同于学而思网校的是,高途课堂没有线下教学,所有的课程都是直播课,这就相当考验主讲老师的功力。现在公司成熟的主讲老师都是从新东方等线下教育机构过来的,都有自己的讲课风格,能够为新的讲师提供很好的榜样。

阿吉目前接触到的除了主讲团队、训练营团队之外,还有背后庞大的辅导老师团队和教研团队。

一般来说,训练营团队负责新入职的讲师和辅导老师的培训工作,训练其备课与讲课能力、业务对接能力、危机应对能力等,确保其能够在正式上岗前具备相应的能力。教研团队负责制定教学大纲，帮助主讲老师备课，但主要的备课工作还是由主讲老师自己完成，确保其课程内容高度风格化，吸引更多的学生。辅导老师是公司最庞大的团队，负责课程推介、广告投放、用户联络、意见反馈等工作，为主讲老师打辅助。相对于其他公司来说，高途课堂主讲老师的自由度更大，教研组只负责为主讲老师制定教学大纲，确定要讲的内容，教案由主讲老师自己设计，只要能够讲得出彩，公司就不会有任何干预。当然，直播课上还是会有督导组检查，不能出现脏话、价值观不正确的内容等。

辅导老师最重要的作用是推介课程与联络用户。高途课堂会定期推出"0元体验课""18元体验课""36元体验课"等不同系列的试讲课程，由不同的主讲老师负责讲授，辅导老师则负责与报名体验课的用户（一般是学生家长）进行联络，了解学生的基本情况并向家长推荐课程。等一周期的体验课结束，就会推出正式课程，这时需要辅导老师联系学生家长报名正式课程，这种转化率是考察业绩的重要方式之一。

"像我现在就在轮辅导老师岗位，最近我负责0元体验课，课程马上结束了，希望能够获得更高的转化率吧。""我们都有一部公司发的工作手机，你看我微信上全部都是学生和家长，我每天都需要与他们保持联系，这样才能够确保足够的转化率。"但目前，高途课堂还没有实行严格的转化率要求，因此相对来说工作压力不是很大。

和刚刚开始实习轮岗的阿吉不同，小敏已经成为了一位独立的主讲老师。

小敏在实习期间因为疫情在家而并没有参与讲课实战，只是跟着老教师尝试准备课件、走流程，按小敏自己的话来说，一直到正式上岗，自己几乎都还是一个小白的状态。"没办法，什么也不知道，只能硬着头皮上。"到岗之后,公司先让小敏进行了几次无观众的试讲演练,然后通过系统给小敏推一些学生资源,开始正式讲课。"公司也不会让新人从零开始,都会给一些流量,但是不多,最开始大概就给几百到一千个学生的样子。"

现在小敏已经在公司工作了近一年,融入了工作节奏,带的班级也从一个班增加到三个班,长期付费学习的学生数量也增加到两千多人。"我的学生数量在公司算少的,毕竟我刚来不久。有的很厉害的名师,他们的学生数量可以超过一万,甚至达到五万人。"据小敏说,这些厉害的名师基本上都是从线下过来的,有一部分是在公立学校当过老师,有一部分是在新东方之类的线下培训机构获得过比较丰富的经验。

现在小敏的生活已经在工作状态下按部就班,在教师这个传统的职业下过着互联网人的作息生活,朝十晚七,并时常加班。工作的日常就是每周上三个班的初中语文直播课程,每次课两个小时,其他时间都在备课。"我们已经有一套成熟的备课流程,基本都是按照这套流程来走。"小敏告诉我们,备课工作并不是像学校里那样由授课老师个人完成,而是由部门协调、团队协作。专门的教研组会在前期为课程确定框架,并编定讲义,形成一个基础课件,然后转到学科小组进行更进一步的准备。像小敏所在的初中语文组的备课模式就是,拿到教研组的基础课件后,团队一起讨论分工,加以丰富和完善,由老教师带领,一起把丰富后的课件演练几遍,发现问题、进行修改,形成最终版的课件。

"这个最终版的课件是组内共享的,但其实也没有到最终。"小敏说,一般主讲老师们为了打造自己鲜明的风格,吸引更多的学生,都会在这个最终版课件的基础上再加上自己的个性化内容,这部分可以自己把控,公司也是允许的,只是会有一个外部部门进行审核,一般只要不出现色情、暴力之类的违禁内容,都不会被限制。

同时,互联网讲师和传统的学校教师所处的教学情景有诸多不同之处,最显著的一点是互联网讲师不能直接地和学生接触,他们所获得的反馈仅是讲课时学生在屏幕上发送的弹幕。接触的局限性不禁让我们困惑,在直播间里对着镜头表演性地讲课,是否能让互联网讲师产生和传统教师一样的身份认同感。

关于这一点,小敏认为,线上课程对比线下课程,最大的区别就是多了回放功能,因为回放的存在,老师在课上的表现和个性风格——无论优点还是缺点,就会被放大,同时课堂监管也更严格,所以对授课的要求会更高、更细致。"有的时候会让我觉得,上课是在完成一个我自己的作品。"我们以为加入个人风格的创新会是工作的难点,但是小敏告诉我们,她认为最难的是团队备课的创新。

怎么让课程更生动有趣、深入浅出,从而能吸引到更多的学生——这不是只靠个人创造就能有效做到的,必然要被嵌入课程的标准化生产当中,利用好每一个人才资源。这便是互联网教育白炽化竞争的另一个赛场,即市场的争夺。在这一背景下,线上的老师们也注定要带上双重身份,参与到这场争夺当中。

阿吉认为不同于传统线下教育,互联网线上教育最重要的特点是覆盖面较广,很多教育资源落后的偏远地区也能够通过手机等途径听名师授课,一定程度上能够促进教育资源的公平配置。"我试讲过几次直播课,与线下授课最大的区别可能就是,线上上课更像是一种表演,尤其是我们初中部的讲师,需要很夸张的肢体动作和表现力才能够吸引大家的注意力,达到更好的效果。"这对很多刚入行的新人来说并不容易,面对镜头的"表演"实际上十分乏味,需要不断地训练才能有较好的效果。

"但其实线上上课也很有意思,可能线下授课就会很收敛,但在线上,我就可以展示很夸张的自己,我很愿意这样做,而且能够吸引学生的注意力。"阿吉很享受这个过程,直播过程中可以通过弹幕、实时聊天框等方式与学生交流,从而获得大家的反馈。"这个过程其实非常治愈,你会发现自己被需要,你可以把知识传播给这些可爱的面孔,而且可以有更多偏远地区的学生上我们的课,其实对我来说是一种实现自我价值的方式,这也是我一直在寻找的东西。"

阿吉告诉我们,她现在很享受作为一名老师的感觉,虽然不同于传统意义上的老师,但"传道""授业""解惑"的基本职能确实相通。"在这里,其实你就是一名老师,因为你最重要的工作是把知识带给学生们。我现在的目标就是做一名优秀的老师!"

尽管阿吉和小敏都对讲师工作产生了很强的身份认同感,但他们对目前互联网教育产业的运作模式也有一些不满之处。

"'拉新'是我最不喜欢的部分,我觉得拉新更多时候不是在上课,而是在做营销。"小敏说,在互联网教育行业,师资的评定并不像公立学校那样,会看教龄、看资历,有层层分明的资格评定,而是直截了当的,看学生数量,看续费率。为了扩大学生数量,公司都会要求老师们开设公开课,推出"0元课程""1元课程"等,吸引学生进入该老师的课堂,并通过公开课的吸引,直接购买几百或上千元的正式课程,转化为长期付费用户。这就是小敏口中的"拉新",公开课上的课程购买率就是"续费率"。

"拉新的目的就是招来更多的学生买课,一切都在系统里,由学生选择老师,老师没有选择学生的权力。"当我们问到老师与学生的联系时,小敏说,她并不知道自己的学生是谁,是什么样的人,对她而言,学生更像是观众。"只有辅导老师能够通过微信交流,接触到学生和家长,我们主讲老师得到的反馈,要么是直播间的评论,要么就是从辅导老师那里收集来的。"

因此，没有什么明确的教学质量的评定，也没有学生学习效果的考核，对老师的要求只有不做违规行为的规范，没有好与不好的标准——而公司关心的最后成果，只是学生数量和续费率。

"我觉得我们和学校老师的区别是，学校的老师跟学生的联系更加紧密，不仅仅教知识，还有管教学生的责任。而我们负责的是'教'的部分，没有'管'。"小敏在工作中最有成就感也是最喜欢的内容是和同学们上课时的交流。"在这些体验中，我的职业认同是一个老师，我们给学生上课是会对学生产生很大影响的，不光是教授知识，在给学生讲课时势必会传达自己的价值观和人生经验，能够给到学生一些指引。而且我们也在遵守身为老师的规范，并且借助网络的力量，我们能影响的人是更多的。"

一方面，小敏在互联网公司不断扩张的属性中被传递着焦虑，另一方面，她又在老师教书育人的身份本质中感受着意义，置身于"互联网+教育"这个具有双重属性的行业里，在"互联网人"和"老师"的双重身份之间适应、平衡，又矛盾。

小敏告诉我们，其实学生数量增长的速度比老师数量增长快，每年招进来很多人，也会走很多人，老师的流动性是比较强的。因为给清北毕业生和有经验的老教师承诺的高额年薪是有期限的，一年到三年不等，期限一过，薪资水平就看业绩。而那些能留下来、往上升的人基本都成了"名师"，因为通过不断地拉新、保业绩，越来越多的学生数量就是他们的"名师证明"。

离开互联网教育的老师们很多都会选择转到线下的教师行业，有的是公立学校，有的是线下辅导机构。或许有的老师会觉得，脱离了"互联网人"的身份，作为"老师"的热情依旧不减甚至更热烈，因而投入传统而纯粹的教师行业中去。

国家出台了一系列对互联网教育的规范和整治政策，小敏和阿吉都欣然表示支持这些措施。他们说这对互联网讲师来讲是好事，因为没人约束着行业，大家会疯狂抢占市场，压力就会转到老师身上，而监管能够让互联网教育规范发展，也能保障老师不被不断的扩张裹挟。

谈到未来，小敏说目前想在这个职位上继续待下去，除非自己被掏空，或者遇到瓶颈再去念书或者考公务员。阿吉告诉我们，虽然可能不会在这个公司一直待下去，但教师这个职业，应该会陪伴自己一生。

可以确定的是，在可见的未来里，这两位刚走上互联网教育行业不到一年的"新老师"，将继续带着为人师表的热忱走下去，在新式教育的浪潮中，尝试回归教师职业最本质的初心。

P大人币圈闯荡实录

万江平　邓柯琪　戴　薇

近年来,随着互联网和数字经济的飞速发展,一种脱胎于网络的新型货币在经济市场中崭露头角,炒币热席卷全球。

这种虚拟货币是指非真实的货币。目前全世界发行有上百种数字货币。圈内流行"比特金、莱特银、无限铜、便士铝"的传说。数字货币是一种不受管制的、数字化的货币,通常由开发者发行和管理,被特定虚拟社区的成员所接受和使用。货币的价值与屏幕前的数字挂钩,以电子形式转移、存储或交易。

在大学生群体中,有尚可投资的闲钱,许多人便投身于这场盛大的狂欢中,希冀以微薄的本金获取翻倍的利润。而在学霸云集的北京大学,许多同学除了学生,还有着另一层身份——炒币人。

无法克服的恐惧和贪婪

"幸福的家庭是相似的,不幸的家庭却各有各的不幸",列夫·托尔斯泰在书中所言不假,套用在币圈,即是"一夜暴富的炒币者是相似的,输光本金的失败者则各有不同"。

最近P大炒币人聚集的微信群群名又改了,改成了"P大抱头痛哭协会",币市震荡下行时候,时不时会有几个学生冒出来在群里为爆仓诉苦,陈继豪同学看到群里的币友们因为开多而被爆仓,无奈地提醒大家:"别着急开多,牛市早没了,今年比特币涨不回6万了。"

此前,比特币曾在2021年4月14日创下每枚64 854美元的新高点,但到了6月下旬,比特币已经下跌到每枚32 600美元。

5月19日,全球虚拟货币遭受重挫,原本还在继续冲击新高点的比特币急转下跌,跌幅达到30%,连带着以太坊等主流币一路向下,即使是世界首富马斯克力挺的狗狗币跌幅也超过了56%。这次币圈动荡来得猝不及防,24小时之内市场爆仓人数近48万,约380亿元人民币从这些人的钱包里灰飞烟灭。由于当天跌幅过大,交易所服务器长时间卡顿而无法进行任何操作,陈继豪也被迫爆仓,无奈当了一次"韭菜"。

此时的陈继豪已经被A股股市磨炼了2年,面对币圈的暴涨暴跌,这位老司机早已习以为常。恰逢暗网有人开价38个比特币买马斯克的人头,陈继豪抱着图个开心的心态给雇主的账户转了100美元,用以表示对马斯克多次扰乱币市的抗议,显然这轮浩浩荡荡的下跌和突然降临的熊市并没有对陈继豪的资产造成太大的影响。问起资产的浮动和合约的胜率,陈继豪不好意思又有些得意:"太装B了,我不想说。"

跟同龄人相比,陈继豪有着丰富的风险投资经验,早在高三被确定保送北大元培学院之后,他就已经开始接触股市。2020年11月,比特币在1万人民币左右区间盘整缓涨、蓄势待发,股市认识的朋友问他:要不要来币圈试试水,于是陈继豪抽出1 000美元的闲钱,一头扎进了币圈,开始接触短线合约。

相比于其他"韭菜"而言,陈继豪可以说是币圈佼佼者,半年来已经依靠炒币赚取了多笔可观的收入。2021年5月初,做庄的朋友提前向陈继豪透露了资本将要拉高XRP（瑞波币）价格的消息，陈继豪当即做多XRP，踏实睡了一觉之后，惊喜地发现自己的资产已经翻了2倍。

币圈时刻充满赚钱的机会，资产翻倍是币圈最常见的传说。资本家们在炒币人中疯狂传播着普通人一夜暴富的神话，让人听得血脉偾张又不知其所以然，于是一颗又一颗抱着翻身梦想的"韭菜"义无反顾地冲进了资本的屠宰场。

但新人想要参透币圈的涨跌规律却并非易事，合约市场多空厮杀，新币市场四处陷阱，往往一夜暴富与倾家荡产只有一念之差，行事稍有不慎就会资产归零。市场是反人性的，没有人能完全做到对价格浮动无动于衷，因此也鲜少有人能够避开资本手中的镰刀，贪婪和恐惧成为资本屡试不爽的永动机。

人性的贪婪和理智在虚拟货币的投机游戏中同时上演，即使是自诩理性的陈继豪也曾经为了学会克服贪婪交出了昂贵的"学费"。2021年3月初，FIL币的各项指标展现出上涨趋势，陈继豪在30美元左右的位置10倍杠杆做多FIL，果不其然FIL一路急剧拉升。尽管陈继豪明白"及时止盈"的大道理，但看着FIL强有力的拉升趋势还是忍不住多次追涨加仓，最终将30美元的成本价滚到了200美元。越滚越高的成本让陈继豪的仓位变得非常脆弱，甚至没有扛过FIL正常的技术回调，一根短阴线就让陈继豪原本35万元人民币的资产斩到了2万。

资产突然腰斩，生活又没有经济来源，陈继豪每天茶饭不思，经常一个人在六道口的酒吧里一待就是一下午，过着"校内吃一顿，校外喝一顿"的混沌生活。很长一段时间里，"如果当时我没有追高，几万的收益已经到账了"的想法都萦绕在陈继豪脑海里挥之不去。这种"如果当时"的遗憾每天都会在币圈上演千万次，甚至促使"韭菜"们一次接一次不知疲倦地冲进赌场。

与其说炒币是零和博弈，不如说炒币是人性交锋。"后来我才发现，人性的恐慌和贪婪，都是无法克服的。"这次接近归零的亏损经历让陈继豪开始变得谨慎小心，他一边降低合约倍数，调整仓位结构，一边强迫自己远离极端行情，只有在市场走势清晰的时候才会开单。"当人性无法克服的时候，我唯一能做的，就是赚认知之内的钱。"

同在"P大抱头痛哭协会"微信群的本科生张宇对这点也深有感触。"在币圈，想赚钱很需要反人性"，一方面投资者需要对市场能有快速、清晰的感知，不能受到主观心态的影响；另一方面需要严格的自律，根据自己能承受的风险严格执行止盈止损计划。"我自己心态不好的时候就不开单，直到比较理性时候再做考虑，做合约一旦出现极端行情，不管前期盈利如何，如果不按一定的计划做止损非常容易被带走。"

技术面的理性分析和严格的止盈止损只是陈继豪在实际操作过程中的行为准则，论起最大的赚钱心得，陈继豪笑着说，"那还是得跟大部分人反着来"。在币圈摸爬滚打了半年，陈继豪已经开始学会揣摩庄家和普通人的想法，当"P大抱头痛哭协会"群里有人不约而同地看涨的时候，陈继豪立马会找准点位开出看跌的对手盘，事实证明这种反人类的做法也为陈继豪带来了一定的收益。

反人类和反人性在生活中看似是难以达成的人格，却成为了这些炒币大学生们必修的真经。在这场人性交锋中，有人难以克服赌徒心态沦为"韭菜"，也有人成功逃离了击鼓传花的圈套，数字货币成为炒币人手中的尖刀，人性时刻控制着尖刀的方向——是刺向资本还是刺向自己。

和时间搏命的炒币人们

"币圈一天,人间十年",当被问到炒币所占时间的时候,贾明志笑着答道,但他的眼神却不无心酸。作为微信群"P大币圈抱头痛哭协会"的常驻人员,贾明志自诩是混迹大学生币圈的"老人"。按照他的看法,币圈之所以能让无数"韭菜"义无反顾地投身到这场泡沫大狂欢中,很大程度上是因为虚拟数字货币能在极短时间内完成连翻几倍的疯狂涨幅,同时也能在几秒内从天堂堕入地狱。

资本家挥舞的巨大镰刀下的"韭菜"们和时间赛跑,在金融游戏的迷宫中有的"韭菜"用趋势策略+高杠杆+滚仓的"组合拳"在上涨过程中获得了很多收益,但也有"韭菜"只需要一波暴跌,所有本金就会归零。

2017年底试水币圈的贾明志,谈到使得他下定决心踏入这个新潮领域的原因是"当时数字货币涨得很疯,纯粹好奇就进去看了看"。如果"币圈一天,人间十年",十年的巨变尚且宛如换了人间,那么币圈的一分钟,币圈的一秒,又是何等概念。

大学生炒币的苦衷,不仅在于还没享受到微薄的本金爆仓翻倍就赶上暴跌血本无归,还在于繁重的课业压力下,如何做到将炒币所花的精力和时间加以平衡。

已经成家立业的贾明志回想起当年自己读博时的炒币历程,神思邈远,沉寂了一会儿后,他说:"读博的压力比我想象的要大。"报告、申请书、实施方案,各种事情攒在一起,就是在DDL(截止时间)的死亡边缘反复横跳。而在写论文的时候,几乎每写十几个字,贾明志就要将word页面切换到红、绿相缠的界面,那些数字缠绕的,也是贾明志的心跳。

上课时间就更不用提,"没时间看盘,根本学不了,炒币的每天都心神不宁",贾明志摆摆手苦笑道。如果人类能够实现两只眼睛可以不同时合作的话,贾明志可能会选择一只眼睛看黑板,另一只眼睛看交易所的界面。

而货币波动比较大时,贾明志就会压榨自己仅有的可怜的空闲时间,将眼睛粘在电脑屏幕上看行情,课余生活时间大部分被炒币填得满满当当。后来,贾明志直言,因为读博和炒币正如鱼和熊掌不可兼得,遂于2018年离开币圈。

而本科生张宇的炒币经历却并不像他的师兄那样。

2021年1月份做兼职小有所得的张宇,想着在各种金融市场都投一些钱用来熟悉"玩法",比如基金、币圈。人总是觉得自己能在这个领域比别人更优秀才能有持久的信心与兴趣,股市如此,币圈亦如此。

"我买的也不多,亏了没那么心疼",对于炒币的经历,张宇如此概括道,他显然并没有寄希望于通过炒币一夜暴富,也没有将自己的梦想捆绑在一个个数字和线条上面。

对于炒币时间和学习时间的分配,张宇显得游刃有余。"我花时间最多的时候是每周期权交割后、盯盘策略代码需要修正时。有过一天花七八个小时改代码的时候,平时大多只是偶尔盯盘,更多花的是零散时间,比如课间偶尔看几眼。"虽然张宇在少部分的市场剧烈波动时也会连续几十分钟甚至几小时盯盘控制头寸,但在混迹大学生币圈的几年中,张宇还算是合理分配炒币时间和学习时间的个中翘楚。

但就算这样,客观来讲,炒币还是会影响学习的质量。关于炒币和学习不可兼得的看法,张宇坦言,正是炒币的心理状态影响了学习。只要你在炒币,你就不可能心无旁骛地去看论文,写报告,干其他任何事情。就算不会分出很多时间去炒币,也会因为货币的涨跌牵动自己的内心,而陷入学与不学的矛盾的僵局。

于是,有人做出了更为极端的选择,既然无法协调,索性将金钱与时间的厮杀变成零和博弈。面对学习压力相对较大的期末季,陈继豪甚至选择提出交易所里所有的资产,防止自己手痒开单,准备期末结束之后再"大干一场"。

张宇还是一个刚接触币圈的"新手玩家"的时候,在一次单边行情中很魔幻地以较低的价格抄到了底。在当时交易所已经宕机的危急情况下,张宇自己都没办法挂单撤单甚至都没法确认是否已经持有风险很大的头寸,但是在心惊胆战两个小时之后确认了确实在低位接到,并且之后很快高价卖出了。

"感觉这种体验对初出茅庐的我来说紧张程度甚至不亚于高考",张宇搓搓手笑道。以这样的心理状态去学习,不异于在悬崖边跳舞。但也是这样的紧张和刺激感,张宇暂时还没有离开币圈的打算。

像陈继豪、贾明志、张宇这样的炒币大学生并不少,"P大币圈抱头痛哭协会"微信群中的活跃群员就有120人之多,每天讨论炒币的财富密码,修炼一个合格"韭菜"的自我修养。有自己不炒币,但开公司提供写白皮书、写数字货币交易所代码等服务,现在也赚了大几十万的同学;也有一些同学一起从无到有建立了北大区块链协会;有人"挖矿"欠了700多万元贷款,前几个月数字货币涨起来他才还清,还清之后在群里各种痛述,发誓之后再也不碰矿机。世间百态,从中窥得。

在北大学生吐槽专用的P大树洞中,关于炒币的感慨,无数大学生"韭菜"们发出了心底的咆哮与悲愤。币圈极低的投资门槛,让许多手头并不富裕的大学生们义无反顾地冲入这个围城当"韭菜"，大多数人无法平衡自己学业的压力和炒币的精力，因货币涨跌而惴惴不安者十之八九，彻夜失眠者亦不在少数。

论文和报告、演讲的压力堆积下，已是分身无术，将奢侈的每一秒钟用来炒币，则是将有限的生命分成无数的碎片，将碎片投入无限的致富道路中。

风暴之眼将何去何从

2021年5月18日，中国互联网金融协会、中国银行业协会、中国支付清算协会联合发布了《关于防范虚拟货币交易炒作风险的联合公告》，明确规定金融机构、支付机构等会员单位不得用虚拟货币为产品和服务定价，不得承保与虚拟货币相关的保险业务或将虚拟货币纳入保险责任范围，不得直接或间接为客户提供其他与虚拟货币相关的服务。

"主要是遏制炒币过热的趋势，防止'韭菜'无脑冲进去接盘，挺好的。"贾明志这样说到。早在进入币圈之前，贾明志就了解过国家相关部门发布的关于防范代币风险的公告。

2013年，人民银行等五部委联合推出针对比特币风险的防范措施，包括不得买卖或作为中央对手买卖比特币等具体规定。而在2017年人民银行等七部门发布的公告中，明确规定禁止开展各类代币发行融资活动，依法关闭代币融资交易网站平台和移动APP。

的确，法律和制度的束缚网从不会漏掉任何一个角落，人类建立起法则丛林，让各个领域、各类事物在无形轨道上有序行进。

诞生于2009年的比特币，短时间内便掀起了全球数字货币市场的发展浪潮，而随之也带来了不可低估的风险和隐患。一方面，交易网站状况和在市币种品质参差不齐，一些不法分子游走在币圈的黑暗地带，利用代币市场匿名性和不可追踪的特征进行洗钱、非法融资、毒品交易等违法犯罪活动。另一方面，过度的炒作会扰乱金融秩序，不仅投资者的合法权益难以得到有效保障，而且大量资金在虚拟货币市场的投入会影响到一个国家甚至是全球范围内的经济结构，引发泡沫危机。

以马斯克为代表的头部炒币客为数字货币市场注入了狂热兴奋剂，数字货币在虚拟网络和现实空间的双重建构下被异化为炒作工具，一夜暴富的神话和爆仓清零的悲剧无时无刻不在币圈上演。尽管背负着炒作的恶名，资本大佬的言论和高回报的利益仍然吸引着无数人加入币圈，资本的大量投入带动了代币交易的蓬勃发展，衍生出除了比特币外的莱特币、狗狗币、柴犬币、瑞波币等越来越多的币种。

"没有未来的'泡沫'"，贾明志对大部分数字货币都持有这样的看法。为了迎合币圈发展的大趋势，大部分数字货币在资本家的刻意包装下贴满高收益低风险的标签，一旦撕下标签，就会露出它们作为资本游戏噱头、割"韭菜"工具的真实面目。

在数字货币市场的沉浮大海中，贾明志比较看好比特币的发展前景。作为虚拟货币的始祖，比特币已经经历了多轮淘洗，数量的有限性使其具有一定的价值贮存功能，或许可以成为类似黄金的存在。同时，其发行和流通依靠开源的P2P算法实现，能够在全世界范围内广泛使用，支付功能逐渐被市场认可。

张宇同样对比特币抱有较高期待。在经历了三轮减半牛市后，比特币现阶段市值已达到约7.5万亿元，是金融系统中不可忽视的存在。而作为数字货币龙头币种，比特币已经为越来越多的传统金融机构和投资者接受，这是大势所趋。

总体而言，数字货币或是区块链技术，一定会持续不停发展，即便现在是短期牛市的泡沫,但其将来的价值仍不可估量,张宇对币圈的发展前景似乎更为乐观。

与其说是资本运作的工具,张宇更倾向于从历史演进的角度来看待数字货币的兴起。蒸汽机释放了人们的生产力,电力解决了人们基本的生活需求,互联网改变了人们传播信息和交往的方式,在时代前进的脚步中,人们生产生活的各个领域发生着天翻地覆的变化。数字货币应运而生,其网络化、流通度、开源式的性质完全契合信息时代互联网普及、贸易全球化、信息交互分享的特征,顺应了历史发展潮流。

同时,区块链技术具有分布式数据存储、加密算法、点对点运输等特点,在解决金融服务领域的诸多痛点难点上显示出特有的优势,尽管被不少人诟病存在圈钱和炒作的成分,但区块链技术的诞生折射出数字货币市场的广阔前景,并在一定程度上推动着币圈的发展。

当聊到虚拟货币的未来和价值时,陈继豪坦言:"虚拟货币的地位在当下的政治环境中非常微妙,因为它本质上是一场去中心化的革命,政府不会允许这种去中心化的实现。"相比于可以被政府机构发行和控制的现实货币而言,虚拟货币的发行量和交易方式已经被本身的算法限制,任何人或机构都不能改变,而政府机构会不会允许货币权力的下放只能交由历史验证。

2021年6月9日,中美洲国家萨尔瓦多正式通过《比特币法》,成为世界上首个将比特币作为法定货币的国家。陈继豪认为,像萨尔瓦多这样现实货币和主流虚拟货币双线并行运行的方式将是虚拟货币最好的结局,"个人认为,政府迟早会承认比特币的地位"。

人类社会的发展进程中从不缺少里程碑式的事物,其价值是需要经过时间验证的,数字货币同样如此。它或许会在沉浮跌宕的市场行情中失去炒币客们的追捧,定格为某一历史阶段的遗存产物,或许会在资本炒作下成为一种日常支付方式,裹挟进新一轮的时代进步中。

"我认为,互联网将成为减少政府角色的主要力量之一。目前缺少的一个东西就是可靠的电子现金,但它很快就会出现。"诺贝尔经济学奖得主弗里德曼曾在1999年说过这样一番话,如今以比特币为代表的电子现金已然出现,而其可靠性还需要更长的时间来打磨。

但无论数字货币发展到何种程度,"所有命运的馈赠,都暗中标好了价码"确实是古今颠扑不破的真理。诚如斯言,炒币人们永远不知道自己刚刚赚的钱什么时候会流入别人的腰包,也不知道刚刚大出血亏损了生活费的自己什么时候会东山再起。

很多时候,其他人炒币的成功难以复制,但也有更多人希望沿着前人的道路企图在数字货币的风暴之眼中成为万里挑一的"天选之子"。在这个旋涡中,没有人希望能一眼看到终局。

智能之下的人工——数据标注员探访报告

蓝泽齐　李奕霏　小俣幸代

序　章

当你划动网页推荐界面，在谈笑风生中走过门口的人脸识别仪时，你会注意到，人工智能已经渗透到我们生活的各个角落，成为不可或缺的便利存在。

而在高效的智能服务下，是庞大到不可思议的数据训练库堆砌起的坚实基石，以及隐身于智能背后数量庞大、参差不齐的"人工"。他们站在时代风口、却做着民工般枯燥的机械性工作；他们让每条数据与我们亲密接触，却又让我们无法触及他们的存在。

他们究竟过着怎样的生活？他们的人生规划是什么？他们对人工智能态度又如何？随着科技迅速发展，他们有一天会沦为人工智能的垫脚石与时代的牺牲品吗？

"这一下可就是五毛钱"

孙帅心里默念着，盯着25英寸1080P的屏幕，但映入眼帘的图像，仿佛是上个世纪的超糊马赛克图，巨大屏幕的对比下，清晰可见的是图片里的每一个像素。这种感觉仿佛是，电影院里3D巨幕打小霸王、北大课堂听传销课一样,让人本能地产生一种不适感。

他刚来时,同一个组的伙伴告诉他,"人体特征点虽然单价最高,但也是最辛苦的",那时,他倒也是初生牛犊不怕虎,直接应下了这个任务。

但任务刚一上手,他便理解了"最辛苦"三个字的含义。不仅做得慢,而且稍有不慎,整个包就需要重新去做,而每个包里有100张图,每张图里少则4个人像,每个人像都有17个重要特征点,每个特征点都分为遮挡与不遮挡两类,而至于遮挡与不遮挡的条件,那更是十几页的pdf才能详细说明的。

为了这样一个包,孙帅需要指关节连续敲击小一万次,虽然过程十分琐碎而无聊,但他心里念想着,工作嘛,哪有轻松的。便一个点,又一个点,一张图,又一张图,偶尔去一根又一根地抽烟,花了接近一上午时间才算完成。他算了下,一上午才拿20元,北京市最低工资时薪21元,他一上午时薪8元,远远低于这个数。

但现在的孙帅,早已不是当时那个新手了,作为组长的他,做标注任务时,仅仅需要盯住身前的屏幕,无需重复地打开新手说明。他熟练地拖动鼠标,轻巧地在电脑上标下几个点,"啪啪"几个快捷键下去,这一张图就算是完成了,一套动作如行云流水,一气呵成。

孙帅偶尔也会想,像他这样没学历、没背景,仅仅因为年少常常出入网吧,对于电脑稍微熟悉了点,便可以找个正经工作。如今作为组长的他,偶尔还能收获新来姑娘的赞美,想想与上份工作相比,倒是多了不少尊严。

"小伙子,你大学毕业了吗?"

孙帅注意到新来的同事,标准的学生打扮。

年轻男孩停下工作,看了孙帅一眼。

他是张振,其实已经26岁了,不过因为深居简出,不喜好与他人打交道,所以经常被误认为初出茅庐的懵懂大学生。

张振没怎么关注孙帅,他的心思全都在人体拉框上——这件事非常需要耐心与投入。张振毕业于天津铁道职业技术学校,毕业后便进入铁道部门,端起了人人羡慕的国企金饭碗。他老家在天津,父母做一些小生意,虽然不怎么红火却从来也没有少过他的花销,小康家庭,偏安一隅,张振从小也很少为钱财发过愁,而进入铁道部门后生活更是安逸平和。他住在公司提供的北京市丰台区的一套房子里,每天上班时间并不长,平时有大把时间花费在玩电脑上。

但是张振内心有着强烈的挣钱决心,也早就开始了对未来的规划。他已经早早购买了天津的两套房产,被同龄人羡慕、称赞,但只有他自己清楚两套房产每个月房贷压力之大,虽然作为单身汉开销不多,但是他也感受到了极大的经济压力。

张振不太清楚互联网相关行业,因此也一直没怎么找过兼职,但后来一个了解他情况的好友邀请他来到了数据标注公司,顿时向他打开了新世界——竟然有这么好的工作?不怎么需要坐班,工作时间自由,按件计费,几乎是他最梦寐以求的兼职。张振本职是在铁道部门从事技术相关工作,平时比较清闲,有大把时间不知如何花费,而这份兼职简直是"瞌睡时递枕头",能够帮助他大幅缓解经济压力,获得更多可支配的零花钱。

"老骥伏枥,志在千里;烈士暮年,壮心不已。"

六个月前,赵伟遇见了命中注定的那份工作。同学在他面前洋洋洒洒介绍数据标注这份工作时,赵伟心中涌动着从未有过的复杂情绪。

他感觉内心深处那无时无刻都在折磨着他的狂躁与忧郁逐渐

熄灭了，随之而来的是从所未有的欣喜。

他敏锐地感觉到，同学介绍数据标注时话语中提及的"人工智能"这个名词代表着科技发展的方向，也指引着自己未来事业的方向。原本只能在各种科技类公号与财经报纸上看到的高深莫测的词眼，突然变成了自己目前可触可感甚至能直接工作服务的领域，这让他暗自下定决心，一定要抓住这个时代的方向。

赵伟内心的焦虑，源于无法跟上时代步伐的担忧。他想看清迷雾中的方向，在跌跌撞撞中他换了无数工作，却始终无法心安。而自从正式从事人工智能相关的数据标注工作后，他整个人精神面貌焕然一新，连许久未见的好友看到他后都连声称赞。虽然赵伟不太懂电脑，他也从来没有学过互联网相关技术，但凭借着向往与毅力，他硬是用两个月熟悉了电脑操作，最终啃下了对于年轻人来说比较友好的数据标注工作。

虽然赵伟已不再那么年轻，他一无房产二没成家立业，但注视着电脑里那神色各异的有趣面孔，他便看到了未来的一切希望。他想，他终于抓住了时代的脉搏，接触到了大多数人都不了解的最前端科技。

"我比较喜欢坐在电脑前默默干活——这样让我感觉很安心。"

孙帅正职是网络公司的一名技术员，毕业于黄淮学院土木工程学院，毕业后在社会的一系列打拼，都已令他感觉，离曾经大学里学习的专业知识渐行渐远。兜兜转转，他反而选择了当年被家里人认为是"洪水猛兽"的互联网方向的岗位。

孙帅也不知道，自己为什么就突然选择了数据标注这个兼职。可能因为上手容易，而熟练后工资确实可观吧，而且公司里很多同事都在做这份兼职，大家因此有了不少共同语言，偶尔还会一起聊起对人工智能行业未来发展前途的想法。而张帅也因为从事兼职而大幅缩减了以前下班后"不务正业"的时间，父母都因此欣慰了不少。

成为一名兼职数据标注员后，他后知后觉地意识到，整个办公室大部分人都已经或多或少与这个行业有所牵扯。数据标注这个行业，仿佛突然间就异军突起，占据了互联网兼职的半壁江山。

而自从彻底投身互联网行业后，孙帅也逐渐了解到更多互联网相关职业的信息，这些光怪陆离、闻所未闻的奇妙职业层出不穷，在同事的口口相传中进入他的视野，令他感受到互联网别样的魅力，以及一种从未有过的澎湃与激动，一种与大时代与有荣焉共进退的骄傲与自豪感。

"这些清华的出来就是不一样，
太厉害了，和他们完全没法比"

前几年，孙帅在中关村的一次高科技创新大赛上，看到几个清华学生拿着他们自主设计的智能产品机器人获得了大赛一等奖，他忍不住感叹了一句。

"没法比！"

清华学子留给他的光彩夺目的一面，或许不止在那个大赛上。在公司里，他偶尔也会很羡慕地看着坐在更大更舒适的办公室里的科研技术人员，他们基本来自离公司最近的几大高校，也是全中国最有名最优秀的几所大学——清华、北大、人大等名校，月薪轻松可达几万元以上。

"他们才是真正搞人工智能产品技术的，"孙帅羡慕地说，转而又流露出一丝惆怅的情绪，"说实话，数据标注员这个工作虽然表面上属于人工智能行业，但实际上我们顶多就沾了一点边，和那些真正的人工智能产品的科研技术人员完全不同,他们可能要弄清楚人工智能产品的设计原理,怎么运作的。而我们做的只是最基础的,给公司收集来的那些图片标注好数据而已。你只要认识你要标注的是什么、标在哪里,基本就没什么问题了。剩下的可能就是熟练度的差别了。"

他盯着屏幕上一张张图片,麻木地点击标注。尽管他已经有一定熟练度,也足够细心了,但还是会有几张图片不合格。

"有的时候,会觉得数据标注员被机器取代是很正常的事情,人其实很容易出错,效率还低,特别是疲劳的时候。机器就不同了,效率高,而且基本不会出错,更没有精力旺不旺盛、身体累不累这种说法,"他有些沮丧,"而且这个行业现在也不如我刚开始干的时候了,我们公司的数据标注员基本都回家自己用电脑标注了,到时候上传就可以了,因为公司的办公桌资源有限,但是标注员却越来越多,而且标注完一个数据包的价格也比一开始降低了。我感觉这个行业已经过了巅峰期了,正慢慢在走下坡路。"

不过,好在这个职业不是他的全部,只是一份兼职,只是一份为他赚一些零花钱的工作。他想,好在自己还年轻,还有后路,还可以继续在这个行业里待到我们将来会被取代的一天。"我们这个数据标注行业的未来肯定是有前途的,它拥有很大的扩张力。"

赵伟已过而立,却对在一个陌生领域从零开始工作充满信心,"我们这个行业属于人工智能行业,属于高科技产业,行业发展潜力特别大,而且人工智能行业在近几年发展越来越快,人工智能行业的市场也越来越吃香……"

33岁的他此前毕业于财务会计专业,做了一段时间的会计后,发现会计不是自己所喜欢的职业,便选择了转行。"现在的中国市场行情,工作与专业不对口的人多了去了,再说学历也不能证明一切。"辞掉会计工作后,他也陆陆续续地做过一些工作,有的是全职,但更多的是兼职,这样的不稳定的工作生活一直持续,直到他被一位朋友带进这个行业里才有所改变。数据标注员是他目前的全职工作,也是为数不多的几份较稳定的工作之一。而半年多的时间,他对数据标注员工作的热情也并没有随着入行时间的变长而消退,反而因为工作待遇好和工作福利多,他更珍惜并看好这份工作。

"成为数据标注员之后,我觉得我了解了很多以前不知道的事,比如无人驾驶领域的汽车……我现在会更关注人工智能领域的新闻,也对这方面越来越感兴趣,比如我看很多科技新闻,觉得日本的人工智能行业其实比中国更加成熟,他们的智能机器人技术比中国更加先进,还有我了解到中国现在的人工智能行业发展也特别快,比如百度现在也在做无人驾驶的开源项目……"

赵伟谈起人工智能时眼睛里仿佛含着光,嘴巴上挂着笑。这也是他极少数打开话匣子的时候,似乎是终于找到一条和外界相连接的通道,想要趁着大好时机,一股脑将自己的想法倾诉出来。

他从不向任何人谈起那些重新开始一个新领域的工作时所遇到的困难,又或者是因为长时间在电脑桌前静坐身体有多么疲劳,在听到周围同事在抱怨做太长时间标注工作,身体有点吃不消的时候,也不肯轻易地开口认输。他不习惯将自己在逐渐适应这个行业的前两个月的过程中所受到的挫折与人诉说,也不善于将自己工作中的苦处展现出来,仅仅轻描淡写一句话带过,"其实适应了就好,刚开始谁都会不习惯,适应了你标注完一个数据包就特别快,效率高,很有成就感"。

在大多数时候他脸上都保持着自信的微笑,举止稳重。

"我知道人工智能产品可能逐渐会取代人力,包括数据标注行业,将来某一天肯定会削减掉很多标注员,因为数据标注用机器就可以办到了。但我暂时也没有转业的打算,走一步看一步吧,至少等到真的不需要我们的那一天再说,就目前看的话,人工智能还是需要我们这些标注员来帮助它积累数据、深度学习的。"

"老赵,你来啦!"

办公室的同事朝他热情地招呼。

赵伟不得不承认,在这个全职数据标注员办公室里,他居然算年龄较大的。不过这个发现反而让他坚定了自己当初选择这条道路的决心。都是年轻人,说明数据标注有前途,人工智能有前途,他赶上了大好时代。

今天做些什么呢?赵伟习惯性拿起手机,上面显示是周三——哦,已经周中了,那便没什么特别要紧的事务。

作为正式员工,赵伟他们反而工作量少些,毕竟已经有了稳定工资,而平日里也就一周工作日开始和结束时比较忙碌,毕竟周一周五会议之类比较多。赵伟心态平和,从来不会因为标注速度或者公司事务而烦躁,在他看来,融入人工智能环境、跟随着公司一起学习进步才是最要紧的事情。

赵伟放下茶杯,从包里拿出一本大学英语教材,端起来聚精会神地学起来。赵伟在打算未来从事人工智能方向时,就意识到英语在互联网时代具有关键性作用。可惜他年轻时没有将精力投入外语方面,现在必须尽快补齐这块短板,跟上时代的步伐。看了一阵,赵伟抬起头来揉揉眼睛,然后转向电脑,正式开始一天的工作。任务不重,一小时后赵伟便完成了大半,从电脑前抬起头来,缓缓伸了个懒腰:"小吴,最近公司自动驾驶那块有什么新的突破吗?"

赵伟旁边的青年笑起来:"这我怎么可能知道,不过老赵你看最新新闻,好像另一家无人驾驶公司上头条了呢。"

赵伟慢慢活动了一下身体,疏通经脉:"早看咯,咱们啊,一定要紧跟时代步伐,最快了解人工智能方面消息,这样才能不断进步。看来小吴你最近也很用功啊,值得表扬。"

赵伟的手机里是各种新闻时事APP,微博里关注了一大堆科技"大V",他每天都如同一条不知疲倦的鱼,疯狂浏览着这个神秘而宽阔海洋里的各种景色。

他感觉每天的生活虽然是重复的,但是却有希望与盼头。每天都有全新的互联网与人工智能知识等待自己去探索与钻研,每天都有全新的人工智能新闻拓展他的眼界,这样的生活简单而充实。

虽然目前公司专门负责无人驾驶的高端技术部门自己无缘涉足,但赵伟相信自己的眼界目前和他们是在同一个高度的,他坚信,自己不久之后一定不再是一个普通的数据标注员,而是人工智能领域运筹帷幄的角色。

第三编
在基层

"逼"上凉山——小镇青年支教记

潘柳言

"支教老师"——这是一个被现代社会高度符号化的形象。提到支教老师,人们会想到他们热衷公益,朴素而善良,默默点燃自己,照亮孩子;他们充满爱心,生活本可以光鲜无虞,衣食无忧,却愿意在穷乡僻壤无私奉献。他们有走出现实生活的勇气和投身于教育事业的赤诚,在各种社会意义上,他们应该都是值得赞美和歌颂的人群。

对支教老师的认知,可以说聚合了人们对一切美好品德的想象,然而在成为支教老师之前,他们的生活是怎样的,他们又为什么去支教呢?

这是一个"非典型"支教老师的故事,却揭开了另一个世界的一角。

"经常当倒数的小孩不会对失败这么敏感的"

"我其实很讨厌那些来采访我的记者,一定要给我安一个'无私奉献'或者'热心公益'的名头,我去支教的原因真的没啥好讲的,挺自私的。"

"我来支教以前的生活,说实话,细节我都不记得了。哎,反正就是上班打点杂,回家就窝在卧室耍手机嘛。"

不同于"小镇做题家"被淹没在大城市,在面对竞争内卷、人生抉择时那般焦虑、忧心忡忡,更多籍籍无闻的小镇青年,他们的生活没有升学发展的压力,远离激烈的市场竞争和厮杀,他们手上并没有太多的砝码,去选择不同人生。在从小长大的家乡工作,过着不咸不淡的日子,生活乏善可陈却也平静安逸,仿佛对自己、对未来感到焦虑的资格都被剥夺了。

张雨就是这样一名"不应该"焦虑的女生。

张雨毕业于四川的一所专科院校,学的是汉语言教育专业。她从上学以来成绩就一直处于中下游,性格内向寡言,没有任何才艺,属于班级中的"透明人"。高考分数不高,填志愿、选学校、选专业的整个过程,张雨都没有任何发言权,任凭父母大包大揽。父母在县城开了个杂货店营生,所期盼的是一种能够拿稳定工资的职业,所以直接给张雨填了教育类的专业。"希望我以后当个老师嘛,稳定,还有面子。"

事实上,专科学历根本无法让张雨在就业市场找到一份体面的教师工作,即使是县城里一所普通的非公立小学,教师的招聘需求上也明确标注了"本科学历"。

"其实我也不是特别想当老师吧,只不过当老师当时好像是对我来说唯一比较明确的、清楚的目标,不然我也不知道自己该干嘛了。"在尝试"专升本"考试失败之后,张雨彻底放弃了当老师的念头。提及曾经的经历,张雨并没有太大的情绪波动,对她来说,没有什么是非要不可的,"经常考倒数的小孩不会对失败这么敏感的"。

努力—失败—接受,重新努力—失败—接受。这个循环往复的过程好像就是张雨二十余年生命历程的概括。本不是"望女成凤"的父母,在知道张雨"专升本"失败之后,对其透露出了些许失望和不满，但也还是靠着自己在县城仅有的关系和人脉，帮女儿找了一份文员的工作。在县城，有个地方可以上固定的班，已经是比较体面的生活了。至于工资，能养活自己就行。

打印文件、整理文件、收发文件——这就是张雨第一份工作的全部内容。大部分时候，张雨在上午就完成了所有任务，整个下午都在无所事事中度过。她喜欢用手机看网络上连载的言情小说，又怕上班时看被领导撞见，就自己偷偷用单位的打印机打印出来看，让同事以为自己在看工作文件。

言情小说中，女主角的生活是另一个世界的风景，她们积极而勇敢，幸运而美丽。张雨向往，也从来不奢望。"看那么多小说，其实我当时只有一个愿望，能出去旅游一次就好了。"张雨从记事起，还没出过四川省，去得最远的地方是小时候和妈妈一起去进货的省城。省城留给张雨最深的印象是——"那里的人看起来都比较精神，没几个是臊眉耷眼的。""臊眉耷眼"——张雨说这是最常形容父母、老师、同事的成语，她无奈地笑。

县城的生活节奏很慢很慢，上班时的张雨心不在焉。

七月，当文员的生活过了快一年，日子行进在平稳的轨道上，没有任何波澜。一个周一的下午，张雨因为在几份文件中把几个数字输错了，被自己的领导劈头盖脸地骂了一顿，那几份文件被重重扔到地上。对此，张雨表现出十分的不解和愤怒："当时觉得太没道理了，为啥对我一个打杂的这么凶，我知道自己从来就不优秀，但是我至少本本分分吧，一点小错值得吗？"她并没觉得所谓的"小错"在工作中有多少的可能会酿成大祸，也并不清楚，自己曾经犯过多少这样的"小错"。

领导在呵斥的言语中表现出要辞退她的意思，让内向胆小的她感到不安和恐惧。她害怕再一次面对父母无声的责怪，害怕自己又被当做负担来安排。成年之后，她对家庭并没有什么情感或者物质上的贡献，她心里清楚。那个夏日的下午，坐在开着冷气的办公室，张雨还是忍不住地起鸡皮疙瘩。这份工作对她父母来说，似乎比对她更重要。

撒谎——这是张雨二十几年来做过最有勇气的决定。她告诉单位和父母自己应聘上了邻省某个小学的老师，主动辞了职，然后和高中同学申请参加了索玛基金会招募志愿者的项目——彼时这个项目适逢启动，正在四川各地大范围地宣传。张雨的态度是："只要离开这里就好。"

去当志愿者，她觉得是换了一种形式完成自己旅游的小愿望。"都说西昌那边景色好啊，志愿者还给点补贴，苦点无所谓嘛，怎么都比当时的状态好。"

怀着对现实生活的失意，张雨几乎是以逃避的心态准备躲进大凉山。

"每天都很有活力，有种生活被点亮的感觉"

八月，张雨和两个高中同学出发去西昌市响水乡阿嘎俫古村。大巴车—面包车—牛车—步行，同行的人越来越少，眼前的景色越来越空。那时的西昌很多县域还没有互相通路，一座座大山仍散发着原始荒凉的气息，基金会的学校选址也就在这些地方。在和当地基金会的工作人员碰面之后，经过几天简单的交流、培训，就算是安顿好了。

"我们睡觉的地方其实就是在草铺上搭一层薄床单，旁边用一堵矮矮的墙隔开来的是村民养的鸡和牛。我们每天就在鸡啊、牛啊、羊啊的鸣叫声和粪便的臭味中生活。野外的草地，是没得任何照明设施的,有时晚上出去改手(上厕所)听到一点点声音,特别害怕是有啥子野生的动物突然冲过来,再把我们吃了。"

这样的叙述显然和张雨想象中的"旅游"大相径庭,而对此她并没有显得很失望。

因为这次"旅行"有意外惊喜。由于汉语言教育专业的背景,张雨从志愿者的岗位被调整为支教老师。"老师",这个熟悉又陌生的称呼,就突然轻飘飘降落在了自己身上,想起自己对父母和单位讲述的谎言——"去邻省小学当老师了",竟然在某种意义上成为了现实,逃离家乡的决定,仿佛是命运的叩问。

张雨负责教孩子们汉字,其他两位老师教数学。而那时所谓的学校甚至没有实体建筑,就圈了一块比较平整的空地,一块木板立起来就是黑板。从未正式上过课的彝族孩子们七扭八歪地坐在荒田野地,听着三个从外地来的老师用汉语教他们数字如何写、加减如何做、成语如何读。在旷野,伴随着群山中的牛群哞哞的回响,孩子们的欢笑也格外动听,阳光总是将每个孩子望着"黑板"的脸照得红扑扑的。

那一段日子,张雨感到自己仿佛生活在现实时间之外。原始而朴素的景色、野外课堂的趣味、彝族孩子黢黑的面颊和亮晶晶的眼睛,天为被,地为床,山川卷帘,星月同榻,这一切都仿佛电影画面般印在了张雨的心中。

"每天都很有活力,有种生活被点亮的感觉。"

然而随着天气转凉,一切美好的诗意也迅速消退,荡然无存。山区潮湿,张雨患上了严重的感冒,同伴因为受凉患上了偏头痛而无法教学,野外课堂更是难以为继。张雨以为自己刚起步的教师生涯就走到了尽头。好在年末张雨和同伴被转移到一所刚修建完毕的小学,开始了在三尺讲台上正式的教学。

这些被组织一起上学的孩子们不用缴纳学费,索玛慈善基金会会收购学生家庭种植的土豆和花椒等农作物,加工成农产品再售卖,最后将收益作为老师的工资发放。在了解到孩子们没有学费的压力之后,张雨想招募更多的孩子进入学校学习。

学校安排了定期的家访,囿于语言不通,家访低年级的学生必须由一名彝语老师陪同。在一次家访中,张雨从彝语老师那里得知:一方面,大多数当地家庭根本不在乎孩子是否能上学,上的是什么学,他们只希望有个地方能帮着管教自己的孩子,不至于撒野;另一方面,彝族家庭"重男轻女"的思想十分明显,村里的女孩儿从小就开始照顾弟弟妹妹,不少女孩儿因此辍学在家,年纪轻轻就会被迫嫁人,然后继续在家照顾孩子。

而为了克服这些困难,拔除这些根深蒂固的封建思想,基金会的工作人员早已做了一系列的宣传动员工作,但是收效甚微。

"这时你会觉得自己一厢情愿的坚持很可笑,你想让孩子进学校,送孩子出大山,而人家的家庭根本没有这个打算,觉得你只是个外人有什么资格来指点家事?"

在和更多家长接触、交流之后,并没有更多的孩子愿意来上学,一种熟悉的挫败感重新席卷了张雨,知难而退是她最坚守的人生信条。

"老师?这个国家的人会掉下去吗?"

在阿嘎俫古村支教了近两年,张雨没有回过家。每次父母打电话来询问时,张雨都要继续编织那个谎言,让父母相信自己已经在邻省努力打拼着。毕竟,在长辈看来,去山区支教怎么都算不上是一项值得坚持的事业。

这两年,索玛基金会的运转逐渐正规,发展顺利,更多的支教老师与志愿者被招募进来参与建设。张雨申请了回基金会机构管理物资的工作,在西昌市内,她也想安稳下来,给父母一个交代。

准备离开那天,张雨还有最后一节课。下课的时候,学生们围着学校刚买的地球仪兴奋极了,指着五颜六色的地球仪叽叽喳喳。一个平时沉默寡言的男孩摸着地球仪,眼睛直直地盯着南半球太平洋的位置,半晌,他抬起头,手指杵着新西兰的位置,小脸朝着张雨,对她说:

"张老师,这个国家的人会掉到地球下面去吗?"

张雨愣住了,一开始她并不理解男孩的问题,但是看见他手指指在地球仪下半部分的位置,她才恍然大悟。张雨本想立刻回答男孩,但是一想到要解释的地理背景知识,想到这是自己的最后一节课,深深的无力感让她哑口无言。

从招生开始张雨就一直跟着这个班级,平时课间也不乏孩子向自己提问,这个男孩从来都没发过言,而今天他提问时的眼睛,是不曾有过的亮。张雨突然觉得自己的不辞而别是对这一群孩子的背叛,或许会有更专业、更优秀的老师接替自己的工作,孩子们会有更完善、更舒适的教学环境,但是没有人比她自己更了解这个班级,了解每一个孩子了。

一种莫名的使命感油然而生——"这或许就是我未竟的事业"。

"孩子们真的只是缺少了解知识的渠道,他们对外面世界的好奇和向往,我能从他们的眼神里清楚地读出来。

"是不是我再多待一年,他们的命运就会因为我而改变呢?是不是只要我再坚持久一点,就会有更多的家庭愿意让孩子学习,愿意把他们送出大山呢?"

带着这种想法,张雨坚持了一年又一年,直到现在。每年寒假的时候，孩子们总会围在她身边，一遍一遍地说"张老师再见！""张老师明年见！"张雨知道，为了这一群孩子，自己总会一次又一次地回到这里，回到这个充满了泪水和欢笑的地方。

张雨支教的经历，始于逃避现实生活，止于找到人生方向。与其说她被"逼"上大凉山，来到这个人迹罕至的村落来奉献青春，教育学生，不如说这群孩子拯救了在岔路上裹足不前的张雨，给予她重新选择人生的信心与勇气。讲述支教的故事，往往都是侧重于"外来者"如何将爱心播撒到贫瘠的地区，如何无私地温暖他人。事实上，"外来者"在这些热土所获得的感动，所汲取的力量，所重塑的思想，是更加值得书写的篇章。

后记：另一个故事

张雨告诉我们，和她一样"逃"到这里来的年轻人还有不少。

基金会有一位叫林东的志愿者，以前在体校是集齐打架、旷课、挂科等处分、"十恶不赦"的问题学生，几乎处于被退学的边缘。因为林东的父亲和基金会的理事长黄红斌是旧友，黄红斌向林父提议让林东到基金会管理的小学去帮忙。林东自身的文化水平不过关，难以胜任支教老师的职位，于是黄红斌让他以志愿者的身份在学校工作。

林东负责代表基金会给每个学校送物资。学校之间直线距离不远，但因为山区地形的关系，却往往需要耗费大量时间精力去派送。每次林东带着崭新的书本、文具、食物、生活用品送到一所学校，总会有一群学生簇拥着他叫着"东东哥哥"。对孩子们来说，林东仿佛每月每周定时发放礼物的小神仙，他身上总有好吃的和好玩的。

"他们喜欢我,我看得出来,这和大学时别人觉得你打架厉害,然后崇拜你、愿意跟你混那种感情不一样。这群孩子依赖我。"

林东还需要联系支教老师,协调支教老师之间的任课安排,确保每所小学都有搭配合理的教师资源。他还负责学校和政府之间的事务沟通,以及更加琐碎的日常杂务。"这些事就得我来干,你知道我在大学,因为不听话和校领导打过多少交道吗,我是最了解怎么和领导说话了。"油嘴滑舌仿佛成为林东完成工作的一样法宝,他独特的嬉皮笑脸的沟通方式,出奇地化解了不少棘手的难题。

"我慢慢觉得还挺有成就感的,看着越来越多的老师和学生认识我,认可我,我觉得是比在大学混日子强。"

一个夏日下午,因为暴雨,山路变得泥泞,汽车在路上行驶不住地打滑。为了安全起见,林东便决定第二天再去盈福小学送物资。傍晚,雨渐渐地小了,林东待在自己的房间盘点着近期的工作,突然听见敲门声。

门外站着两个湿漉漉的小孩,一人捧着一碗洋芋粑粑,小手黑黑的。

"东东哥哥,我们看你今天没来学校,以为你生病了,我们给你送点好吃的。"

"东东哥哥,你快吃吧,虽然洋芋不热了,但还是香的,我妈做的粑粑是村里最好的。"

"没有被雨水淋呢,我们两个一路上都是用手挡在碗上面的,一滴雨也没淋到!"

……

两个孩子还在喋喋不休地说话,林东的眼睛早已被泪水模糊,看不清面前两个瘦瘦小小的身影。

雨天,三公里,四个小时。

林东不知道两个孩子是怎么决定来找自己的，是怎么在雨天"护送"着洋芋粑粑的，是怎么在泥泞的路上跋涉这么久的。夜深了，他联系到了孩子家长，让两个小孩睡在自己的床上，准备明天开车送他们回盈福小学。

　　"我突然发现，不是我在这里当志愿者帮助了他们多少，而是他们治愈了我，他们的爱让我知道自己不是一无是处，也是值得被肯定和喜爱的。"

基层选调生：伟大与渺小

康芮菡　杨宁捷

引　言

选调生是公务员大军中的一部分。早在1965年，中央就提出号召，希望分配一批高校毕业生到祖国基层工作，培养党政领导干部的后备人选。除"文革"期间被迫中断过，选调生计划一直在国内推行。无论是2012年党的十八大对选拔年轻干部的提倡，还是2018年选调生工作意见的出台，均展现出国家对于培养干部基层锻炼能力的重视。在这之中定向选调生较为特殊，他们是部分重点高校的应届毕业生，通过考试被招录到公务员体系中担任省职或市职，但被录用后需下县乡基层锻炼两年后才能回到原职位。

"酒香不怕巷子深。"

"我完全清楚自己未来几十年到底要干什么。"

陈寻一投了七八份简历，所有用人单位都给了他面试的机会，但他最终只选择了参加某沿海小城的定向选调。

陈寻一读本科时，"内卷"一词还没火起来。他只注重在过程中踏实认真地做好自己分内之事，至于结果如何一概不论，却没想到把日子过得平静如水的他竟成了修罗场中的胜者。"国内985高校保研生""本科期间学业优秀且学工经历丰富""曾斩获不少奖学金"……陈寻一身上有很多诸如"佼佼者""优等生"的标签,他也自信坦然地认为自己如果全力以赴地准备某一件事,基本都能接近或完成目标。谈及为什么要走选调这条路、为什么愿意到一个不太有知名度的小城工作、为什么不去一个更高的平台,他从来都只是爽朗地笑笑,因为他深谙"是金子到哪里都会发光"这一朴素的道理。

在正式决定走选调之路前,陈寻一有过不少考虑,比如像大多数同专业的同学一样投身互联网大厂,成为一个有着较体面收入的"北漂"或"沪漂",用年轻的身躯承受996式工作压力,将满腔的热血投入无休止的加班中,然后作为一颗小小的螺丝钉推动巨头企业的扩张。他常常觉得,"大厂"这个词本身就很有意思,和工业时代的"工厂"相比,规模变大了、类型变广了、工种变多了、环境变好了,但流水线式作业的本质没变,原子化式的人际关系没变,异化式的劳动也没变。他想不明白,如果最终的归宿是进厂"搬砖",从事毫无门槛、机械繁杂的工作,既损害身体又不太能实现个人价值,那他多读两三年研究生的意义到底在哪里。那些本科时期对互联网公司所抱有的所有不切实际的幻想,统统都在泯灭与破碎,连同各类骇人听闻的报道那样一起被吹散在风里。陈寻一觉得,自己就像一只小贝壳,还在犹豫到底入海还是上岸时,却惊觉自己早已被浪拍到了沙滩上。

他同样考虑过申请博士学位,这样就能将自己包裹在做学术的舒适圈里,不用抵御真实生活中的疾风骤雨,就像自己申请硕士学位的初衷一样,只想在毕业关口找到一个逃避现实的避风港,让真正进入社会的时间延缓些、再延缓些。但现实是,申博远比不上考研热,你如何能让一个并不富有强烈学术热情的人多花几年时间承受研究课题的艰辛,是靠天赋,靠热情,还是靠意志?在这些方面陈寻一似乎都没有显著的优势，因此他放弃了继续深造。比起写作，看书才是他的乐趣所在。他还想过要不要留校任职，担任学工办、就业办、离退休办的工作人员，但终因反感校团委崇尚面子工程的行事方式而作罢。

　　陈寻一将有可能的选项一一罗列在面前，然后再全部抹去，这不是纠结犹疑，而是通盘思索后做出的最佳选择。他是不婚主义者，是同性恋群体中的一员，不久前因对方家长的反对而与男友分手了，于是他再也找不到一个执着地留在本地的理由，拥有了选择更适合的发展出路的自由。他好像一只轻盈的蜂鸟，拍拍翅膀就能腾空起飞，去往梦中的伊甸园。而现在，他心中的伊甸园是以走选调的方式进入体制内。新冠肺炎疫情的冲击加上经济下行的压力使得体制内的优势愈发凸显，相对于用工乱象横生的互联网公司、薪酬竞争力下降的外企，它能提供一份稳定且地位收入尚可的工作。陈寻一不畏惧吃苦、不追求多自由、不担心专业不对口，也不排斥按部就班的工作，万千职业中，似乎公务员是最契合他的，况且定向选调还能充分发挥他名校毕业生这一头衔的价值。他当然有报国之怀，不过并不愿意将"为人民服务"设定在一个繁重浩大的框架内，只认为这完全可以见诸日常生活中的琐碎小事，并不是轰轰烈烈地带领乡亲们脱贫、干出惊天动地的大事才是造福民众的唯一方式。他来自内陆，梦想生活在海边，所以选择了沿海之地；他追求生活的安逸舒适，不愿孤身一人背上沉重的生活负担与压力，沦为"房奴"或"车奴"，因此他选择了更具烟火气的滨海小城。

　　做出选调的决定后，身边的朋友曾善意地问过他：作为不婚主义者与同性恋者，是否预想过进入体制内可能面临的困境？对此，陈寻一清楚，体制内的同事大都是中年人，介绍对象甚至催婚几乎都是出于善意，是再正常不过的事。越是进入县、乡、村，同事的思想会越保守,平权意识越薄弱,对性少数群体的认识越少,这也很容易理解。因此,陈寻一早已想好策略———一旦有人问他有没有女朋友,他就爽朗一笑,然后回答:"有!回去就结婚!"他觉得通过这种方式,既能满足对方的好奇心,又不至于让双方难堪。

秋招时,陈寻一投递了七八份简历,之中有心仪的选调地点,亦有少部分国企作为保底。他不屑一些优秀学生的做派,不愿把收到更多的offer作为炫耀的资本、展现优越感的手段,他只参加了一场选调的笔试面试,随后在几十人中脱颖而出,最后欣然将工作确定下来。

那个自信、乐观、聪慧的男孩从不在原地纠结打转,他总是说:"我知道自己喜欢什么。"

"我们并不都是精致的利己主义者"

方鸿今年24岁,2019年本科毕业后回到家乡参加选调,如今已工作近两年。

选调并不是方鸿的第一选择,成为高中老师才是他一直以来的愿望。高考后他执着地想在本科毕业后就业,因此才选择进入北大的非热门理科专业。方鸿很喜欢看书,在高中时也曾担任过学校文学社的社长,和老师们的相处让他觉得非常舒服,因此他也想成为老师,继续教育下一代人,也算是为人民服务。他在本科期间考取了教师资格证,但临近毕业时却发现很多高中招聘人才的学历起步都是硕士,而方鸿不想到初中、小学任职;跨专业保研失败进一步让他坚定了就业的想法。

"读研从来都不是我的第一选择,一个人善于读书但不一定想继续读书。"抱着这样的想法,方鸿选择到体制内工作,也参加了国考。2019年,国考职位数达到近年来的最低,他转而选择选调。尽管最后他在国考中获得了不错的成绩,但他只将此看作"练练手",最终决定以选调生的身份回到江西,在省会南昌下属辖区工作。方鸿选择选调,是为了安稳的生活,是为了回家,也是为了在另一个岗位上实现自己"为人民服务"的愿望。方鸿说,在涉及个人对未来的选择中,基于个人的考量是十分重要的一部分,全心全意为国家为集体而不为自己考虑丝毫的人十分罕见。但北大人并不是他人所想的精致的利己主义者的集体,不管何时何地,都会有人抱有情怀。在这种情怀与自我需求的双重加持下,方鸿做出了选择。

方鸿说,自己在北大时,对"北大人"并没有具象的认知,反而是在离开学校后,这种归属感变得愈发强烈。这种"身份认知"同样出现在工作中,如果工作做得好,大家会觉得"北大的做得好是应该的",一旦做得不好就会出现"北大的也不过如此"的想法,这种来自工作中的误解也让很多选调生感到不适应,尤其是在努力完成工作后别人却将其归结于北大时。方鸿却对此十分释然,他相信在工作中最重要的是能力,而不是学历。

根据江西省选调政策,选调生录用后,统一到村任职2年时间,其间履行大学生村官有关职责,按照大学生村官管理。选调生是党员的,担任村党组织书记助理;非党员的,担任村委会主任助理。方鸿现在正担任市辖区某村的村主任助理,这里位于城区边缘,因为城市中心化的发展,原有的老工厂大多已经搬离,而新的产业尚在发展中,城市正处于转型发展的过程中。

与寻常所设想的尘土飞扬的村庄不同,方鸿工作的村子是一座城中村,十分富裕。几十年前,大家站在改革开放的风口,发展村集体企业,通过轻工业制造业挣了不少钱。"现在村中有产业大楼、沿街店铺,年收入大约有上千万,生活娱乐都很方便,甚至可以在村里点外卖。"方鸿笑着说。然而村里有钱归有钱,问题一点都不少。2019年上任时,前任村两委因涉黑涉恶问题下马,村里只剩下一位老村长。前任领导的影响使村里的风气成了大问题,这也给方鸿的工作带来了难题。

刚入职时,方鸿和另两位下派工作人员接下前任的烂摊子,补齐资料台账、完善日常工作,同时规范组织群众活动,一改之前敷衍了事的风气,文艺宣传、硬件设施和村容村貌建设也都在他考虑的范围内。2019年12月,村里开始重新补选村两委,随后受到新冠肺炎疫情影响,直到2020年5月,村委换届才得以完成。

因为村里的特殊情况,做群众工作的阻力也随之加大。方鸿说,做群众工作本应当晓之以理,动之以情,但有些时候并不是讲道理就可以讲清楚的。最近因为村中拆迁,在分配安置房时出现了各种问题。每个村民都对房型和面积有不同的需求,但房子数量有限,这其中的矛盾只能由村干部一一调解。有天晚上,有人在方鸿的电动车筐里塞了一个大红包,方鸿发现后及时退还了红包并对塞红包的人进行了批评教育。在这过程中,方鸿不断向村民解释自己在村里的工作都是为集体考虑,自己问心无愧。"这些事情光说是没有用的,群众其实只会看你怎么做,但我们还是要不断给他们灌输这些想法,强化他们的认知与意识。"

在谈及未来时,方鸿的第一个期望是尽快入党,毕竟在宣传部的工作与党息息相关,入党也能够在加强工作的同时进一步锻炼自己;另一个期望便是提升学历,工作之后方鸿发现学历是一个重要的考察指标,无论是在工资或职级上都有所差异;如果可以的话,他也希望能够通过遴选进入省市单位,做更多自己喜欢的工作。

选调会成为一代人的未来吗?方鸿说,无论是或不是,无论你最终会不会走向这条路,都不要忘记自己为什么出发。

"彼方尚有荣光在"

周一早晨,关掉闹钟,林漫拉开家里的窗帘,眺望逶迤的秦岭向远方绵延。匆匆吃完早餐,她来到单位开启新一周的工作。林漫四年前定向选调至关中某地区委宣传部,从事琐碎又平淡的基层公务员工作——上班时开会、写材料,下班后及时梳理工作,学习新知识以应对工作中出现的新情况、新问题。

大学期间的林漫热爱一切新鲜事物,既享受打完每场篮球赛后酣畅淋漓的痛快感,也喜欢踩着滑板翻腾飞跃的悬空感。每每回忆起大学那些激情燃烧的岁月,她眼里仿佛都闪着光。时光一转进入大四,未来何去何从的难题突然横亘在林漫面前,好像她一直在被某种力量推着前进,有一天才意外发现自己来到了学校与社会交接的关口。因为成绩未达到保研标准,她开始考虑本科毕业后直接就业。只是,对于这样一个只身从西北前往首都求学的女孩,偌大的"帝都"除了给她一张较为满意的本科文凭外,似乎并不能为她提供安稳的居所、体面的工作与对城市的归属感。对于是否进入体制内工作,林漫纠结了许久,但最终依然选择了选调。

2017年是中国经济新旧动能转换发展的一年,各大产业发展势头良好,房地产、银行与教育机构成为大学生毕业后的就业首选,与之相比,选调生不是一个热门的选择,竞争也并不激烈。对双一流高校学子而言,走选调进体制内更简单,也更有优势,与国考相比,选调考试的难度与录取率都更友好。

下定决心后,林漫着手收集相关信息,最后选择了关中城市群某城区——秦岭北麓,渭水之滨,气候宜人,林漫用"合适"来形容自己的选择。此外,当地选调政策也吸引了刚毕业的她:一旦被录用即可享受市县引进人才优惠政策,获得诸多经济补助,工作满五年后亦可根据本人意愿和工作安排进入省市级工作单位。从工作地出发,乘坐四个小时高铁便可以回家,离家近同样是她选择这里的重要原因。

从高等学府走向秦岭北麓,林漫迅速接受了从学生到公务员的身份转变。"如果要给自己适应工作能力打分的话,我会给自己打满分。"林漫从小独立,没有强烈的恋乡情结。受传统观念影响,老家的许多长辈并不愿意让女儿离乡工作,但林漫的家人却尊重她关乎未来的一切选择,这给了她充分的自由抉择权。

在宣传部领导安排老师一对一带新人的模式下,林漫迅速掌握了言行举止的分寸,融入了工作环境、适应了工作节奏,但同时,她也有疑虑与困惑。基层公务员群体的平均年龄偏大,在西部省区表现更甚,林漫与同事之间明显存在代沟。闲暇之时,周围同事的话题集中于家庭婚姻与儿女教育,但这些在林漫看来未免太过遥远,因此年龄差异将初来乍到的她隔绝在单位八卦话语体系之外。如今林漫已经入职近五年,已能如鱼得水地和同事聊家长里短,单位上叔叔阿姨辈的同事也会关注她买房结婚的人生大事。谈到这里,林漫总是笑着说,自己最大的催婚压力来源不在于家人,也不在于朋友,同事反而是最关心自己的人,他们常常热情地给单位的年轻人介绍对象。林漫并没有迫切结婚的打算,往往礼貌谢绝大家的好意,实在推脱不掉的就想着怎么把一个个相亲局搅黄,然后继续过着安逸的独居生活。

语言与饮食是她面临的另外两个问题。单位同事大多说着不太标准的"陕普",在基层社区工作时群众也大多操着浓重的关中口音,林漫花了大半年时间勉强听懂当地方言,一年之后才做到完全理解。刚到关中,林漫同样不习惯当地顿顿吃面的饮食习惯,但也只能慢慢适应。

正式进入工作岗位前,林漫并不清楚自己工作的具体内容与形式,有关基层公务员的印象还停留在大学时被一遍遍强调的家国情怀,但她认为在基层工作也是为人民服务的具体形式。不同于外界对公务员的固有印象,林漫们的工作日常不是看报喝茶朝九晚五,而是要面对各种复杂的实际情况。例如在曾负责过的新闻宣传与网信工作中,随着县级融媒体建设与网络的发展,林漫深切体会到工作变化大,内容新,并不是一成不变的。

刚开始工作时,单位领导同事都对她持观望态度,想看看名牌大学毕业生在单位上到底会是什么样,工作能力强不强、干活效率高不高。真正参与到工作中后,她才明白自己只是千千万万基层公务员中最普通的一员。领导关心她是否会以基层工作为跳板去追求更高一层的工作,因为基层留不住年轻人已成为常态。林漫在去年参加了遴选考试,但因一名之差未能成功。此外,她还拒绝了省级媒体的邀约,因为她志不在此,希望能够在基层工作中实现更多个人价值。

林漫也曾后悔过自己的选择,但她认为无论选择了哪一条路,大多数人都还是会后悔"未选择的路"。比如她会后悔没有选择家乡选调,毕业时天真地想离家远点,不受家里束缚,但现在却会每天想念妈妈做的饭。这类后悔并不强烈到影响自己的生活,只是偶尔浮现。参与工作两年后,林漫曾经历了一段"很想辞职"的时期,尽管在基层的工作可以实现个人价值,但重复、琐碎又忙碌的工作却逐渐磨灭了初来时的激情,面对工作的压力和委屈,领导虽理解却也无法改变现状。但那段时间正好是2019年年末、2020年年初,新冠肺炎疫情之后,林漫意识到公务员岗位"稳定"这一优越性,即使隔离在家,也不用担心收入与工作的问题,还有同事和领导的关怀照料,这一切都让她心里暖暖的。

现在,林漫觉得自己还年轻,她的未来还会有很多路要走。如果可以,她希望自己可以读在职MPA(公共管理硕士),不断学习,再投入公务员岗位中去。

她的生活就像渭河之水,日复一日、坚定不移地向前流去。

结　　语

他们都是万千选调生中普普通通的一员,他们过着自己的生活,有自己的欣喜与困惑。在关注他们为何选择的同时,我们更应该思考,这种选择代表着什么。2020年之后,选调生报名人数又创新高,一场场宣讲报告会在高校落地,这或许是后疫情时代年轻人的新选择。

我们来自江南塞北,走向城镇乡野,我们从这里出发,走向新未来。

那个来驻村的"北大硕士"

张蕴灵　冯　萱　孙　硕

"公示没困难,这个您放心,只要我们拿到文件我就放到公示栏去公示,这个没问题。"

"行,我这边明天去跟村委会具体对接之后再给您回复。"

"没事没事,我们应该做的,这次凿井的工程也辛苦您了。"

"好的那我们明天联系。再见!"

18点14分,接完当天工作的最后一个电话,韩廷耕起身将办公桌上密密麻麻的材料整理成一叠放到一边,关闭电脑,准备去村委会公用厨房简单做两个菜给自己当晚饭。

村委会小倒也有小的好处:驻村工作队总共就三个人,除了严书记平常工作结束会回家,韩廷耕和另一位驻村队员就住在村委会里,一人一间房,又当办公室又当住处。韩廷耕睡觉的单人床就摆在办公桌的斜后方,厨房在出门左转那间,省去了很多来回在路途上要花费的时间。习惯之后,韩廷耕觉得这样的安排倒也挺方便。

"我没想到这儿能这么穷"

韩廷耕出生在山东一个经济还算发达的城市,父母也全部在城市工作。"北大毕业""金融硕士""大城市独生子",这些标签似乎哪个都不能与驻村联系起来，但从北大软件与微电子学院互联网金融专业硕士毕业后，韩廷耕就偏偏选择了这么一条不寻常的道路。

"农业是我国的基础。我希望能把金融和农业结合起来，利用自己所掌握的专业知识促进我国农业发展"，抱着这样的想法，韩廷耕在硕士二年级时瞒着家人填写了河北省面向北京大学定向招录选调的报名表，在毕业之后进入河北省农业农村厅工作。

2018年3月，决胜脱贫攻坚之际，河北省决定从省市县机关事业单位选派新一轮驻村工作队，到7 364个贫困村开展为期三年的驻村扶贫，"贫困群众不脱贫，驻村干部誓不还"。得知有这个驻村扶贫的机会后，刚刚选调进入河北省农业厅的韩廷耕第一时间提交了申请，表达自己对到基层参与扶贫工作的渴望。

递交申请书的那个下午，韩廷耕打电话告诉了父母自己的新选择。与他对未来扶贫工作的踌躇满志不同，韩廷耕的父母更多的是担心和忧虑。除了条件艰苦、工作强度大这些客观问题之外，父母还担心驻村扶贫之后，小韩"个人问题"无法解决。"村子里的条件不好，因为要经常在室外，整个人就会晒得特别黑，父母就很担心。"小韩笑着说。但相比这些，他更期待自己驻村工作能为村子带来的变化。而这次小韩没有像毕业时用"除了当选调生，我没有找到任何工作"的借口来骗父母同意自己的选择；他选择了真诚地对父母说出自己对农村工作的想法和自己对农业发展的热忱，也向父母保证可以照顾好自己。最终，韩廷耕说服了父母，如愿成为张家口市阳原县曲长城村驻村工作队的一员。

尽管对驻村扶贫工作充满热情，但从小在城市长大的韩廷耕此前几乎没有接触过农村，关于农村的记忆少之又少，"去村子里就是给曾祖父上坟"。第一个交驻村申请书的他并没有想到自己即将驻村两年的会是这么一个地方：整个县城找不到一家肯德基，对外交通就靠每天早晚两次大巴,距离市里有四个多小时车程,老乡的房子甚至还是土制的。

连成一片的土房子、没有硬化过的泥泞的乡间小路、操着一口方言在家门口晒太阳的大爷……从石家庄开车来村子的接近四个小时的路途容易让人疲惫,但韩廷耕无心休息,一直关注着窗外景象的变化。走出市里的四个小时,高楼大厦逐渐变少到消失,一排排低矮的看上去甚至有些危险的土坯房逐渐映入眼帘;车水马龙似乎已经成为很久之前的记忆,路上行进着的只有一天两次的大巴车和老乡拉着庄稼的三轮车。

作为河北省最大的深度贫困村,阳原县曲长城村户籍人口1 149户2 991人,2018年年初建档立卡贫困户530户1 180人,贫困发生率达41%。20世纪90年代初,村民盲目打井,穿透坏水层,村域水质逐年恶化,不仅安全饮水成了问题,大片耕地也逐渐变成盐碱地,农业综合生产能力大大降低,田里的收入微薄,村民被迫离乡打工,村庄已经加速走在萧条衰败的下坡路上。

开着父母买给刚刚参加工作的自己的四十多万的林肯小汽车驶入曲长城村,韩廷耕内心里除了些许的不安,更多的还是震惊。

"原来21世纪竟然还有这么穷的地方……我真没想到这儿这么穷。"

想到接下来就是要在这里开展扶贫工作,韩廷耕感觉自己身上的担子并不轻松。

"用行动告诉老百姓我们不是来'镀金'的"

作为一名驻村队员,韩廷耕的首要工作就是走村入户、了解贫困户情况。"精准扶贫关键是精准。我们必须挨家挨户去走访,把每一户的情况摸清楚，了解各家贫困的具体原因，然后再去思考我们用什么措施能够帮助他们脱贫。"但韩廷耕和其他队员刚到村子的时候，村民们对他们的反应却十分冷淡。曲长城村单知道村子里来了个北大毕业的高才生，却没把他当成要帮助自己摆脱贫困的驻村队员。韩廷耕感觉村民们对自己都很客气，但也十分拘谨，简单寒暄之后就不愿意再多说什么，问他们有什么问题也不肯说。而一些深度贫困户的情况就更糟糕一些。好几次走访的时候，贫困户们并不配合韩廷耕的工作，对韩廷耕每次整理准备的问题也答得十分敷衍，不是草草答个大概就是说自己也不清楚，这让抱着一腔驻村扶贫的热情来到这里、渴望真心实意为百姓做事的韩廷耕有些受挫。

另一个让韩廷耕印象深刻的是刚驻村时发生的"抢特产"事件。韩廷耕刚来到村子里独立负责的第一个任务是组织村子主题宣传片的拍摄。接到这个任务之后，他像在学校组织学生活动一样，写出了无比详细的策划案、执行方案、分工方案和应急方案，然后把几个word文件发给了微信群里驻村队队长和村委会其他成员看。驻村队长在群里回复了他几个大拇指的表情，村委会成员们也跟着在下面夸了好几句。韩廷耕以为这件事情到此就已经完成了。没想到晚上从村民家里回来，他才看到手机上有几个村委会成员给他发了私信："我们手机版本比较低，打不开这些文件，能不能印出来给大家……"听到"手机打不开文件"时，韩廷耕的惊讶并不亚于他第一次来到县城时得知偌大一个县城连一家肯德基都没有。无奈之下，他打印出几份文件发给协助组织的村委会成员。

拍摄过程比韩廷耕预想的顺利。想到办公室里还有上次调研带回来的其他村子的几十盒特产，韩廷耕想着不如趁此机会发给参与拍摄的村民们，也算慰劳大家这几天来的辛勤工作。

但显然，小韩低估了村民口口相传的速度和长期贫困带来的风气。一听到有东西领，参与没参与的男女老少都瞬间涌进了村委会不足二十平米的院子，韩廷耕试图维持秩序的声音淹没在吵闹声、哄抢声中，在他看来微不足道的特产没过几分钟便被一抢而空。因为没有做好前期登记，很多参与拍摄的村民却没有领到特产，便开始破口大骂。看着混乱的场面，听着村民的抱怨，韩廷耕心里十分委屈。他无法想象在一个现代文明社会，还会出现这种"无缘无故的哄抢"，他无法忍受村民一口一个"城里人"的讥讽，他无法理解村民这种"没有素质"的行为……有些心灰意冷的他甚至开始思考自己驻村的价值：我到底能为这里带来多少改变？

"一开始老百姓的普遍印象是认为我们是来这'镀金'的。就是到这里把自己的基层经历给补完或者是把这个事情熬到结束就走了。他们认为我们不会给这个村子带来实质性的改变。"为了改变村民们对他们这几个"外来人"的看法，韩廷耕下定决心要在此后的工作中不断地提醒自己真正做实事，让百姓切实感受到自己身边的变化。

要想让村民稳定脱贫可持续发展，发展产业是根本之策。而发展产业，必须从根本上解决制约因素。"水是曲长城的命！"在驻村第一书记严春晓的带领下，韩廷耕和另一位驻村工作队员开始了深入细致的入户走访和调查研究工作，很快找准了导致曲长城多年贫困的穴脉。于是，他们紧紧抓住水这个关乎曲长城存亡的命根子，邀请省里专家团多次现场勘察、调阅水文资料、反复研究论证，最终在听取专家意见的前提下确定了引水方案，组织施工队伍战胜天寒地冻、地形复杂、施工艰难等多种不利因素影响，在村南山脚下成功打出富锶优质山泉水，彻底解决了困扰28年的安全饮水问题。

除此之外，韩廷耕还充分利用自己的互联网金融专业的优势为村子脱贫事业助力。为了解决扶贫材料冗杂、信息繁多的问题,韩廷耕为村子开发出了一个专门的扶贫软件,可以支持乡镇工作人员更方便更全面了解贫困户的信息和扶贫进度;他又积极联系淘宝网店,为村子里百姓种植的水果寻找销路;他与驻村扶贫队一起发展着四百亩的产业园区,种植菊花、草莓、苹果等作物,增加当地百姓收入;通过村容村貌的改善,如今的村子已经完成了路面的硬化和村貌的整改,相较于一年多以前有了相当大的改变。

"背单词不仅要用嘴背,还要用手写……"工作之余,韩廷耕还会定期到村子里唯一的小学教英语。在得知村里小学英语老师人员不足、水平不高的情况后,韩廷耕便自告奋勇来学校里教孩子们英语,"上学的时候英语比较好,所以正好可以教他们"。即使日常工作繁忙,小韩依然保持着每周两到三节课的频率来给孩子们教英语,并且在寒暑假免费为孩子们补习英语。"他非常爱笑",小韩班里的孩子这样形容他。在他们心里,韩老师不仅是一个是能教他们英语基础知识和基本单词语法的老师,还是一个能带领他们看到外面世界的老师。

"老百姓也真正感受到了这些变化,对我们的态度也就发生了很大的转变。"

驻村扶贫工作也好,教书也好,韩廷耕渴望通过自己最大的努力为这个村子的发展贡献力量,一如他刚来到这里时的一腔热血,想要把专业与农业更好结合发展的初心从未改变。

"现在一看就是从村里出来的"

回想起美好的校园生活,韩廷耕觉得,当年那个在学校篮球场、田径场挥洒汗水的自己一定没有想象到自己有一天会在村子里端起锅拿起勺,过上自己做饭自己吃、自己种菜自己收的日子。没来村子之前,韩廷耕并不会做饭。但住进村委会之后,为了节省去外面找地方吃饭的时间,韩廷耕也开始跟着村委会里的大妈学起了做菜。现在他已经基本能够独立做出一桌还算拿得出手的菜肴了。

韩廷耕还常常自嘲来驻村最大的困难就是"个人问题":"黑了好几个色度,找对象太困难了。"曾经不算校草也算潇洒俊朗的他现在操持着一口标准的"张家口+青岛"方言,和村子里的大爷大妈叔叔婶婶唠着王家多赚了几千、李家多赚了几万,农忙的时候带着锄头在地里一干就是一整天,村子本就地处高原,紫外线在他的脸上留下了"驻村"的独特印记。

刚到村子里的时候,从小在城市长大,普通话带点北方腔的韩廷耕曾经还因为听不懂方言闹过笑话。有一次走访贫困户的时候,韩廷耕在了解完该户近期情况后问了一句:"大娘,您生活上还有什么困难吗?"大娘迅速回答:"木有家。"

韩廷耕一下愣住了:是自己的工作还没有做到位,还没有对贫困户实现精准识别、对他们的真实困难没有深入了解吗?他连忙追问:"大娘,您是说没有房子吗?但我看您刚享受的危房改造政策,咱们这房子看起来也像刚修整过啊?"大娘自然地点头赞同:"是啊,俺这房子刚给盖了,政府政策真是好。"这下韩廷耕更不知所以然了,连忙接着问:"大娘,那您刚刚为什么说您没有家?""不是啊,俺是说'木有家'。"大娘也有些莫名其妙了。

正当韩廷耕感觉一头雾水的时候,旁边的村委会委员笑着给韩廷耕解释了一番,原来在当地的方言里说"没有"的发音是"木有家"。韩廷耕恍然大悟地拍了拍自己的脑门,三个人都开怀大笑起来。

而现在,韩廷耕已经能毫无障碍地与村里百姓们随意拉家常了——一年多的时间里,为了闯过语言关,韩廷耕有空的时候就跑乡亲家里跟他们唠嗑，"比我当年学英语考托福还卖力"。从各家地里的庄稼收成到哪家过两天要办婚礼，同大家东扯西聊的过程中，韩廷耕的方言水平迅速提高，与百姓们的距离也拉近了。很多村民不再把他看作是一个纯粹来镀金的大学生驻村干部，而是把他当作自己的晚辈来对待，平时在村子里见到了，都会自然地聊上几句。年长的大都习惯叫韩廷耕"小韩"，有些孩子在韩廷耕支教的小学里上学的还习惯叫他"韩老师"。有时候韩廷耕下班回到自己住处，还会发现门口摆着几袋老百姓送来的自家种的枣子、小果或者各种蔬菜，虽然并不知道是谁送来的，但每当这时候，韩廷耕就觉得心里暖暖的，自己对这个村子的付出没有白费。

2021年春天回学校的时候，韩廷耕特地去看望了自己在校田径队时的教练。教练见到韩廷耕第一句话就是："现在一看你就是从村里出来的了。"听到这话，韩廷耕愣了一下，露出了招牌式的憨厚笑容。

"外表、语言上的融入并不困难，心理上的融入才是最关键的。"努力适应农村生活的韩廷耕，也在这个过程中慢慢学习着以更加平和的心态面对他所看见的"不一样"：不一样的生活习惯、不一样的沟通方式、不一样的文明素养，甚至不一样的价值观念。他试图为自己开一扇窗，试图理解所有的"不一样"发生的根源，也渴望在理解的基础上真正融入这个村子。这种理解和融入对他而言是一道很难迈过去的坎儿，所幸韩廷耕做得并不差。

"基层是选调生特别的学校"

这是韩廷耕在曲长城村驻村扶贫的第16个月。

从日常入户调研、材料整理到去小学给孩子们教英语，再到开发扶贫软件、跟村委会一起筹备建立起四百亩的产业园区，韩廷耕觉得，自己就像是一个恰逢其时的见证者，一步步跟随着曲长城村脱贫的步伐，并努力成为推动这些转变的力量的一分子。也正是在这些见证自己所参与的工作切实为村子带来变化、给村民带来实际收益的过程中，韩廷耕觉得，尽管真正到村时间并不长，但自己好像已经成了一个地道的曲长城村人了。

但有些时候，韩廷耕还是能感觉到自己与村民之间存在某种难以僭越的隔膜。比如村委会李主任时不时就半开玩笑似的叫他"韩省长"，又比如部分村民根深蒂固的保守思想。韩廷耕印象最深刻的是一家他去了很多次的贫困户。这家的儿子女儿都到省里的大城市打工了，只剩下年迈的老两口留在村子里。70多岁的陈大爷患有脑血栓，生活行动都很不方便。精准扶贫政策落实后，这家贫困户也被列入了重点帮扶对象。通过多次入户调研，驻村小组基本掌握了他们的致贫原因，考虑到老两口年事已高，不适宜再从事产业生产提高收入，驻村队伍直接根据政策给予了该户一定的资金补助，帮助他们改造了原本破旧的房屋。陈大爷的情况也属于大病保险的覆盖条件，可无论韩廷耕和其他队员怎样劝导，陈大爷就是不肯去看病，认为医院治不好他的病，还不如把钱留下来攒着给儿子娶媳妇用。这种执拗让韩廷耕既难过又无奈。

而摆在韩廷耕面前的另一个问题是，还有一年多的时间，他在曲长城村驻村任期就满了，届时他将调回位于河北省会石家庄的省农业厅继续工作。在他们这批驻村干部离开的时候，村子里的示范园区能够发展成熟到形成相对稳定的产业链的程度吗？村民们的生活都能得到保障了吗？他离开之后，有没有像他一样考过托福的老师来给孩子们补习英语？曲长城村整体又会走向何方呢？助力三农问题、建设新农村的长远目标与短暂的驻村扶贫任期之间的矛盾横亘在韩廷耕的面前，让他在积极准备村子脱贫材料的同时也对未来有些许的迷茫。

选调是各省党委组织部门有计划地从高等院校选调品学兼优的应届大学本科及以上毕业生到基层工作，作为党政领导干部后备人选和县级以上党政机关高素质的工作人员人选进行重点培养的一项特殊制度。20世纪60年代，国家高教部党委根据刘少奇同志建议，就分配一批高等院校毕业生到基层工作问题向中央递交了《关于分配一批高等文科毕业生到县以下基层单位工作的请示报告》，全国选调生工作由此开始。2008年2月，习近平同志在全国组织工作会议上强调"要坚持和完善选调生制度，精心挑选优秀大学生到基层艰苦岗位和复杂环境去锻炼"，随着2008年中组部下发《选调优秀高校毕业生到基层培养锻炼工作暂行规定》，截至2012年年底，全国已有近20万选调生活跃在广阔的基层大地。

作为"基层一线党政领导干部培养选拔链"的紧密一环，选调生是中共干部培养规划的重要组成部分。而来自北大、清华等一流大学建设高校等重点院校的定向选调生更是其中一抹亮丽的色彩。这些有着完备的知识体系和强烈的家国情怀的大学生们会根据安排到基层岗位进行2—3年的工作锻炼，再返回省市直属机关工作。扶贫攻坚工作开展以来，选调大学生更成为了全国各地决胜脱贫攻坚的扶贫队伍中的重要力量。

从某种程度上讲，从大城市而来的选调生很难在短暂的任期内完全融于所驻扎的农村，全面接手攻坚扶贫的具体事务，彻底帮助贫困村村民们扭转落后观念，在短时间内提高人们的科学文化素质。城市与农村之间长期以来形成的巨大差异也无法通过简单的个人介入而得到彻底的弥合。"基层是选调生的新学校，乡村田野即课堂，干部群众是老师，一分耕耘一分收获"，这是江西省首批面向北京大学定向招录选调的2015届博士毕业生黄东波对自己的选调生活的总结，也侧面反映出国家多年来坚持重视选调制度，精心挑选优秀大学生到基层工作的用意：国家选拔选调生前往基层工作，不仅仅是简单寄希望于高校大学生凭借个人力量彻底改变农村状况，更重要的是为了让这些来自大城市的，将在国家各级党政机关中成为骨干力量的年轻人能够走进真正农村、接触农村，在亲历亲闻中了解中国农村的真实情况，理解在中国城乡二元格局背后城市与农村之间真正的差异，在实践中提升处理复杂事务和独立开展工作的能力，以在选调结束回到省市党政机关工作后，将政策制定和执行真正建立在熟悉农村、了解民意、理解民生的基础上，进而更加切实地给人民带来利益。从这个角度讲，对于选调生而言，获得基层经验才是他们在乡村基层的这段经历中最根本的意义所在。

"现在我们国家在农业领域工作的金融专业的人才应该还是比较少的，我就是希望能够把我的专业带到农业中去，在农业农村这个部门与农民有更多接触，为国家解决三农问题发挥一些自己的作用"，这是韩廷耕对自己的期望。而在曲长城村的16个月，他感觉自己已经开始试图将这个目标落实到实际行动之中，也对未来的自己多了一些信心。

"有一句话叫功成不必在我，但功成必定有我。可能哪天这个村子真的发展起来的时候，我们已经不在这里了，但它能发展起来，也有一部分是我们在这里打下的基础。"

大山里的中考"战士"

台 倩

> 在这里,学生与老师是共奋斗、共进退的"战友"。
> ——西南地区某乡村中学校长

不缺梦想的乡村中学

在光秃秃的山脚下,几栋红砖楼稀疏散落。楼与楼之间还散布有几棵挂着三两叶片的糙皮大树,依稀可以看到篮球场、运动场的所在,但运动场似乎比标准的要小上一两圈,运动场旁有一片看上去好似野生的杂草丛,绿黄相间,好不茂盛。这是中国西南部的一所乡村中学。看着这略显萧瑟的校园,12月浸入肌肤的深深寒意已抛到脑后,我的思绪逐渐飘远。在教育市场化汹涌而来的今天,在各类"教培天堂"兴盛发展的今天,在技术、资本加持下迅速推进在线教育市场化的今天,我们似乎忘记了在中国的偏远省份,还有大量这样的学校,它们基础设施落后,它们教学资源匮乏,它们不缺梦想,缺的是能够灌溉梦想的养分。

张桂梅,丽江华坪女子高级中学校长,创办中国第一所免费女高,为学生奉献大半生但却争议不断,她是驱动我来到这所乡村中学的主要原因,我想了解更多关于乡村教育,关于乡村教师,关于无数心中怀有梦想的农村孩子。实际上,为学生拼命的张桂梅只是千千万万个这样的乡村教师之一,还有无数个"张桂梅"没有被看到。我问自己:为什么会有人指责张桂梅是"填鸭式教育"?为什么"张桂梅"们没有得到应有的重视?更进一步,为什么"张桂梅"们会存在?

"你好",突然出现的声音打断了我的思绪。转身看到一个约莫50岁、黑瘦偏高的中年男子,他姓李,是这所乡村学校的校长,工龄已27年。是的,他在这所山脚下的乡村学校待了27年。"我刚来那会儿没有水、没有电,两周去城里的淋浴室洗一次澡,教室、宿舍的墙上全是黑的,你知道为啥黑吗?"他自问自答道,"因为学生早上起得早、晚上学得晚,没有电就只能用蜡烛,时间长了就都熏黑了。"我有点苦涩地嘿嘿一笑,接着问道:"李校长,麻烦您给我介绍一下学校可以吗?"提到学校,李校长眼中闪烁着光亮,非常干脆地说:"当然可以!我们学校初一、初二、初三,三个年级共1 469个学生,全校老师共47人。其中,97%都是来自农村的孩子,老师也基本上都是从农村通过考学当上老师的。""您觉得孩子的农村背景会对他们的学习有什么影响吗?老师曾经也是农家子弟,又为何会成为您介绍的重点呢?"我问。"农村背景意味着从小学习的资源会更少,父母忙于生计对教育的重视不够;意味着他们可能每周只有二三十块的生活费,好一点的一周五十块的生活费;意味着如果他们错失了通过考学改变人生轨迹的机会,那么他们只能重新扛起锄头,接替他们父母的位置。至于我为什么会介绍老师来自农村,那是因为我想说,从农村出来的老师更可能进入我们这样一所乡村中学,毕竟大城市的优秀老师人家是不愿意的,而且因为我们的老师大多是从农村来的,所以他们更清楚读书对于学生而言意味着什么,他们给自己的定位可能就不是老师,而是与学生共奋斗、共进退的战士了。""战士"这个词钻进我耳朵时我全身像触电一般。不是"师生"是"战友"?这无疑是一个有些令人震惊的独特定位,见我疑惑,李校长补充道:"是的,我们和学生是战友,你看过学校后可能会理解吧。"我应了一声,转换了话题:"二十多年来您应该帮助很多学生走出了农村吧?"李校长听到我询问他的教学生涯,瞬间显得兴奋起来,开始向我讲述自己的经历。

生命的奇妙在于不可预期

1970年生于农村,父亲在邻县的一家国营工厂工作,母亲留在家中承担了所有的农活,带着三兄妹生活。父亲的"单位"身份和正式工作曾让他一度觉得十分自豪。但好景不长,父亲因意外去世,他说:"当时感觉天都塌了,我的偶像、我们全家的依靠突然倒了。"当时他年龄不足,无法顶班,家中姐姐顶替父亲到单位上起了班。失去顶班机会的他不得不努力学习,"本来觉得有安全阀的,但是突然没有了后路",自此他更加勤奋地学习,成绩越来越好,获得了保送省里师范大学的机会,但人生如戏,波折和意外从来不会缺席。1986年,作为班长的他,因为误会犯了政治错误。事后,保送资格被取消,"犹如晴天霹雳",他说道:"当时不懂事,不知道利害关系,事情发生的时候觉得十分痛苦,但现在来看可能也是好事,要没有这件事,我可能就不会来到这所学校,找到这份让我非常幸福的工作了,生命的奇妙可能就在于这些不可预期的收获吧。"说完,他嘿嘿一笑,看得出他因祸得福的喜悦。被取消保送资格后,他通过考试进入市里的一所中专,学习师范专业,毕业后,返回县里教书。"当时我想去××中学(县里最好的中学),但是人家不要我,所以来了这。"他笑着说道,"的确也是,这所乡村学校可能更符合我的气质，也更能实现我的价值，帮助农村的孩子走出去比教城里的孩子贡献更大些。"

27年如一日的"战斗"

李校长的健谈让我欣喜，了解微观个体生命历程中的波折与喜悦让我热血偾张，这比任何影视作品的创作更有血有肉。我紧追着抛出了另一个问题，您是怎么帮助农村孩子的呢？他看似答非所问地开始给我介绍他的工作。

每天6点起床，6点15分陪学生早操，"年轻的时候跟学生一起跑，现在不太跟他们一起跑了，但也每天都陪着，除非我不在学校"，他略带自豪地说。陪完早操后稍作整顿，7点钟开始陪学生早读，7点50分早读结束后有课上课，没课的话要么去办公室备课，要么在各个班级走走逛逛，看看学生的上课状态，有时也会逛逛校园，看看卫生怎么样。下午5点下课，6点开始晚读，晚读的时候也会陪学生，有时候晚上会有课，课上完后陪一部分学生继续上夜读，一直到11点半结束。我非常惊讶："上午6点到晚上11点30分，全天将近18小时？"他回答："是啊，27年都是如此，当然，除了周末"，他笑着补充道，谈笑间，看着这位略显黑瘦的乡村教师，一股尊敬感油然而生。

27年如一日地坚持陪伴来自不同村庄、不同家庭的学生，"陪学生的时间比陪我女儿的时间更长，看上去很辛苦，的确也不轻松，但好在是有成果的，我有很多优秀的学生，他们走出了农村，获得了更宽广的人生舞台，比我的舞台大得多"。"能介绍几个您的学生吗？"我追问道，这个问题击中了这位老师的兴奋点。"我有学生上浙大、上北大，也有学生在北京电视台工作、自己创业做得很大。这批学生在学校的时候就非常努力,毅力很强,特别能吃苦,他们可以起得最早学习,把休息玩乐的时间减到极少,学习上有疑问会立马请教老师,在课上总是积极讲课和回答问题。哦,对,我在我们学校推行课改,授课的主角是学生,每一讲的主讲都是学生,老师只是起引导和点拨作用,这让我的学生们十分大方,对演讲从来不怵,与他人交流的时候也很自信健谈,即便他们来自农村。"李校长的自豪之情写在脸上。他接着说:"我觉得这一点非常重要,很多人说学生的自信来源于家庭,但很多农村孩子的家庭环境及受教育较少的父母可能没办法帮助他们树立自信,所以这就需要学校来做,我想让每一位从我学校毕业的学生有自信,敢发言,敢表达。"讲这段话时,李校长神采奕奕,显得十分兴奋,可以真切地感受到他的自豪和快乐。

说话间,我们走进了教学楼,一楼一个班级正在上语文课,我们走到教室后旁听。课堂里发生的一切让我震撼:所有同学站着上课,学生清一色的短发,朝气扑面而来。讲台上站着一位小个子女生,用与她瘦小身体略显不协调的洪亮声音为站在台下的五六十名学生讲授白居易的《观刈麦》,田家少闲月,五月人倍忙。夜来南风起,小麦覆陇黄……从背景到具体的阐释与理解,换了三位同学接续完成讲解。过程中,讲授的同学一旦抛出问题,台下的五六十名学生立马高高地举起自己的手,喊着"我来!我来!"没有获得回答机会的同学神情失落,获得回答机会的同学如中奖一般喜不自胜,非常珍惜在大家面前表现自己的机会。在来到这里之前,可能很少有人能预想到在这样一个边陲小县的乡村中学,学生们能够自然、大方地讲授语文知识、历史知识、地理知识……可以在有外来参观者时自信地向参观者介绍自己的学校。或者说,人们可能很难想象,这样一群97%均为农村家庭背景的学生展示出比城市学生更强的自信；也很难想象，在乡村中学里，一批没有丰富学习资源的学生为了改变自己的命运，从初一开始就持续着每天十几个小时的学习。注意，我用了"改变命运"而不是"实现梦想"，在这里，"梦想"太贵了。

下课了，我久久缓不过来，还沉浸在热烈的课堂氛围里，我的身体静止在那个虽没有暖气但因人多拥挤反而很暖和的教室里动弹不得，一股强烈的好奇心在涌动，想了解眼前这波朝气蓬勃的学生、了解这群陪着学生拼命的"战士"。

不是学生，是战友

走出教室，一股寒意从四面八方突袭而来，这股寒意突然让我清醒，课堂是温暖的啊，是充满希望的啊，至少，对于这些学生来讲是如此。"我们去英语教研室吧，给你介绍个老师。"李校长带领我走到了二楼的教研室，说是教研室，其实就是一个放有几张桌子、几个热水壶的小房间。一位穿着黑裤红棉衣、加厚白棉袜搭露背皮鞋、头扎马尾的女老师向我们打招呼，她脸颊偏黄，笑起来时眼睛眯成一条缝，随着说话眉毛会跳起舞来，她伸出仍残留着白粉笔粉末的手与我握手问好。"你好，我姓杨，教英语的。"非常干脆清亮的声音。之后我与这位杨姓老师开始了一段让我终生难忘的谈话。

1980年，杨老师出生于这个小县的一个边远山区，"方圆二十里只有我们家，你能想象有多偏吧？"杨老师笑着打趣。"全家靠父母栽种庄稼过活，父母更重视家中的男孩，两个姐姐都没有读书机会，原因是没钱供，本来我和我姐姐应该也是一样的命运，帮家里做活，年纪到了找个距城更近的村子嫁掉。但我不信邪，我想读书，所以我跪下求我爸妈，让我念到高中，我只要学费，生活费利用寒暑假自己去挣,村里干部好说歹说我爸妈才同意。不过的确是只有学费和一点点的生活费,学期中在学校学习,省吃俭用,一毛掰成两毛花,从家带去的一大罐咸菜是我主要的下饭菜,一个学期只回家一次。"

说到这,我看到杨老师眼里闪烁着湿润的光亮,用手轻拍了一下她的手背,她接着说道:"为了挣生活费,做了很多兼职,印象特别深刻的是斜挎一个红绶带在酒店门口说'欢迎光临',酒店要求穿高跟鞋,但我没有,费了九牛二虎之力跟城里亲戚借了一双她已经淘汰的,穿起来松松垮垮,弄些纸巾塞进去再穿。"经过辛苦求学,杨老师终于顺利从中专学校师范专业毕业,来到这个学校成为一名英语老师。

谈到为什么会选择成为一名老师时,杨老师说:"因为我就是山区人,我穷过、难过,我清楚读书对于山区穷人家的孩子意味着什么,这条路对他们来说是最快、最有效的。我甚至没有把我的学生当学生,他们是我的战友、我的孩子,也是我的责任。"

"让我再做选择,也仍会坚持……"

我问,"能谈谈您这十几年的从教经历吗?""当然可以,"杨老师爽快答应,"我教书已经快19年了,几乎一直都在当班主任,我教的每一个班,每一位学生都像我自己的孩子一样,我想尽自己最大的努力培养好他们。"

2004年,杨老师和与其同样在学校任教的一名体育老师结婚。2005年,杨老师怀孕了,但当时她所带班级正值初二下学期期末,她十分担心因为自己的原因中途更换老师会影响学生学习,也担心自己缺席一学期甚至更长时间,孩子们的学习状态会下滑。为了不影响学生,她选择放弃自己的孩子。

之后的很长一段时间里,杨老师一直忙于教学,为学生的一切操心。周一到周五,每天6点半起床,11点半回到宿舍,平均十余个小时,陪着学生一起学习、运动,关注学生的心理问题和生活难题,周末免费给有问题的同学做辅导。6年过去,杨老师的两拨学生都取得了非常出色的成绩,其中很多学生获得了前往全国顶尖名校学习的机会,但杨老师一直没有再获得成为妈妈的机会。"医生说很难了,不遗憾是假的,"她有点怅然若失地说,"但我想,如果退回到15年前让我再做选择,我仍会坚持。人是应该有大我的,大我的价值可能会更持久、更有意义。小我和大我的价值能同时实现是人生一大幸事,但若不能兼顾,选择大我没什么不好。因为我的存在,让数千名学生获得知识,让他们产生了努力去外面世界看一看的动力,有什么比这更美好呢?"

我竟不知该如何回应,就像一团成分不清的东西哽住了喉,只得伸出手,握了握杨老师比问好时冰凉了很多的手……我们相视一笑,这一笑,有点苦涩……

连轴转的一天

第二天,我遵照前一晚与杨老师的约定,早晨6点到达学校操场,全天陪同了解她的日常工作。

当我到达操场时,学生已经开始跑步了,每个班级排成整齐的方阵,边跑边喊着自己班级的口号,李校长、杨老师以及其他几位老师都早已到位,在12月寒冬清晨,凉意非常强烈,我不由得拉紧了围巾。6点20分,学生的晨跑和锻炼活动结束,各自回寝室打扫卫生、吃早餐。我跟随杨老师来到她的寝室。她的寝室在3楼,很小但温馨，6点30分，透过窗还能看到暗沉沉的天，干枯的树干耷拉在窗口，小茶几上放着一个撕去包装的矿泉水瓶，里头插着4支娇艳的红山茶。"这花真好看。"我感叹。杨老师笑着说："学生来上学的路上给我摘的，好看吧？哈哈，我的学生太可爱了。"小小的电视柜上放着她和学生们的两张照片。招呼我坐下休息，她走进厨房煮起了米线，特意给我加了个荷包蛋，火速吃完，杨老师麻利地将食物残渣收拾干净、锅碗洗净。步行400米前往教学楼陪同学生们早读，其间，杨老师发现3名学生十分倦怠，分别把他们请到教室门口了解情况，动员他们打起精神，认真完成早读任务，谈过话的学生果然精神了。之后，杨老师开始了上午4节课的教学，1—2节是杨老师担任班主任的班级，3—4节是隔壁班级。课上，杨老师激情四射，带读单词、讲解语法，让同学们进行英语对话和表演，同学们也十分配合，课堂氛围十分热烈。按照该校上午的作息时间是12点下课，12点50分进入午睡时间，但奇怪的是，杨老师12点30分才下课，我问班上同学原因，同学回复说："多出的半小时是杨老师给大家加上的，她希望我们能学得更好，只要最后一节是英语课都这样安排，所以我们班的英语成绩是全县第一……"

晚上7点，刚陪完晚读的杨老师在忙了大半天后终于有了点空闲时间，乘此机会，我与她聊起来。

我问："您知道张桂梅老师的事迹吗？""当然知道，她是我的榜样。""有很多人批评她是填鸭式教育，您觉得呢？"她略显激动地说："山区农村的孩子没有很好的教育资源，父母从小也不会重视培养，唯一的办法就是勤奋，就是自己拼，用一些看上去好像很笨拙的方式才有赶上的可能，那些指责她'填鸭式教育'的人可能不了解这些山区农村的孩子面对的是怎样残酷的现实吧。"她深吸一口气，喝了口水，接着说："中考、高考是相对公平的流动机制，但注意,它只是相对,很多孩子可能没有很好的学习环境,没有很好的家庭环境帮助他们完成早期的知识积累,但这些不会改变他需要在中考、高考中和其他学习环境更好、早期积累更多的孩子竞争,那能怎么办呢?放弃这个相对公平的机会吗?如果放弃,他们可能面对更多的人生难题。所以,我说张桂梅老师的教育方式,包括我的教育方式,可能不是那么科学,但我觉得'填鸭式教育'这个词恐怕不是很准确,我与我的学生是战友,我们有共同的战斗目标,且在共同努力,而不是我单向地给他们灌输和填鸭。"

聊天中,杨老师再次到班上转了几圈,去看同学们的学习状态如何。晚上10点30分,夜读开始了,利用空隙时间洗漱完毕的学生整整齐齐坐在教室里自习,所谓夜读就是给学生对当天所学知识进行回顾整理的自习时间。我和杨老师坐在教室最后一排,整个教室静得只能听到翻书的哗哗声,如果还有其他声音的话,可能就是窗外寒风涌动、树枝摇动而传来的声音……

每个梦想都值得也应该被灌溉

夜的寂静没有让我的心平静下来,不时传来的翻书声让我心乱如麻。李校长、杨老师只是中国千千万万个乡村教师的代表,他们给自己的定位不是教师,是战士,是陪学生一起奋斗在中考一线的战士。他们捍卫的是无数和自己一样出身的农村贫苦孩子改变自己命运的机会,他们保护的是在教育商业化大潮下被更优质私立学校过滤出来的农村孩子,他们坚守的是为了学生可以没有自己的大爱。

在去查寝的路上,杨老师给我递过一只耳机,她示意让我戴上,耳机里传来这样的歌词:"每种色彩都应该盛开,别让阳光背后只剩下黑白,每一个人都有权利期待……每朵浪花一样澎湃,每个梦想都值得灌溉,眼泪变成雨水就能落下来,每个孩子都应该被宠爱,他们是我们的未来……"杨老师说这是刘若英的《最好的未来》,每个孩子的梦想都值得也应该被灌溉,月光下,我看到她眼中坚毅闪动的光亮。

和杨老师就此别过,看着杨老师一个人走向寝室的纤弱背影,我脑海中还萦绕着刚才的歌词和旋律,眼里有一股热热的东西奔涌而出……

20岁女孩的重启人生

何心怡　杜　正　阚佳欣

当年轻一代背负着巨大竞争压力,疯狂追逐人生各项KPI(绩效)时,路易选择在20岁的年华按下暂停键,出走世界,在更广阔的天地中,找寻生活的方向。"探索"是她价值排序的第一顺位,探索中她突破了困囿的自我,热情地拥抱生活的未知数。

一直问自己,不停问自己

凌晨4点,路易坐上去机场的大巴,强装镇定跟妈妈挥手道别,其实心里全是紧张与恐惧。大巴又离机场近了一些,路易却希望它永远不要停下,只能不停埋怨自己当初的决定。快6点的时候,她刷微信发现妈妈更新了一条朋友圈,"世界那么大你要自己去闯闯……加油宝贝!熬过苦难和挫折才能迎来幸福和成功",还配上了她三四岁时笑得很傻的一张照片。路易终于忍不住眼泪了,其实妈妈并不清楚女儿此行究竟要做什么,却也没有多问,只是在临走前为她煮了一碗最家常的面条,目送女儿上车。"知道没办法回头,只能继续坐在车上,在慢慢升起太阳的路上,像没有尽头般走着。"

保研失败后,路易陷入了长时间的迷茫,对前途一无所知的她不知该何去何从,但她不想仓促地决定自己的人生,考虑了很久,最终决定休学。去国外当志愿者是路易一直想做的事情,以休学为契机,路易此行选择将巴厘岛作为目的地。

此次出走并没有陪同伙伴,路易只能硬着头皮只身前行。一个院子,一排平房,四五间偶尔屋顶漏雨的教室,便是她支教的地方。她教当地小孩英语,"备课"和"上课"循环往复,构成她在巴厘岛的大部分日常。孩子们起初比较羞涩,只敢默默用眼神打量路易,但随着相处的深入,孩子们逐渐同她建立起信任感,他们彼此的关系也愈加密切。每天一早,孩子们都会在教室门口等待她,看着车来了,孩子们就呼呼涌上来,大喊路易的名字。

支教的生活让路易逐渐在巴厘岛找到了舒适的节奏。教学之余,她也会利用闲暇与同期志愿者一同在当地游玩,并结识了一群天南海北的朋友,其中一个叫作乐迪的男孩子对她产生了很大影响。乐迪是当地志愿者组织的工作人员,起初是路易朋友的朋友,在一次偶然的畅聊中,他们彼此建立了连接。"英文很流利,人也是很聪明"是路易对乐迪的印象。乐迪在整个大本营中是一个独特的存在,他外表吊儿郎当、沉默低调,却是其中学历最高的一个,正在攻读硕士学位,并计划申请英国的博士项目。

"他算是一个转折点",路易这样形容乐迪之于她此次巴厘岛之行的意义。在一次偶然的交谈中,路易问起乐迪最喜欢做什么事情,乐迪回答说"Reading(阅读)"。乐迪说他特别喜欢学习,尤其喜欢看书、去了解不同的知识,然后把这些很多原先不知道的东西去分享给更多的人。这个看似简单的回答,却让路易内在的某个部分被击中,"我很羡慕他,明确知道自己喜欢看书、喜欢学习,如果当时反问我喜欢什么,我答不上来"。

在同他者的参照中,路易开始反观自己。她坦言,此行巴厘岛最初其实并没有什么目的性,但是经历那天晚上和乐迪的漫谈,她冥冥中找到了一些方向,"我可能也需要有一点目的性了"。路易逐渐开始将视线内收,真正关注自己内心的追求,并形成了一个意识,要"一直去问自己,不停地问自己"。

不是逃避,是勇气

第二次出走巴厘岛是偶然也是必然。支教回国后,路易一直在酝酿着下一次远行,"我当时感觉我看到这个世界了,我想要去认识更多的人,想要在外面深入地去认识世界"。但路易的世界观在父母看来,不过是"满脑子只有玩",观念的不可调和使路易屡次和父母沟通的尝试都以吵架收尾。在家庭环境日益窒息的时候,路易在巴厘岛的熟人给她介绍了一个工作机会,"我当时觉得这可能就是冥冥中注定了",路易等候已久的时机来了。

为了避免再次争吵,路易选择给父母写信,在信中详细说明了她做出决定的原因,但临走前她始终没有收到来自父母的任何回应。只是在出发那天,路易妈妈还是在清晨起来,给路易煮了一碗面条。

这一次路易在巴厘岛的一个度假村里工作,负责翻译中国客人的需求。那里的工作人员来自世界各地,也游走在世界各地,度假村不过是他们一个短暂的落脚点。在形形色色的人中,给路易带来真切触动的是一位同样来自中国的员工Nicky,她对度假村的工作充满了热情,为的不是一个月800美元的薪资,而是借着这份工作见识到世界各地的人的机会。Nicky爱好潜水,房间里满墙的照片是她在各地潜水的纪录,还有她在各地与各色旅人留下的纪念。Nicky向路易展现了一种按自己的喜好生活的状态,这是她未曾经历也未曾想象的,生活的可能性忽然在她面前铺开了,"我一定要在整个世界留下很多足迹"。

让路易难以忘怀的,还有和当地出租车司机的一次交流。巴厘岛是印度尼西亚唯一一个信仰印度教的地区,司机问路易:"你觉得信印度教主要是为了什么?"路易没怎么思考,"可能是为了祈求上天的保佑吧"。司机否定了路易的答案,因为巴厘岛民的信仰纯粹得不求回报,只是为了表达他们对于神的馈赠的敬意与感谢。

这让路易想起了众多巴厘岛居民,在这个旅游产业作为发展支柱的地方,他们总是热情地咧起嘴巴,慢悠悠地生活,他们感谢上天赋予的得天独厚的自然环境,他们也热爱和来自世界各地的人打交道。"当地人的思想就是,我知道你们外国人挺有钱,我知道你们外面的世界发展得特别好,但是我这里什么都有,我这样生活就很幸福。"因为足够感恩与知足,所以可以足够热情地面对与享受生活。

一个月的时间里,生活的千万种形式冲击着路易。读书、升学、就业,在这一套标准化的流程中,路易没有发现足够的乐趣。或许在有些人看来,路易的出走是对现状的逃避,但是路易却恰恰认为自己逃避的是大多数人遵循的思维惰性,她在真正直面自己的人生,去寻找自己的价值和兴趣罢了。"即使之前对生活不是很满意,但也不想花心思去改变,就得过且过。你觉得好,那我就这么走,但现在就觉得,我不想这么走,因为我多了很多承担风险和变化的勇气。"

拥抱未知,让自己快乐

休学后的短短三个月里,路易的生活发生了自己未曾设想过的改变。"如果你自己没有一定的经历,那很多东西在你眼里就只是'鸡汤'。但如果有了自己的个人体会,它会成为一种很切身的感受。"在巴厘岛遇见的人与事，体验到的文化氛围，感知到的生活可能，这种种经历都在路易生命中留下了不可忽视的印记。所谓的人生意义对她来说不再是虚无缥缈的烂俗概念，而是要认真活在此时此刻，活在每一个今天，不对未知感到恐惧，更不因为他人让自己陷入无限的焦虑。"我觉得对于我来说，我更关注自己当下的感受"，两次出走巴厘岛，路易看到外面万千世界的同时也最终回归到了自己的内心当中。

再回想起保研失败的经历，当时的挫败和无力早已不复存在，路易的心里反而多了一丝庆幸。乐迪对自己的警醒还历历在目，Nicky游走世界的洒脱也仍旧令她心驰神往，"如果保研保上，我也许面对的是非常可怕的一条道路，继续读自己不喜欢的专业，然后工作，虽然非常顺利，但就没有波澜地这么过下去了，想想也是挺可怕的"。路易已经完全清楚，流程化的生活不会给自己带来任何的幸福感，她想走出只属于路易自己的路，她要去寻找自己的快乐了。

回国不久，路易在朋友圈里发了几张自己光头的照片，对大多数女孩子来说，这无疑又是一个不走寻常路的决定，但在路易眼中，剃头只是自己心境成熟以后的自然结果。"我不会去在意别人怎么看待这个事情，我只在乎自己的感受，因为我不会特意去向别人隐藏这件事情，但也不会特意去宣扬。不会因为我剃了头我就更自卑，也不会觉得更标新立异，你看我多勇敢这样。"只是因为想，就去做了；就如同只是因为想去支教，就去了；只是因为想再去巴厘岛，就去了。勇敢的种子、潇洒的种子和那不顾一切的种子早就在路易的心里深深埋下，是巴厘岛的炙烈阳光和滋润雨水让它们得以破土而出，恣意生长。

无所畏惧地去探索这偌大的奇妙世界，探索自己丰富而隐秘的内心已经成为路易人生价值排序中最重要的部分，"五年内我不会再去巴厘岛了",一个更加陌生的地方将成为她的下一个目的地,去看那些从来没见过的风景,去遇见那些自己从未接触过的东西。20岁的年轻人可以随意去尝试,路易说这是自己在外面别人最常对她说的话,所以她不会停下自己走向未知的脚步,她想去拥抱一切可能。

关于未来的职业构想,路易希望自己能从事一些和人打交道的工作,就像Nicky一样,去认识来自世界各地的朋友。"我觉得一个人在这个世界上漂着,真的太难了,太不容易了;我们太需要爱了。"人与人各种各样的爱,亲情也好,友情、爱情也好,对于路易来说都太难割舍,它会成为每个人生活的能量与勇气,会成为渺小的我们之于这巨大世界却闪闪发光的意义所在。同样,路易也希望自己能够把爱的能量与勇气给予他人,"让自己也能够成为别人的支柱,这对我来说也是无比重要的人生价值"。

新的学期就快到了,路易也要准备回到校园继续完成学业,提到同学们面对各种压力和选择时的拧巴状态,路易笑道:"没有经历过这种拧巴,我感觉也是一种遗憾呀,太顺利也没啥意思。拧巴也挺好玩的,享受它吧。"

在线上教育的"花果山"上

陈苡莹　郑　丽　于甜甜

"好运来祝你好运来，好运带来了喜和爱，好运来我们好运来，迎着好运兴旺发达通四海……"6月19日晚上，小学三年级数学在线直播课主讲老师侯志腾"猴哥"的课程直播间里，正在大声播放着这首充满节日气氛的歌曲。在欢乐与喜庆的歌声中，直播间镜头前的侯志腾一边与孩子们热情互动，一边调试着自己的耳机等设备。在电脑屏幕右下角的评论区里，"老师好""老师您好""玫瑰"等上百条评论快速滚动着。这些是网线另一端的正在听课的孩子们对侯志腾热情洋溢的回应，也是属于他们之间的特有的打招呼方式。在这首短暂的暖场歌曲之后，时间也刚好到了正式开课的时候。侯志腾神采奕奕地开始今晚的课程："大家好呀，我是你们的猴哥，我们先做一个小调查好吧，我想问一下大家，你们现在有没有什么小目标，就比如说你们想考进哪所大学？你们的爸爸妈妈他们梦想中的大学是哪一所呀？可以告诉我吗？我找一个同学咱们视频连麦，不要害羞，不要害羞哈……"今天他要讲的课程是小学数学中的"周期"，但对侯志腾而言，他的主要目标是在这堂招生课中招到更多的"侯门子弟"，这与他的工作业绩和收入息息相关。

支教：教师梦的实现

2016年8月27日，在去往西宁湟中的火车上，刚吃完一桶泡面和两只卤鸡腿的侯志腾发了一条朋友圈，表示"突然很庆幸一年前做出的这个决定，希望一年后真的可以满载而归"。这个决定，是他要和清华大学支教团一起进行一次为期一年的支教。这个支教团的其他人，都是参与"支教保研"的同学，他们将要到偏远的青海进行一年支教，一年结束以后再就读本校研究生。侯志腾并不是"支教保研"的同学，与其他同学需要通过支教才能就读研究生不同，他已经获得了研究生的入学资格。作为非"支教保研"的同学，这次支教机会是他百般争取来的"破例"，对他而言，这次支教是一次圆梦之旅。

侯志腾是2012年山东省高考文科状元，确认录取的同时，他以《莘县一文科考生高考676分》为标题登上了《齐鲁晚报》。带着这个光环，他进入了当时人称"状元学院"的北京大学光华管理学院。大四那年，在很多同学为了未来的路而苦恼之时，他拿到了清华大学经济管理方向的保研名额和一份世界五百强外企的录用通知。在别人眼中，他无疑是同龄人中的"人生赢家"，无论是选择保研还是工作，他似乎都可以走上人生巅峰。出人意料的是，他选择了这之间的第三条路——去西部支教一年。

这个决定遭到了很多人的不理解甚至反对，包括做教师的母亲。在大多数人看来，这无疑是不理性的、是在浪费时间，已经拿到了当年入学的读研机会，不抓紧入学，却要花上一年的时间去支教，这意味着之后工作就比大多数人晚了一年。尤其对于经管类的学生来说，一年的工作经验积累更为重要。侯志腾的母亲，更是清楚去西部偏远地区支教的辛苦和难处。

  面对这些不看好的声音,他也不愿意妥协和放弃,这一年的支教对当时的他而言,是圆教师之梦的最后一个机会。也许是因为有一个教师身份的母亲,也许是自己通过学习从小城市考上了北大,他对"教师"这个身份有着朴素的向往,希望能将自己的所思所学传递给更多人。他喜欢教书育人,但不想和母亲一样做一个公立学校的老师,也不认为教师会成为自己之后的职业选择。因为公立教师的"薪资不如我的预期,而且后几十年更多考虑的是如何升职称,而不是教好书"。在现实和理想之间,做一些力所能及的短期支教似乎成了他实现梦想最好的方式。从大一开始,他就利用闲暇的时间去一些教育资源比较贫乏的地区做一两周的短期支教,传授自己的学习经验。在一次支教时发的朋友圈中他写道:"只有站在那三尺讲台上,我才感觉到儿时梦想实现的欣喜。"然而,大二时一位来自河北逐鹿他曾经教过的孩子给他写的信让他对短期支教是否有价值和效果产生了动摇。孩子在信中说:"很感谢侯老师的指导,但当志愿者离开后,我们又回到了日复一日枯燥的学习中,这种落差让我感到困扰。"从此,"做一次长期支教"的念头在他心里埋下了种子。

  但是,长期支教这个愿望没有这么容易实现。对于北京大学的同学而言,长时间的支教似乎显得成本太高了。但研究生支教团刚好给了侯志腾下定决心的契机。通过几次说服,侯志腾得到了母亲的同意。决定做好了,但是和支教团一起支教却并不那么容易。侯志腾不是通过支教保研获得保研名额的学生,支教团没有他的名额。此外,侯志腾虽然本科在北大就读,但研究生却保研到了清华,这让他加入北大支教团和其他同学一起支教更不符合规定。于是,他想从清华这边入手,在辗转几次沟通和申请之后,侯志腾成为了历史上第一位本科就读于北大的清华支教团成员,最终在2016年8月开始了为期一年的支教。

对于湟中的孩子们来说,侯志腾是一位"全才老师",由于当地师资力量不够,侯志腾在支教期间分别教过英语、语文、数学、历史、政治等学科。侯志腾也是一位"能交心的哥哥",他在支教时很喜欢和学生们聊天,希望能够走进这些"00后"的内心世界。他还会通过作业本和同学们聊天,让"作业"不再显得那么沉重而冰凉。担任语文老师时,他让同学们每次上课前找一位同学给全班分享自己最想分享的东西,可以是一本书、一个人或者一段故事。一位很害羞的女同学借这个机会分享了她对早恋的观点,得到了第一次上讲台分享的宝贵经验。对于他来说,这段长期支教的经历是他最纯粹的一段时光,"我喜欢站在三尺讲台上的那种感觉,喜欢看学生们水汪汪的大眼睛"。

他曾在2016年的教师节发过这样一条朋友圈:"第一次也是最后一次以老师的身份过这个节日。这一周最大的感受就是:学生们的每一个小进步是一个老师最最开心的事情。"他没想到的是,这远远不是"最后一次",四年后他甚至将"教师"作为了自己的人生职业方向,在教育领域长久耕耘。

线上教育的风口:梦想和现实的交汇

从五年前西宁湟中教室里的三尺讲台上,到如今直播间的镜头与补光灯前,侯志腾终于又成为了一位老师,但五年前的"侯老师"已成为如今的"猴哥"。猴哥,是侯志腾为自己的新身份——在线直播课主讲老师起的新昵称,不少孩子们也都喜欢这样称呼他。而购买他的课程、听他讲课的孩子们,有一个共同的称号——侯门子弟。

就像2017年的侯志腾不知道支教不会是他最后一次做老师一样，2020年之前，没有人想到线上教育会如此迅速发展，成为巨大的风口。2020年春节，新冠肺炎疫情突如其来，线上教育乘着东风走进了大众的视野，成为国家政策的关注对象，也成为侯志腾求职的方向之一。2020年6月，侯志腾在支教一年、休学创业一年后，完成了两年的硕士学习，结束了他不一般的、长达四年的硕士生涯。

对侯志腾而言，他想做的不是坚守在一个山村或者县城学校一干几十年，也不是在公立学校想着如何更快地晋升职称、如何更好地处理行政事务和教学任务之间的关系。然而，他同样不太愿意被社会大流裹挟着向前，像同学们一样去做金融、做投资、做快消、做咨询。毕业时他在朋友圈发了这样一段话："要努力成为眼里有光的人，为社会增添光明！"在去西部磨砺一年，又在城市打拼一年后，侯志腾却依然有着将"为社会增添光明"作为自己毕业寄语的少年气。

线上教育给了他一个完美的解决方案，这个行业赚得多、做教育、能传递价值，能把当老师的梦想延续下去，他的所学专业和性格经历给他带来的表现力和亲切感等"软实力"，在这一行业内却能成为"硬实力"。营销学相关专业知识让他对线上教育所带有的"导购推销"性质的工作内容适应良好。在或理性或感性的思考和规划之后，侯志腾最终将视角从自己专业经管类的"老本行"转向了线上教育的主讲老师。

身为山东省高考状元，拥有北大本科、清华硕士的优秀学历的侯志腾，在大多数人看来，进入国企、名企、进体制内做公务员等似乎才是"正途"，无论如何，都不应该去做一个小学数学老师。对于别人这种"大材小用"的感叹，侯志腾却不以为然："我想得很清楚，首先，这行赚得够多，其次我自己是想做老师的，我也喜欢小孩子，主讲老师需要的能力点和我的能力图谱是非常契合的。还有就是小学教学领域成熟的名师较少，我作为一个新人竞争压力小，能够更快地打出名头。我也能有一些自己的时间去做自己想做的事。"从理性上来说，这是一份兼具"钱景"和前景的工作。而从感性上来说，线上教育能够让将自己所掌握的知识和思维方式延伸、触达到更多的孩子。在线上教育机构，他的课程一年可以长期触达到一两万的孩子，一堂招生宣传课甚至能让几十万的学生听到。侯志腾所教的孩子大多来自河北、河南、山东、广东的县级及以下地区，与一线城市的孩子不同，如果没有线上教育他们可能一辈子都接触不到清北的老师，也不会有这样一个高学历的"哥哥"和他们聊天，教他们什么是逻辑思维、转化思维，什么是批判性思考。

侯志腾讲课有趣，人聪明，课程设置合理的同时不会让小孩子们觉得无聊，表现力很强，他的"猴子猴孙"们都非常喜欢他。进入在线教育行业以来，侯志腾如鱼得水，仅仅花了一年多的时间，就迅速成为后起之秀，成长为新兴"明星老师"之一。用他的话说，"我喜欢有竞争的环境，我在公司里排名非常高，（这让我）很有成就感"。时至今日，他的直播课程已经拥有了上万名学生。这些来自五湖四海的孩子们因为侯志腾的直播课堂，而成为"同窗同学"，他们相信，"猴哥"能给他们带来的，是不一样的世界。

在线主讲老师的现在和未来

在一堂直播课上，一个孩子向他提出了这样一个问题："侯老师，题目有对错，那人生有对错吗？"在西宁支教时，侯志腾就很喜欢与学生们聊天交流，他希望能够走进孩子们的内心世界，"窥探"他们的所思所想。如今在直播灯光下，他仍旧保持着这份想要走入孩子们内心世界的初心。在课堂上,他不仅传授知识、解题技巧,还时常向孩子们表达自己的观点,带领着他们思考问题,给予他们一些指点。侯志腾希望自己能够给这些对世界还没有形成完全认知的孩子们带来一些有意义的思考,在他看来,将一些人生的思考、一些三省吾身的东西教给孩子们,是他成就感的来源之一。他始终相信,教育的本质,应当是帮助孩子们认识自己是一个什么样的人,帮助孩子们更好地认识自己。看见这个提问,侯志腾一开始是惊讶的,之后又觉得欣慰。惊讶的是,小学五六年级的孩子竟然能够提出这样富有思考性的问题;欣慰的也正是自己的学生能够提出这样的问题。在那堂课上,侯志腾耐心地回答了那位学生所提出的关于"人生对错"这一带有思想的问题。下课之后,应该是由于内心受到巨大触动,侯志腾将那个孩子在课上的提问分享到了自己的微信朋友圈。

这份职业给他带来的成就感远不止于此,他很喜欢小孩子,觉得孩子们都是可爱的存在,而他的学生们也很喜欢他,这种双向的爱也是他成就感之一,或者更恰当地说,是他的获得感之一。侯志腾不仅是孩子们的老师,还是老师们的老师。目前的他还是一名新人老师的培训师,帮助新人老师们尽快熟悉业务,通过一系列的沟通交流,打开新人老师们的心结,帮助他们的工作进步。在侯志腾心里,能够带给别人成长也是其身为"主讲老师"的成就感来源之一。侯志腾所在的公司会根据授课数据的好坏,对主讲教师们进行"排名"。高考省状元出身的他,或许骨子里就带着一种好胜欲。公司里这种充满竞争的环境氛围,恰恰是他所喜欢、享受并且擅长的。而他又能够在这些排名中名列前茅,这一点,也是他从工作中获得的成就感的来源。除了这些精神上的满足,侯志腾的成就感还来源于丰厚的工资报酬。尽管刚入行一年多,他目前的收入已经达到甚至有些超出了自己之前的预期。精神上和物质上的双重满足，使得当下的侯志腾非常喜欢自己的工作。

任何硬币都有两面，职业带来成就感的同时，也带给了他一些负面的压力。由于工作需要，作为主讲老师的侯志腾，必须在上课时做到声音清晰、洪亮。这是基本的职业素养，也是对孩子们的责任。有时候课程安排比较多、比较紧凑，也就难免会出现需要连续上两三节课的情况。一节课一个多小时，连着的两三节课便是三四个小时。这么长时间连续地大声说话，就算是"铁嗓子"也会受不住。于是，嗓子劳累、声音嘶哑这些问题也成了侯志腾的家常便饭，而胖大海、西瓜霜、金嗓子喉宝等治疗喉咙肿痛的药物自然就成了他的常备药物。

在工作中的侯志腾也并不是完全顺风顺水的，也经常会遇到一些让他感到无力、无奈的时刻。由于在线教育是全程通过网络、电脑等设备进行的，所以很难解决孩子们学习主动性、自觉性的问题。当面对一些从不认真听课的孩子，侯志腾会无奈于自己能力的有限。当孩子们的家长提出让自己的孩子必须通过其课堂确保提高成绩的要求时，侯志腾也总会生出深深的无力感。将这种需要多方努力才有可能达成的任务交给一个人完成，这的确是不太公平的事情。在侯志腾看来，主讲老师能做的，便是认真备好每堂课、认真上好每一堂课，只有当孩子们自己从里面把那扇门打开，才会迎来他个人成长与改变的起点。

尽管总会存在一些"不听课"的孩子，但侯志腾依然坚信，从一定程度上来说，在线教育是能够缓解我国当下教育资源不平衡的状况的，它能带给三四线城市以及更加偏远地区的孩子们受教育的机会，降低其接受更高质量教育的门槛。而对于线上教育难以解决孩子们学习主动性的问题，他也保持着积极的态度，他乐观地寄希望于未来几年内的技术发展,认为新技术的发展有望缓解这一病症。

除却工作之外,对于自己未来的人生发展,侯志腾似乎已经有了明确的规划。按他目前的计划,还会继续做三到五年的主讲老师,之后或许会向管理层发展,也或许会辞职创业,在教育这个赛道上找到自己的立足之地,再次追寻自己当初的创业梦。无论是学生时代保研、支教,还是当下以及未来的人生规划,侯志腾一直都保持着清醒、敏锐的头脑。

2021年上半年,在线教育行业遭遇空前严厉的监管,高途、学而思、作业帮、猿辅导等头部校外教育培训机构被处以顶格罚款,又频频传出大裁员的消息,网络上一片哀声。面临着众多压力,在线教育行业仿佛进入了行业发展寒冬。面对这种行业形势,侯志腾却似乎保持着对行业发展的自信,同时又积极自省。就在5月28日,侯志腾在朋友圈转发了36氪的文章《在线教育史上最大裁员潮即将爆发,行业迎来生死转折点》,并这样评论道:在一个行业经历起起伏伏,最后还是要回归本心,做正确而困难的事。

侯志腾很喜欢《头文字D》里的一句台词:"这世上只有一种成功,就是能够用自己喜欢的方式度过一生。"侯志腾似乎是一个现实主义与理想主义的矛盾体,他会和同学们一样去各大金融机构"卷实习",但又会花时间去做一些与教育相关的公益活动;他会将薪酬作为自己求职的第一前提,但又会"浪费时间"去长期支教和创业。对他而言,线上教育刚好是他梦想与现实的交汇点,成为了他的"花果山",是"猴哥""破壳而出"的地方。他的很多选择,都不是社会主流标准里最好、最正确的选择。从青海支教到休学创业,再到如今成为在线主讲老师中的新星,或许他一直做的,只不过是要成为一个"回归本心,做正确而困难的事的人"。

直播小镇：有人进场，有人逃离

侯旭东

潮　流

"第一次做直播，自己都不知道怎么播，播了两三个小时所有准备的东西都卖完了，清空了，自己都懵了！"直播卖饰品的果儿回想起第一次带货的时候两眼放光。

果儿白天拍快手短视频，晚上在直播间带货。短视频里的她嘟着小嘴，睁大眼睛向"家人们"问好，推荐起即将上架的商品，还时不时甜美地笑起来，露出整齐的八颗牙齿。

从直播间走出来，她逐渐收回笑容。销售经理跟上来，递上冒着热气的保温杯，顺便请她敲定下一场直播的合作方案，她边听边点头答应。此时她的身份是果总，在二十多人的公司里说一不二，威风凛凛。

"我是第一个把饰品店开到临沂商场里的，最大的专柜有50平米，疫情的时候实体店一下子崩溃了，专柜连赔了4个月。"果儿开过三家加盟店、两家实体批发店，新冠肺炎疫情对她的专柜打击不小。

不过，靠着干实体攒下的源头货和做批发生意的经验，她迅速决定转型。"好像是2020年5月吧，我们就把生意全部转到线上了，线上每天能卖几万单,一天营业额有100多万元,实体店一年也卖不了这么多。"她笑着说。

"你说为什么选择直播?"果儿转了转眼睛想了想,"我觉得大家做生意吧,都是与时俱进,看到大家都在做直播,咱也想试试。"

"我是顺着潮流走,人家都往这边来了,你就往这边搞。"强子也感觉到这是一股潮流。

两年前,他从徐州来到临沂,入局箱包市场,之所以选择临沂而不是义乌,是因为他看中了临沂的物流优势。"江浙那边只是商品比较多,临沂这边商品也不少,而且物流成本低,发单子一发发几万单,物流费也(要)很多钱。"

在这座电商产业园区里,随处可见各行各业的商户、堆满包裹的货架和慕名而来的年轻人。成百上千的直播电商工作者和果儿、强子一样,拥有主播、MCN老板、供应链供应商等多重身份。

这里是山东临沂,古代的"琅琊",位于鲁东南的中国物流之都,现在,这里是做直播的人逐浪的目的地。

孙丽丽就在电商产业园里做家纺,她是土生土长的临沂人。上小学的时候,她的父亲在"西郊大棚"做起了纺织品贸易,那时的西郊是以服装纺织为主的批发市场,商户们在水泥台子上划分摊位,早出晚归,她的父亲就是其中的一员。

1982年,市场经济的风刚刚吹到临沂不久,西郊居委会力排众议,给在杨树林摆地摊儿的小商贩建起一座座大棚,临沂第一个大型批发市场和全省第一个小百货市场由此形成。从那之后,"进城逛西郊"一度成为老临沂人的生活和消费方式,也成为一代人难忘的青春记忆。

道路两侧的大楼向后倒去,快车司机老李激动地指向前方,"这就是临沂最初的、起步最早的批发市场,这一片原来都是大棚,现在就都变成大楼了,以前夏天外面下大雨,里面下小雨,人家在外面支一个砖,就在里面做买卖"。

顺着他的指尖望去,几座豪华商场比肩而立,很难想象这里就是三十年前的"西郊大棚"。几十年来,这里的小地摊儿逐渐发展成为小商品市场、专业批发市场、商贸物流城和今天的国际化商场。革命老区人民在"土货不出,外货不入"的条件下,把"吃苦耐劳、自强不息、无私奉献"的沂蒙精神化作艰苦创业的力量,成就了"南义乌、北临沂"的佳话。

"小商品带动了物流,只要有货就要走,他都是同步的。"老李说得没错。临沂地处国内多座城市间陆路最短距离的等分点,在地理位置上具有优势,这里物流周转速度快,配货能力强,物流公司兼具运输和结算的功能。由于等货、装卸和仓储等成本被节省下来,加上政府的财税减免,临沂物流因此具有显著的价格优势,这恰恰满足了商贸流通的集聚和辐射需要,几十年来,临沂批发业与物流业相互带动,相辅相成。

"说实话在我眼里我爸爸思想比较落后,所以他后面没有做多好,基本上就是我们在做了,他基本上就退出了。" 18岁那年,孙丽丽做出了和父亲年轻时同样的选择:创业。拿着家里凑出的钱,她开了新的实体店,也开了淘宝店做起了直播,因此就近来到了这家直播产业园。

电商的快速发展再一次对传统产业完成升级与再造,翻涌起新的商业模式。孙丽丽、果儿和强子入驻的电商产业园提供物业、孵化、培训、供应链、仓储和金融等服务,犹如一座现代化的"西郊大棚",和过去一样,汇聚起这个时代的同一群人。

一份临沂商城管委会在2020年10月公布的数据显示,临沂有带货主播5 000余人,其中,拥有100万粉丝以上的主播20人,月

GMV（Gross Merchandise Volume，成交金额，已付款和未付款订单金额的总和）超2 000万元的主播十余人，每天直播带货150万单以上。卡思数据《抖音下沉市场解析》报告显示，临沂是快手直播电商注册量全国第一的城市、快手TOP10创作者分布全国前十名中唯一一座非一二线城市……这些数字和排名，每一项都在实时刷新。

随着技术创新和政策扶持的力度加大，短视频电商直播已经成为临沂实现产业脱贫的重要抓手、升级传统商贸和物流行业的新动能，也成为红色革命老区实现供给侧结构性改革和新旧动能转换的新引擎。

乘坐公交穿行在沂河两岸，一侧是南坊新城拔地而起的高楼，一侧是数不尽的商贸物流集散地，并列印刷着"弘扬沂蒙精神"和"招聘主播"的建筑外墙让人恍惚间穿越于两个时空，而定睛一看，又意识到踩在脚下的是同一块土地。

寻　　找

"将来的你一定会感谢现在直播的你""你不直播，谁也给不了你想要的生活""贫穷限制了我的想象"……在令人眼花的横幅和彩色展板中，我在五楼徘徊了许久，仍然没有找到那一部通向六楼的客梯。

"六楼才是真正的一线，你应该去六楼，小白的经历可以写一本书了都。"孙丽丽神情夸张地对我说。果儿也说过，"她是我们这大咖级的人物"没有人否认，他们口中的小白，是这家直播产业园里一骑绝尘的领头羊。

小白是海尚国际（公司）的签约主播，也是这家公司的合伙人。

如果将快手的直播电商比作金字塔，那么小白无疑已经站在了塔尖。1994年出生的她，曾经做过销售、修过汽车，2018年开始做直播，粉丝从0到800万，她只用了不到三年的时间，在所有快手带货主播的GMV排名中，她一度可以排到山东第一，全国前三。

海尚国际的外墙上贴着一个红底黄字的横幅，上面写着"众志成城齐作战、斗志高昂迎战112"。"112"就是2020年11月2日。那一晚，整个六楼灯火通明，临时雇来的上百名打包工通宵发货，楼道里撕扯胶带的声音不绝于耳。办公室里的场景更加夸张，接近500人的团队奋战在各自的岗位上，一切都在紧锣密鼓地展开。一个多月了，他们每天睡不满6个小时，他们等待的这一天终于到来。

直播间的"家人"换了一波又一波，而小白却一鼓作气播了9个小时。零点以后，她本就沙哑的嗓音听来更加干涩，她感到有些撑不住，抱着助理提前准备的氧气罐狠狠吸了一口。

凌晨2点，小白下播了，整个产业园沸腾了。她单场成交量破亿的消息瞬间传遍了整个产业园。小白刷新了自己的记录，也刷新了临沂带货主播的记录。

那些天，天一亮，就有媒体专程敲开了海尚的大门，而小白在更早的时候就已经落地广州，开始物色新的货品。

"她好像很累，她不认识我，但是有一回我在电梯见了一次，就那个憔悴啊，跟屏幕上完全不一样，她真的太出力了。"孙丽丽回忆到。

"出力"确实是这里的常态。"你只要能干，想干，就有的是活儿。"打包快递的包工头大姨对眼前的天琪说。大姨约莫有50多岁，她听说天琪想来做一份打包的兼职，感到稀松平常。

天琪是四楼一家店铺的客服，三班倒，她想去楼上转转，再找一份打包的兼职。"我现在的工作就挺好的，以我的工作为主，再找一份兼职就更好了。"她用和大姨同样浓重的方言对我说。

她也在寻找通往六楼的路,我们同行了一段。她穿着格子卫衣,并不高,体态稍胖,走起路来摇摇晃晃,像一只企鹅。如果不说自己是00后,我会以为她已经人到中年。她告诉我,在烟台还没上完大一,自己就辍学来到临沂做起了电商的客服,"不想上就是不想上了,因为在学校里的日子太舒服"。为什么呢?她动动嘴角没有说话。

盘旋几圈,我们终于找到了通往六楼的楼梯。她敲开海尚的一个房门,把头扎进去大声问:"你们这儿招兼职吗?"屋子里穿着蓝色制服的海尚员工按职能分坐在几个区域,有几个人抬起头来面面相觑。

一个看起来比他青涩许多的男孩腼腆地走出来,目光躲闪地告诉天琪,这里是客服,她可以去"105"室问问运营。天琪面无表情地道谢,离开了,看起来已经习惯了碰壁和失望。

男孩和天琪其实是同龄人,他中专毕业后就来到了这里。如果不来海尚,他也许会在临沂寻找某个物流城、批发市场上班,当然,也有可能是在某条街道游荡。

电商直播无形中改变了整座城市的文化氛围和价值取向。小白"日进斗金"的神话不断吸引着周边年轻人慕名前来,而他们其中的绝大部分并不会成为小白,而是成为包工头大姨手下的一名得力干将,毕竟通向六楼的路并不好找。

男孩准备回到工作岗位。我一直看着他离开,直到身影完全消失在那条"众志成城齐作战、斗志高昂迎战112"的横幅下面。

离　　开

一楼的赵辛下个月就要搬走了。

"我们要搬到11路以西的华强洁具市场。"赵辛是个憨厚的中年男人,他一家做的是集成灶生意。在这座直播产业园的一楼,仅剩几家没有转型线上的实体店,赵辛家的集成灶就是其中之一。

直播产业园并不是"忽如一夜春风来"。这座六层建筑原是一个家居建材城,过去几年曾因"家装一条龙"的便利吸引了不少顾客。2019年,建材城在五楼做起了"电商直播小镇试点",试点很成功,直播带货的商业模式开始从五楼向下蔓延。

2020年新冠肺炎疫情期间,不少家居建材实体店铺入不敷出,被迫关停。由于品类不再完善,原来的家居城不再能满足顾客对"家装一条龙"的需要,挺过疫情的商家最终没能熬过客流流失的现实,家居建材城才变为电商产业园,现在只剩下一楼角落里的几家店铺没有搬走。

"也没有人赶你,但就是干不下去了……过去那边只能发外地货,做批发,那边是新建的,还没有成气候,不能像以前一样做零售了。"在空无一人的店铺里,赵辛的话显得格外清楚。

我问有没有考虑也做直播带货,赵辛媳妇明白"我们这个转不了,这个东西还是得线下亲自来看",接着她又说:"他们都说光有直播也不行,得实体店和直播结合起来。"赵辛媳妇无奈地笑了笑,收拾东西准备带孩子出去吃饭。

马姐是赵辛家的隔壁,她做的是洁具。尽管直播带货的大浪已经拍了过来,但她已经下定决心不走,和她不看好的直播带货死磕到底。

"你说对实体店有没有影响,那百分之百有影响,电商去年是这样的高度,今年在这,"她说着,用小臂画出了一条上扬的曲线,然后摆摆手,"它能走多久这个我不知道,但是它不会再冲上去了。"

广东人马姐两年前独自来到这里做洁具生意,听说我来了解直播小镇的情况，并不感到意外。敦实的老板桌摆在店铺门口的一角，正对着"外面的世界"。她的店里空无一人，只有茶台上一只洁白的茶杯安静地陪在她身边。

她不带货，她已经看透了带货。

"因为现在已经是顶峰了，就像微商，微商五年，前四年做半年就可以买一辆大奔，做得火一点的半年可以买一套别墅。我一直看不起微商，我不好意思，我觉得丢人的事我不干。这边的电商是一样的道理，肯定是要滑下来的，它最多存活五年！"

另一个声音闯入了我们的对话。

"大家听好！咱们的宗旨就是持续为老铁提供好产品和好服务，大家能清楚吗？""能！"一句洪亮的口号压过了马姐的声音，在一楼大厅回荡。声音的来源就在门外，在马姐的店铺不远的地方，七八十个身穿橘色工作服的年轻人整齐坐在一个不大的舞台下面，听一个穿着蓝色衣服的讲师慷慨激昂地演讲，橘衣人在台下热情地回应，跟着主持人带起的节奏拍手叫好呐喊。马姐拉了拉自己的口罩，低下头刷起短视频。

他们都是六楼小白家的员工，这似乎是一群新人，大家正在搞团建"破冰"。为了给入驻的电商提供举办活动的场地，电商直播园在一楼专门搭建了一个T台，几家还没有搬走的冷清的实体店铺戏剧性地围绕在这个热闹的大厅周围。

欢呼声逐渐暗淡下去，小白家各个部门的经理依次自我介绍，分享自己工作的心路历程。赵辛从隔壁店铺走出来，插着腰看着小白家的热闹。

我问马姐，当初为什么来临沂。她答非所问："在我们广东那边是有哥们儿有姐妹，在这边就是白搭。这里的现状就是没有人情味，我在我们广东那边装修了房子，就在机场旁边，如果租出去一年还能挣好几万，他们说租呗，我说不用，谁到机场旁边谁就去住……"

"5！4！3！2！1！把你们的双手举起来！大家听好，我讲一个故事，在这个故事中，出现数字3，你的另一只手就去抓另外一个人……"小白家的员工玩起了游戏。在主持人的号令下，所有人手拉着手围成大小两个圈相互嵌套，每个人的脸上都洋溢着笑容。他们大多是来自周边县市的，不少和00后的天琪一样，中专或大专毕业以后，通过招聘软件找到这里，成为小白家的客服、运营或是一名普通的打包工。

"在这边你可能处了两年了，你都不知道他们的家在哪里。在广东那边，我闺蜜知道我买什么菜了，她不用先说就溜去我家吃饭，这边说你帮我买一个快餐10块钱，准准的10块钱还给你，我跟我闺蜜出去，我说今天没带钱你跟我出去帮我付钱，这边40块钱你20我20她都要问一下……"

就在这时，门外爆发出热烈的欢呼声——赢家出现了。同事们为他鼓掌，主持人激动地喊着他的名字，突然被拉高的劲爆音乐伴随着小白家员工有节奏的拍手震动着每个人的耳膜。

门外的音量过高，但马姐并不关门，只是翻了一个白眼不再说话。

她还在等待着她的回头客。

（除果儿、孙丽丽外，文中人物与公司均为化名）

第四编
觉醒与困惑

新婚姻时代

金敬桓　刘子晴　王天泽

　　《围城》后记中说:"围在城里的人想逃出来,城外的人想冲进去,对婚姻也罢,职业也罢,人生的愿望大都如此。"

　　但是,随着社会发展水平的提升和社会分工的细化,社会的最小单位由家庭逐渐转变为个人。由于"城外的人"的角色与价值观的转换,对婚姻这座"契约围城"的认识也逐渐区别于老一辈。

　　当婚姻制度从群婚制、偶婚制跨越到一夫一妻制,成为人类社会中基于爱情又跨越情感的社会契约方式。而婚姻制度在人类社会的复杂性变化下,引来了再一次的风波与质疑。

　　在电影《龙虾》中,一批单身者一同被送到酒店,他们忍受着各种严苛规定,并积极地参与酒店提供的各式各样的相亲场合,而相亲失败的主人公逃往酒店外部森林里单身反抗者居住的地方。然而,这个单身者反抗酒店制度的栖息地里,又有另一套截然不同的制度。

　　导演兰斯莫斯通过电影讽刺了他看到的畸形社会规则,千篇一律的人类体制的塑造过程。从被规定相爱的时间到被规定什么样的两个人才可以相爱,已经被众多的规则束缚、扭曲。兰斯莫斯影片极端而荒诞的世界对婚姻制度的批判过于尖锐和极端,但是现实世界中人类对婚姻制度的态度与认知变化早已肉眼可寻。

最早是在北欧国家开始出现的婚姻制度式微的趋势,在亚洲、北美等地区扩散,日本、韩国等国独居人口增加,实际婚龄不断攀升;而在一些地区婚姻制度在强化原先婚姻的基本价值外,进一步成为社会阶层流动的一把锁,变成自身实现的一种升华途径。

这样实质性的变化与强化便给予我们一种新的认识:在代际交替后,我们该如何审视婚姻?婚姻对这一代青年意味着什么?什么又导致了这些观念的转变?

中国:旧时代的沿袭与进步

"女朋友至少得是乐清县的,最好是隔壁村的,温州市可能就有点远了。"从英国G5院校毕业回国的硕士海归说道。

而27岁的阿达对婚姻有更细致的标准:"海淀区中关村软件园,机构老师。本科浙江大学,研究生UCL(世界前十),年薪60W+,在乐清名下有全款别墅,追求个人成长,每周看一本课外书,爱刷博物馆、图书馆。希望找能坐得住图书馆,能够一起成长的。"

他在发布于网络的交友信息里,一板一眼地列出了自己的职业、学历、家庭背景和兴趣爱好,同时附带上了对于女性一方的期望,"能坐得住图书馆的"。

阿达的择偶标准看似十分简单,似乎只要爱去图书馆,就可以和这位年薪几十万、年少有为的男孩谈婚论嫁。然而事实上,这则信息的发布渠道才是那层最细致的过滤网,把为数众多符合条件的姑娘隔绝在了滤网之外——"清华大学温州同乡微信群"。

群里的成员自动带有两个"界限分明"的标签:高学历,温州人。"高学历"用来匹配"门当户对"的隐藏要求,"温州人"用来匹配"家乡相同"的隐藏要求,这同时也是最严苛却不容变通的要求。

过于本地化的择偶标准，与拥有海外留学背景，当下定居北京的国际化青年形象格格不入，仿佛这条标准只是一种逃避结婚的玩笑和手段，就像是许多被催婚的中国年轻人一样。但阿达真诚的语气和略有些无奈的笑容让人不得不相信，这确实是他正儿八经的择偶标准，甚至可以说是择偶前提。

对于这种限制地区与条件的择偶方式，阿达解释道："比如说习俗方面，我们那边的习俗多到恐怖，你知道的大大小小的节日，或者红白喜事，什么亲戚满月、生孩子，大家都是要回去过的……我家族又比较大，两边加起来至少有200号人，这200号的事肯定都要回去，另外村里面有个关系好的朋友也要回去，大家固定要交份子钱的时候，你不回去就显得很难看。可以想象，如果我找一个外地的对象，家里三番两头就让我们回去，那对象肯定很难以接受这件事情。"

除了几近消失的假期，语言不通也是另一个横亘在当地人与外地人之间的难题。当地老一辈的人大多都不会讲普通话，加上乐清属于浙江温州，方言和普通话之间差别很大，外地人几乎完全听不懂，因而对于其他地区过去的女孩子来说，融入当地家庭变得异常艰难。

在阿达的已婚高中同学里，只有一个人的配偶是外地的。同样，他的四五十个同族兄弟，也只有一位选择和外地人结婚。而在这些本地的结婚对象中，也很少有乐清县外的温州人。阿达认为，如果有谁找了外地的配偶，这对新人不会得到家里的祝福。

在这种条件下，没有哪一家的乐清的长辈愿意自己的孩子和外地人结为夫妻。阿达认为，或许这对新人在外面过得还算体面，但是在整个家族看来，他们已经遗失了家族的传统属性，近乎算是脱离了这个家庭。

"如果说没有这个束缚的话,我觉得我很早就结婚了。"

在这种服从传统的妥协下,是漫长不知期限的寻找与等待。

中国婚恋实名交友平台百合网曾做过一个调查显示,在"择偶时,你希望伴侣是本地人吗?"一题中,38.4%的单身人士希望伴侣是本地人,60.4%的人表示无所谓。虽然随着社会的发展,各地区之间经济交流愈发密切,人员往来也更加方便,对于结婚对象的地域限制逐渐放松,但类似阿达这类的"现代传统青年",依旧接受着浓厚宗法观念的熏陶,继续遵守只接纳本地人的家训。

国家统计局数据显示,中国结婚人口比例近8年来持续下滑,2020年在新冠肺炎疫情影响之下,全国上半年登记结婚的人数共计仅有543.6万对,对比2019年上半年的779.5万对,同比骤降30.3%。

我国规模庞大的单身人口迟迟没有转化为结婚人口的原因,除了类似阿达一样在不同代际的结婚观念中争斗纠结的以外,更多的人像光子一般,在自己的单身世界里过得潇洒自如、不思成家。

光子,中国单身青年的另一位典型代表。作为一名高学历的理科生,"我们这个年纪的男性其实对谈恋爱不是特别渴望"。硕士或博士背景,25岁上下的年纪,没有恋爱的迫切诉求,是光子和他身边男性朋友普遍的生活状态。

在他的视角里,跟同龄女生谈恋爱意味着面临一定的结婚压力。光子认为,因为女方在这个年龄段会有结婚的诉求,但是同龄段的男生觉得自己还可以在事业上,甚至在科研上再往上拼一拼。而如果男生一旦有了女朋友,一旦有了家庭,就会分散其很多的精力。大龄女生几乎不在考虑范围内,低龄女生要么存在代沟,要么因为尚未踏入社会,会有许多不成熟的单纯想法,无论遇见谁,他都认为两人之间会存在着思想上的脱节。

在中国,长期以来,婚姻对于男性一向更为包容。2018年,我国单身人士中未婚男性较女性多出3 394万人,男性单身化渐成趋势。

光子今年24岁,他在选择结婚对象时依旧可以从容不迫,而同龄的女生就需要谨慎地衡量多方面的风险。在同龄人间,这个时期的男生面临的朋辈压力几近于无,他们可以理所当然地将精力集中于升学、工作和科研等事项上,而女性则在来自家人、朋辈的多重压力中,早早就已经把自己放在婚恋市场上待价而沽。

光子说自己还是有些传统的中国男人式想法,他希望自己的另一半不需要在工作上多么出色,而是可以温婉一些,有着体面而稳定的工作,能够把家和家人照顾得很好。如果要在北京生活,住房、孩子、家庭……光子认为这些是男性理所应当要担负起的职责,他是有着心理准备去承担更大的责任的。光子认为:"我觉得大部分国内的男生都会有的,这其实是我们民族的一种非常好的传统。"

在主流的社会认知之下,"男主外,女主内"的传统家庭性别分工,依然根植于阿达与光子的脑海中。但与父辈不同的是,他们在主动承担起家庭责任的同时,愿意给予女性独立生长的空间。他们承认女性作为社会人的地位和价值,并以对待女性的宽容态度实现他们所理想的性别平等状态。

阿达与光子本质上是相似的,他们是社会巨变中被推向塔顶的幸运儿,中国的95后高学历青年,正在用实际行动解说着自己对于旧时代的沿袭与进步。

韩国:"选择"与"无奈"

"真的,变了,变了太多,你不能再要求孩子管这管那的,以前的婆媳关系已经不适用了,所有的传统啊,习俗文化在我们这里已经断代了……谁也不想回去,我们也不想让他们受罪,现在大家都希望过好自己的生活",刚退休的金夫妇描述了他们对子女婚姻问题的看法。

在过去的4月,他们用退休金与其他存款签下了一栋小型商户楼,期盼着度过百岁时代摆脱子女赡养的养老生活。"我的女儿今年30岁,长得不错,还是空姐,条件挺好的,但她也没有刻意要准备结婚的意思,我们也不好说,要是现在有老人催婚都会被叫'KKONDAE'(描述韩国社会拥有权威主义、等级主义和特权意识的老人的一个词)。"

"三抛世代"的定义为:由于不安定的工作环境、偿还助学金、艰难的就业市场、飙升的房价而过度上升的生活费用,无限期地拖延甚至决定放弃恋爱、婚姻和生育的青年层。

自从在2011年京乡新闻《论福利国家》纪录系列中首次出现后,这个词常被常用来形容当时的2030年龄段的青年现状。该词随着韩国经济与就业环境的衰退,被扩充为"五抛世代""七抛世代",甚至出现了更加悲观的"N抛世代"。

面对数十年来日益恶化的经济环境,韩国青年普遍拒绝将自己定义为因经济问题放弃婚姻与个人生活的"N抛时代",媒体认为他们更倾向于认为恋爱与婚姻是无关经济能力的一种"选择"。

根据统计局发表的《2020年社会调查结果》显示:在县一级青年中对"婚姻必要性"问题,仅有24.4%的人表示同意这种说法;在生育子女的问题上,有74.2%的人选择了"不必要",对比20年前相同的统计上涨了30%左右。

面对青年人的选择,人力统计部的卞智成部长认为:"这项数据可解释为青年人比起过往的集体性,更追求个人的发展与幸福……

比起通过家庭获得幸福,更追求个人化的生活倾向。"

但是,大学刚毕业的金宰英却认为这是无可奈何的安慰:"像我这样大学本科毕业,加上服兵役的两年,还得加上就业准备的时间,刚入职就已经是27—29岁。也就是说,我们进入社会开始工作就已经是20后;当我事业有些成就估计也到了35岁左右。所以,没有遇到一个想和我一起打拼的对象,很难在近十年结婚。对没有初期资本的我来说,YOLO(You Only Live Once,活在当下)式的生活和结婚生子,我们只能寻其一。"

同样,面对自我实现的需求的上涨,韩国的平均婚龄也开始不断上升。"结婚其实是优点。它或许给你比较稳定的生活,如果一个人生活在首尔,生活成本很高,如果有人可以一起经营,肯定是有利的……但我不想因为结婚生子而断绝我的社会经历,比起成为善于主持家务的妻子,我更希望成为在职场上功成名就的'我自己',所以我不想结婚。"刚辞职不久的金恩熙说道。

虽然当代韩国青年的信息能力、教育水平高于老一辈,但是随着生活成本的提高,资本积累变得更加困难,这一代被认为是比父母一代更贫穷的第一代人。韩国国内的青年即使就业成功,也有大部分人因为学费贷款等被剥夺相当部分的收入,通过储蓄致富更是天方夜谭。

"只要不住在首尔,放弃'孩子、车、宠物'就可以接近这个目标。算算只要拥有5—6亿韩币,在本金没有受损的情况下,每月可支配金额可达150万韩币……实现了个人的财政自由之后,我就能摆脱资本度过余生。""我可不想永远做齿轮中自动运转的劳动者,想为了追求我的幸福而工作。"

但是,韩国KB国民银行房地产部门透露,以2020年12月为准,首尔市的"收入与房价的比率(PIR)"换算成时间高达16.8年,即拥有平均收入水平的青年想要在首尔边缘购买住宅，需要在薪资一分不用的情况下花费16.8年的时间。

在这种背景下，"好的大学—好的工作—好的家庭"架构起来的成功公式渐渐被推翻，履历高低不再是阶级移动的扶梯。同时，零利率时代将存款与债券推向"无用论"；房地产的价格早已呈现倍数增长，"靠自己劳动买自己的房子"几乎成为不可能。

由于没有合适的方法筹集大笔资金，MZ世代（20世纪80年代初出生的千禧一代和90年代中期至21世纪初出生的Z世代的统称）开始将目光转向了股市、虚拟货币等不确定的市场。他们将投资作为一种普遍选择，众多大学校内网络社区中陆续出现股市相关留言板，理财投资社团开始成为最热门的社团之一。

在这样的背景下，以青年为首的家庭结构开始产生实质性的变化。据人口统计局（KOSIS）统计，2019年首尔一人家庭占据总家庭数的29.9%，并且数字连年增加，使得政府对非婚、同居等新形态的家庭形式的政策变得更加宽容以鼓励生育。

但是，即使有政府的新婚补贴和家庭政策，进入社会不久的崔荣光认为："我觉得我的生活挺充实的，已经容不下其他人。如果有了对象，我肯定得放弃某样东西，但是我现在不想放弃我生活当中的任何东西。我对我的生活很满意。"

伴随着一人家庭的增加，网络上以"独饮""独食""独住"为关键词的商品与娱乐活动呈现增长趋势。在新形势之下，借助智能手机发展起来的社交、通信娱乐应用与活动使MZ世代的人际关系处理也与老一辈相比产生了新的变化。正如中国从熟人社会走向陌生人社会一样，韩国青年的交际圈也从先前一代以学缘、地缘、血缘为中心组建关系网络转变为尊重个人差异与兴趣，追求灵活松散的关系。

截至2021年6月2日,在韩国谷歌Play Store上,以"约会"为关键词的应用程序有522个,而以"社交"为关键词的应用细分化更突出。《MZ世代趋势2020》报告将这种现象简单归纳为"DAMACHU"("追求多样缘分"的韩文缩写)——通过SNS与世界上众多的人群互动,探索与尊重多样的生活方式,并对自我的改变持有开放态度。与此类似,海外旅行、户外活动、兴趣培训等活动的盛行,青年人群开始寻找更多传统的爱情甚至交友方式的替代品。

综合来说,在加重的经济压力以及个人发展的期望的双重阻力下,婚姻从原本保护个人的集体契约方式,变成为了次要的或者令人不便的现实问题,成为了韩国新一代青年本就沉重的竞争压力下的负担之一。

芬兰:幸福对婚姻说"不"

图纳宁今年21岁,在芬兰赫尔辛基大学攻读法律专业,也是芬兰赫尔辛基市半职业板球选手。与女朋友已经交往四年的图纳宁表达了自己对择偶对象的标准:"我喜欢稳重、忠诚、不苛求、可以不用我多说就能理解我的人。如果她也能和我的父母和睦相处,那会更好。"他也同样表示,他的择偶标准属于典型芬兰男性的标准。

"芬兰男性,对他们的印象离不开内向、沉静、社恐等形容词。"华裔芬兰人威廉表示。芬兰作为一个只有五百万人口的北欧小国,每一位芬兰人所能支配的私人空间较大,再加上芬兰安逸的社会生活方式与寒冷的气候,芬兰人自小习惯拥有相对私人的空间与安静的生活方式。

面对这样的社会背景与思考方式,图纳宁的择偶方式与芬兰的安逸生活有天然的关系，"稳重"与"忠诚"等与亚洲社会对北欧社会刻板印象下的开放的关系文化认识格格不入的词汇，却是芬兰人一贯的要求。

就统计数据来说，芬兰20—39岁年龄段的人占据总人口的20%，且单身未婚人数占据多数。与低迷的婚姻率相随而来的离婚率上升趋势，也是芬兰国内重大的议题之一。据芬兰统计局显示，从2000年到2020年的数据来看，芬兰的结婚人口比例从总人口的38%下降到35%，离婚人口比例从14.6%上升到15.8%。

图纳宁的父母在他上中学时离婚后，多数时间与母亲和弟弟生活在一起，而到了周末去看望父亲也成了他们家的一种惯例。对父母的离异，图纳宁认为："在芬兰，大多数离婚的人都会在40到50岁之间离婚，他们进行这种黄昏离婚的主要原因是，他们觉得两人分开会获得更多的幸福。我们非常重视个人的生活方式和个人的自由，如果原本幸福的婚姻束缚了自由的幸福，他们就会考虑离婚。"

在图纳宁看来，芬兰人的离婚并不是碰上了不可逾越的现实鸿沟而是基于个人或者双方的需要，因此，他认为在芬兰离婚并不是一件丢人的事情，夫妻以各自的理由离婚是社会上常见且容易被理解的事情。他们并不惧怕婚姻关系的终结，也不相信这会破坏双方的人生。

对此，威廉认为芬兰人对"幸福"的定义就包括了能够不顾他人眼光去做自己想做的事情的自由，对于图纳宁和威廉来说，恋爱更是一件自由选择的事情。

对于芬兰青年的恋爱关系，图纳宁说："在芬兰，几乎所有人在高中就已经开始有过恋爱经验，而且关系一般都会持续到大学。我们一般更喜欢与已经认识一段时间的人谈恋爱。"

从青梅竹马走入婚姻的例子，在芬兰稀松平常。2021年的调查显示，在芬兰的1 007名被访者中，84%的人表示从未使用过如Tinder等社交软件，而只有3%的人频繁使用社交软件或者相亲网站寻找对象。

除了对长期恋爱的偏向外，芬兰人与亚洲国家的年轻人相比，更愿意让自己的对象在恋爱关系开始后与自己的父母见面。"可能有些人已经有计划，有些人可能还处在恋爱初期，甚至说上大学的人可能就没有把婚姻纳入思考当中，但是，男女朋友会见父母是一种非常日常的行为。我们同父母一样，非常包容地看待这种恋爱的关系。"图纳宁补充道。

正因为在芬兰家庭里存在恋爱及婚姻这样的软性或硬性的契约关系，子女的选择更多时候会得到父母的尊重与信任。大部分时间里，芬兰父母倾向于通过给予自由与信任，教会子女一种对自己人生的责任感与权利意识，干涉与阻碍对他们来说是多余的麻烦。

但是，在这种自由的价值观下，芬兰国内的婚姻观也与老一辈产生了变化。图纳宁表示："前几代人的观念相对保守，而当下，跨国婚姻成了新的趋势，也是芬兰的家庭组织形式逐渐变为多文化家庭的原因。"在2015年，芬兰的跨国婚姻人数占据了总结婚人口的15%，且从1994年到2007年呈现倍数增长趋势。

有学者认为，更多芬兰男性开始回避具有强势地位和独立主义女权主义的芬兰女性，而芬兰女性也不愿意结交典型的内向型芬兰男性。另外，芬兰福利政策的吸引、移民潮的产生也助长了跨国婚姻趋势的增长。

开放、自由，作为芬兰年轻人在思考婚姻前的思想基础，为北欧中相对保守的芬兰的婚姻方式迎来转机与变化。随着多元文化的进入、个人主义的上升和越来越多的自由选择方式，造就了芬兰婚姻制度空前的开放性。

对于芬兰人来说，幸福永远在第一位、工作在第二位。当婚姻脱离幸福，也意味着婚姻的结束，芬兰人会不留遗憾地走向为自己的人生。

后　　记

婚姻制度伴随着人类的发展历程，经历了需要到必要的变化，而到了现代开始又从生存向生活转变。这样的演变下，婚姻文化与制度在世界范围内产生了实质性的转变，甚至引来了不同层面上的质疑。日本电影《被嫌弃的松子的一生》中，当松子经历屡次的感情挫折之后，重复提到："没关系，总比一个人好。"但是，电影里的松子的遭遇与结局道破了这一自我慰藉的谎言。

爱情、性、恋爱、婚姻，这四者本身看似相互连接却又是独立的概念。爱情，是一种情感；恋爱，是一种关系；性，是一种生物行为；而婚姻是一种社会契约。社会的发展过程也就意味着社会契约方式的变动性，而现在的青年就站在了人类社会契约关系中的过渡期。社会阶层契约关系曾经引发一场血与汗的风波，而人类的审视范围被延展到了原有的家庭组织形式和与之相伴的契约方式。

面对这样的问题，我们该如何想象和面对？我们又该如何行动？在一切未知的道路上，无形的手将课题悄悄塞入人类的手心，促使我们反思与调整，进而思考我们未来的福祉。

"我不想生":90后女性自我价值意识的觉醒

黄筱玟　吕晨琳　王以琳　谢贝宁　李泽婧

采访对象:
小B:27岁,福州事业单位行政人员,近期无婚育计划。
S姐:29岁,上海金融产业从业人员,近期无婚育计划。
小Y:29岁,上海金融产业从业人员,近期无婚育计划。

"不孝有三,无后为大""养儿防老"……这些传统的婚育观念在中国人的心中根深蒂固,他们认为一个家族延续的方式就是生育后代,女性在家庭中的地位更像是供家族繁衍的工具。而随着时间的推移,女性参与劳动分配的人数越来越多,使得女性的经济得到独立,地位得到解放,传统的婚育观念正在不断瓦解。

"生育不再是人生清单中必要的一环"

小B,一名985高校大学生,在步入20岁的那一年,陷入了一场持续两个月的恐婚恐育焦虑。

小B那一年的假期在大姨家借住,其间帮着大姨一起照顾表弟的日常起居,在周中与大姨监督表弟全天的学习、娱乐、饮食情况;到周末也不能放松,需要换着花样带表弟出去玩:皮划艇、野营、骑行、游泳……大多数时间里都是小B和大姨一块儿照料，姨父只有周末的下午能抽空带孩子去兴趣班。

"您是不是有点太辛苦了呀？"小B看着表弟满满当当的日程，实在有些不可思议，小心翼翼地问大姨。

"不会。带孩子虽然辛苦，但是对女性而言，怀孕、生育、养育等与孩子相关的经历都很美好又特别。不要怕，这是每个女生都要经历的！"大姨转头，眼中闪烁着母性光辉，揽着小B的肩头郑重表示道。

小B赧然："可是……这难道不会影响到您的工作吗？"

大姨摇摇头："我现在也在工作呀。你看看你，学历这么高，能力又强，以后肯定是女强人，工作家庭两不误的。"

小B对大姨的这番话感到啼笑皆非，"难道在别人看来我们提升能力是为了以后兼顾家庭和工作吗？难道我既是生育机器又是赚钱机器？"

女性人生价值实现不由孩子定义

当代年轻女性对"生育"的排斥是多层面的。"普信男"（"普普通通却很自信的男人"的简称）梗在网络上盛行，许多新一线90后女性对两性关系不再关注，甚至感到排斥，更别谈讨论更为遥远的生育选项。"我对婚姻并没有什么幻想和追求，婚姻在我看来并不是人生必须要经历的事，我反而还有点儿排斥结婚。"S姐这样回答。

"'不生孩子人生就不完整了。'这句话当然是大错特错！"小Y表示，"父母催婚催育的时候总会用这样那样的话术来哄骗我，还有'女孩子年纪大了就找不到好男人'之类的话语。我对这种话语总是很反感,我人生的价值又不体现在这,对吧?再者说了,我自己的生活还是足够充实的,并不太需要另外的人加入。爸妈看到我的态度比较强硬,久而久之这些话术说得也少了。"

我们的访谈对象S姐和小Y均表示,自己现在的生活节奏不快不慢,工作压力不大,空闲时间还可以和家人朋友一起在周边旅游景点游玩,很满意自己单身时期的生活现状。这样的答案背后无疑是基于当下女性在受教育程度以及就业率稳步提高的情况之下,女性整体社会地位的提升,在女性收入水平增长的同时,社会生活也大大丰富。在这种现实情况下,女性的精神归属感也不再需要从两性关系与家庭关系中汲取,自我价值的追寻更是当今社会女性的精神追求。

高学历和高就业率一直被认为是引起中国女性包括生育观在内的一系列思想意识变化的重要原因之一。早在新中国成立初期,中国共产党便一直实行鼓励妇女全面持续就业的政策。改革开放使中国迎来了重要的经济高速成长期后,许多年轻人从乡村来到城镇工厂打工,急需劳动力的缺口为女性所填充,因而实现了女性就业率的迅速提高。2010年至今,中国女性劳动参与率一直维持在63%—64%,高居世界前五。同时几十年来义务教育的全民普及也使更多女性得到平等受教育机会,甚至高学历女性数量反超男性。据国家统计局数据显示,2012年全国大学生女生比例首次超越男生,且比例逐渐上涨。2019年我国14亿人口中,女性人口只有6.85亿,相比男性少了3 000多万。然而,在2020届高校学生中,女生占比52.04%,男生占比47.96%,女生比男生高出4.08个百分点。当女性拥有堪比男性甚至超越男性的社会贡献力后,女性不再只能依托于生育能力来掌握资源,"孩子"不再被当作女性的交易筹码。

演员马伊琍曾说:"女性活在社会上的价值不是成为一个母亲,

是成为她自己。"女性的自我价值应该是专属于女性自身的,女性拥有自由,有选择她是否成为母亲的自由,和成为几个孩子的母亲的自由。

你不是自私的,你是自由的

自1982年计划生育正式被写入中国宪法起,中国人口政策整体的基调被确定,接下来几十年中国家庭的结构向"4—2—1"靠拢,且固定下来。针对大连80后已婚女性展开调查的《大连已婚职业女性生育意愿及其影响因素研究》结果显示,"生两个孩子最理想"这一多选题中,选择"两个孩子可以相互陪伴""有利于教育成长""家庭更有乐趣""失独"分别占到87.3%、38.8%、19.4%、17%。而"成年后为家庭带来经济收入""养老"的比例只占到2.9%、9.7%。可见,80后父母更注重孩子对家庭的情感价值而非功能价值。这些数据更证明当下80后女性已逐渐形成社会养老的观念。家庭结构精简与国家养老金相关政策的完善,都促使我国传统"养儿防老"的观念不再稳固,逐渐演变出多元养老的方式:社区养老、政府养老、储蓄养老……多年习惯和思想观念上的变化,也使年轻人在决定是否生育这一问题上,不再将孩子的"未来功能性"纳入考虑范畴,又或者精简后的家庭结构迫使当代女性接受社会养老体系,而不再单纯地依靠孩子,这种观念的形成对生育意愿起到了消极的作用。

母性被建构成了一种"无需讨论"的默认状态,一种绝对正义。社会主流认为,作为一个女性,"有一天会成为母亲"是一件不存在"选择"的事,是女性身份与生俱来的重要方面,人们说"结婚太晚了",下意识的想法其实是"对生育来说太晚了"。这对在社会刻板制度下的女性来说,错过生育年龄是比起晚婚更令人害怕的事。

"说句不好听的,生孩子其实是一件蛮自私的事情不是吗?"当被问到是否对生育有抗拒意愿时,S姐反问道,"大多数人生孩子不是想要继承就是想要陪伴,只是站在自己的角度觉得我需要一个孩子,所以我生育一个孩子。并不是说这种想法不正确,但我总觉得带着自私的意味,只为自己着想罢了。当然也并不是每个人都有这样的需求,比如我自己,我觉得不婚不育挺好的。我身边也有不少领导和朋友选择做'丁克'夫妻,过二人世界,生活也没什么不美满的地方。"

"生前折磨,生后翻倍"

"虽然我到现在都没有对象,但我从高中就下定决心绝对不生孩子了。"小B从初中开始便饱受痛经的折磨,"疼起来就像有几百个钻头在钻,有一次我真的疼得在地上直打滚,大哭起来。我小的时候特别喜欢小孩子,觉得能够拥有自己的孩子是天底下最美好的事,梦想把自己的孩子打扮成最可爱的模样,连过家家都抢着当妈妈,我想很多女孩子都和我一样吧。但现在我觉得除非可以消除所有怀孕、生产、产后的一切疼痛,倒是愿意有个孩子的。"

女性作为繁衍生育下一代的人,自古以来忍受生产所必经的疼痛似乎也变成了理所当然,然而正如鲁迅所说:"向来如此,便对吗?"生育过程中对于女性生理上的疼痛与折磨,怎么就不能够是压垮女性生育欲望的稻草呢?而对于女性生育的恐惧与焦虑感也并非只局限于已婚备孕人士,而是正显示出下沉的趋势,愈来愈多的适婚女性乃至少女在影视作品、书籍以及现实生活周遭的影响下都普遍对生育表现出惧怕与焦虑。

值得一提的是，无论是小B还是小Y，在谈到生育在生理上的疼痛时，她们都或多或少提及了自己的母亲，而似乎每一个母亲都有的一句口头禅便是："这哪有生孩子疼啊？"而母亲也常常十分乐于向子女分享自己从怀孕到生产再到养育子女的全过程。的确，在经历了如此多的磨难与痛苦过后，每一次的分享都好比一种来自母性的荣耀，或许母亲分享的初衷在于赢得子女钦佩其为了诞下他/她的伟大，但不止她们两人表示，在听完自己母亲对怀孕全过程的亲身经历，对于生产就更恐惧了。

小Y是谈及生育在生理上的痛苦这个话题中反应最为激烈的："我连拔牙打麻药的疼都受不了，而那只是三级的疼痛，我根本无法想象十二级的疼痛有多疼。"怀孕的开始就是痛苦折磨的开端，不仅仅是生产过程中的产痛、撕裂痛、刀口痛以及术中可能面临的"保大人还是保小孩"的生命危险，从产前开始便会有因人而异的长达十个月的痛苦折磨。从孕早期的胃口差、孕吐、嗜睡、头疼、尿频到孕中期随着肚子逐渐涨大，腰部、腿部水肿与疼痛的频率也逐渐增加，内脏开始出现压迫感，起夜频率也更为频繁，连起身、下蹲这样的小动作也变得格外艰难；再到孕晚期随着胎儿发育完全，内脏的压迫感以及肚子的垂坠感尤为明显，胸闷气短、腰椎错位的症状也更为明显，而此时伴随体内激素的变化，情绪起伏也更为飘忽不定，从身体到精神所受的折磨都在孕晚期达到巅峰。而生产过后也并不意味着身体上痛苦的结束。美国一个专业的医疗咨询网站WebMD列举的产后常见的症状有：产后大出血；产后子宫、膀胱、肾脏的感染危险；会阴部撕裂疼痛与恶露分泌；乳房肿胀、感染与管道堵塞；大小便失禁、痔疮与便秘；产后脱发与产后妊娠纹以及产后抑郁。

以上所有生育带来的痛都是女性咬着牙含着泪所默默忍受的，

"女子本弱,为母则刚"这句话本身便是对女性甘愿忍受短则一年多则数十载的身心煎熬的"美其名曰"。然而并不是说当今社会女性就不能够承受生育带给自己身心上的折磨了,而是生育带给女性生理上如此大的折磨,在当今社会生育观普遍改变以及社会压力空前巨大的时代下,女性所需要承受的压力已经如此之大,又何必去承受本可以不承受的折磨呢?

"怕疼也是我不愿意生育的原因之一,或许等到无痛生产真正普及的那一天我会有所改变吧,也希望那一天,我能够找到男朋友。"小B略带自我调侃的意味说道。其实很多女性和小B一样,对于生育的抗拒并非来源于对儿童的厌恶以及害怕承担起身为人母的责任,只是当下的她对于生育所带给自己身心上的折磨过于恐惧,但她们的内心也渴望未来的另一半乃至整个社会能够真正理解女性在必须承担起生育责任时所面临的深切恐惧。"怕疼的心理"并不是女性推诿生育责任的工具,更不能被男性与社会冷嘲热讽,共情与理解是对女性生育最为基本的尊重。

"现实也让我生不起":
抚养孩子的经济压力有多大?

"在孩子22岁之前,作为家长的直接生育成本,是68万—240万。如果要请月嫂、给孩子上补习班、参加夏令营、出国游等,请每月自行再添加1万—3万,上不封顶。"

"大学结束后的人生阶段中还会出现结婚、买房买车等,花销约200万—500万。"

"有这600万我干什么不好?"

当被问到如果抛去身体上的因素是否愿意生孩子的时候,S姐戏谑道:"说实在的,现在养孩子真的就像参加'军备竞赛'一样,感觉家长自己身上的遗憾全都转移到了下一代身上,拼了命地让那些还没上幼儿园的孩子上各种补习班、才艺班,甚至还要比拼学的才艺是不是够高雅?我的天哪,想到这里我就害怕,要想给下一代好的条件,我得积累多久啊?感觉怎么样都是远远不够的。"

生育焦虑的背后,我们到底在害怕什么?

繁重的经济压力是我们所采访的几位未婚女性对于养育孩子的共同烦恼。在中国,孩子的降生对家庭通常来说是一个喜悦的时刻,但也预示着一段充满压力和争执的生活的开始。哺育儿童、教育儿童、将儿童抚养成人的戏码重复上演。这几位未婚女性都对自己能否负担得起养育孩子的责任表示一定的怀疑。而不仅仅只是这几位被采访者,我们也能够发现,现在社会的整体生育热情都处于低迷的状态。

国家的人口政策很大程度上决定了一个社会整体的生育水平。一般来说,在不同的人口政策下,人们的生育意愿是不同的。我国自20世纪70年代开始实施计划生育政策开始,非常有效地控制了人口增长过快的现象,提高了出生人口的素质。但从2010年起,中国已经进入了深度老龄化阶段,人口结构失衡、家庭结构畸形、少子化等问题日益凸显。中国65岁及以上人口占总人口的比重由1982年的4.9%上升至2010年的8.9%,平均年增长率为0.14%。因此,2013年11月党的十八届三中全会通过的《中共中央关于全面深化改革若干重大问题的决定》提出"坚持计划生育的基本国策,启动实施一方是独生子女的夫妇可生育两个孩子的政策",即"单独二孩"政策正式实施。2015年10月,党的十八届五中全会提出"坚持计划生育的基本国策,完善人口发展战略,全面实施一对夫妇可生育两个孩子政策,积极开展应对人口老龄化行动",并于2016年1

月1日正式实施"全面二孩"政策。

生育背后被"制度化"的女性

"其实'全面二孩'在我们单位来说并不是一件好事。"小B坦白道,"本身考虑到步入婚姻后,女性相对男性来说承担了更多的家庭责任,领导一般会倾向于将重要工作交给单位内部的男职工和未婚女职工。要想抓住升迁的机会,大多数未婚女职工初婚年龄都推迟至30岁左右,不少担任中高层职务的女性都是大龄未婚的。就算结了婚,领导对已婚女职工随时可能选择生育而存在顾虑,因为已婚未孕,女性将可能长期处于得不到重用的状态,因此大多数女性会选择结了婚立马生育,生育后在职场中全力拼搏。但自从二孩政策全面放开后,局势又改变了。我们单位大多数90后都是独生子女,不少已经结婚生育的女性迫于家庭长辈所谓的'两个孩子'更好,不得不放弃自己更好的工作机会而转向家庭。"

工作权益对女性来说也是女性权益中的重要一环。工作是现代女性证明自身社会价值和实现家庭价值的最有效方式,二胎孩子的出生和兼顾对第一胎孩子的照顾,这些给职场女性的工作带来了严峻的压力。一方面,育龄女性认为工作是对自己婚姻家庭和社会地位的高度认同;另一方面,育龄女性也希望孩子在父母双方陪伴的环境中健康长大,获得正确的价值观,得到良好的家庭教育。

而女性如果选择从事家庭服务劳动,每天在家里做家务、抚养孩子,这些劳动并不被社会所承认。伟大的母亲无法获得应有的社会地位——因为她们无法创造肉眼可见的金钱财富。

从《2019年职场妈妈生存状况调查报告》中我们可以发现,

90%的妈妈认为生育阻碍了职场发展，受到不公正待遇；超80%的妈妈因为工作太忙，难以平衡事业与家庭，对孩子感到愧疚。而对于大部分普通人来说，选择当职场妈妈是没有办法的选择，因为单靠伴侣的收入根本无法负担起所有的家庭开支。

对于能够获得高社会评价的高学历女性来说，选择不生育也是时代性的困境。女性能走向社会的一大先决条件就是要把女性从家庭劳动中解放出来。社会学家安东尼·吉登斯指出：近几十年来，虽然女性地位已经发生了革命性的变化，包括女性进入男性控制的专业领域，但是有一个原属于女性的工作领域仍然远远滞后。虽然比起20世纪七八十年代，现在的男性做了更多的家务，同时女性做的家务有轻微减少，但依然存在不平等。生育和抚养孩子这一选项，对于有能力在职场上取得成就的女性来说，机会成本太高了。天天上班，没有养娃带娃的时间；因为生育的时间丧失了可能的晋升机会；更不用说孩子的入学问题、家庭教育问题，这都是生育的成本。如果女性的家务劳动无法获得社会平等对待和价值兑现，那么女性生育欲望低也在情理之中。

从数据GO整理的1949年至2020年全国历年出生人口数的变化中我们可以看出，2016年实施"全面二孩"政策开始，全国出生人口数量明显提升但出生率仅在2016年有小幅提升，随即回落，截至2019年仍在下降，创历史新低。2020年的出生人口数量甚至只有1 003.5万，较2016年实施"全面二孩"政策开始，全国出生人口数量整整减少了782.5万。据《中国生育报告2019》显示：中国生育率下降速度前所未有，当前不仅远低于2.45的全球平均水平，还低于1.67的发达国家水平，生育趋势之低迷可见一斑。

"等你结婚生孩子之后就会知道了，只要怀孕，就会全部重新洗牌。"对于大多数职场女性来说，不平等的职场待遇以及不平衡的家庭付出使得生孩子成为亏本的人生选择。

随着二孩、三孩政策的陆续出台,国家逐步放宽的生育政策却没有真正刺激起社会的生育热潮,生育率在当今不仅没有提升,反倒有继续逐年稳步下滑的趋势。而女性作为生育的中心社会角色,生育率的低迷反映的也不仅是当代社会不健康的生育成本,当代女性也挣脱于传统社会中"生育是女性必经的人生道路,而疼痛也是在所难免的"的旧观念,在现代生育观念转变的过程也是她们对自我价值追寻的觉醒。

"流动的性别"：自由抑或挣扎？

张涵抒　徐晓莹　梁　沁　王一鸣　孙楠斌

期末季，又到了朋友圈内"问卷星"问卷调查井喷的高峰期。

池宵点开第一个映入眼帘的二维码开始流畅填答，这套方便别人也是方便自己的大学生社交规则他早已谙熟于心。但这份熟练在填到"性别"一栏时被打断了，他迟疑着，食指有些突兀地僵直在半空，转而上滑回到问卷标题："关于某餐饮品牌形象建构的调查"。似乎是那种女孩子喜欢吃的网红店？池宵这样想着，把对勾打在了"女"的小框里。而在刚刚填完的通识核心课程问卷中，同一个问题，池宵为自己选择的则是"男"。

这样的时刻对于池宵来说并不陌生，甚至是某种常态。问卷中性别栏的答案永远不确定。对于较为正式的问卷，他一般会填写"男"，也就是自己的生理性别，但若是随意一些的课程作业小调查，他会根据自己当下的心情来填，有时是"男"，有时是"女"，如果有"其他"这个选项的话，他多半会选择"其他"。

或许就像这个问卷选择一样，池宵对于性别的自我认知是流动、不固定的。但这样的流动带给他的并不是无拘无束做自己的自由。相反，脱离了一个具体的群体身份，他反而不知道该如何定义自己。比起奢侈的自由，身处这个"标签时代"的池宵，更渴望拥有的是加入某个确定群体所带来的安全感和归属感。

发现性别之"流动"

池宵还清楚地记得自己第一次穿上女装是在初一。

家中无人,他打开母亲的衣柜,对着镜子偷偷试穿过后,又小心翼翼按照折痕,把衣服叠好放回原位。因为母亲很少买裙子,所以池宵会偶尔尝试用被单把自己包裹起来,转个圈体验裙子般垂坠的质感。

常常涌起的这种"想穿女装"的冲动让十二岁的池宵既感到不可抑制又困惑万分。因为小学的他连稍微含有粉色元素的文具盒都不愿意使用,他会斩钉截铁地对买文具盒给自己的母亲说"这太娘了"。

初二时,通过在百度贴吧中搜索"男生穿女装",池宵第一次接触到"跨性别人士"这个名词。浏览着贴吧里的发言,他很向往这个群体的生活状态:相信自己是女生、通过某些手段将自己变成女生、获得一个女性的身份以及身体。不过,每次浏览后他也不会忘记提醒自己要清除电脑上的历史记录。

比起贴吧,对于池宵来说更有代入感的是日本动漫中的场景。也恰恰是因为一部部专门刻画女装男孩日常生活的动漫,让他"垂直入坑"二次元。当时的他疯狂搜索所有同题材同类型的女装动漫,其他类型一概不看,甚至还把所有包含这类题材的动漫都统一记录下来。

池宵最喜欢的一部动漫讲的是一个男学生打扮成女生的样子进入女子学校,毫无破绽地跟其他女生一起生活的故事。池宵非常羡慕男主角在动漫中的生活:可以自由自在地穿自己想穿的衣服,也能够被学校里的其他人接受甚至喜爱。

对池宵来说，接触到贴吧和女装动漫让他原来的自我认知产生极大转变，人生单一路径的壁障仿佛被打破了，"像是两个启发，让你知道人生不一定是这样的，还可以有别的可能性"。

不过，池宵对自己的定位并不是一个标准的"跨性别者"，因为他并不打算让自己在生理意义上完全变成一个女生，也没有完全消除作为一个生理男性对女生的自然欲望。他曾经反复对照过多个医学和精神科上评定跨性别群体的量表，在自己和得到科学定义的"跨性别者"之间划下了一道泾渭分明的区隔线。

"我当时非常清楚我不是他们，但是我想成为他们。"池宵向往他们拥有一个语词，可以准确地命名自己的特征，可以归属于某一个确定群类，可以拥有一个属于自己的标签。而不是像自己一样，找不到同类，只得孤零零地在伪装和自我欺骗中徘徊。

整个中学阶段，除了一次在英语戏剧节的反串话剧，池宵没有在任何公共场合展示过自己的这种爱好。而进入大学后，拥有了可以不被母亲翻拣的独立衣柜，池宵有机会购入属于自己的裙子。他很少购买日常女装，购入的大部分是洛丽塔连衣裙（简称"lo裙"）和日本女高中生制服裙（简称"jk"）。正版的lo裙和jk往往价格不菲，保养和晾晒也十分娇贵，他每月会从生活费中专门节省出一部分钱用于购买和维护。

池宵每次洗裙子都会严格按照卖家发送的洗护要求，用不透明袋子将其包好后再放进洗衣机，为了制服短裙完好无缺，他甚至购入特制衣架将裙子倒挂晾晒，以此确保裙边褶皱不会散开。最初，他只敢在宿舍四下无人时偷偷试穿，但有一次恰好被提前回来的舍友撞见。舍友径直走向自己的座位不置一词的表现让他前一秒还在飞速跳动的心平静下来，从此，池宵在宿舍穿女装的频率就高了起来。

在"流动"中挣扎

相比于在宿舍的遮遮掩掩,池宵能够坦然释放自己对女装爱好的真正空间其实是"元火动漫社"。

本着对二次元的热爱,池宵入校第一个学期就加入了社团。当时只是抱着"玩玩就好"心态的他也没想到,自己大学生活的重心会落在这里,最极端的时候甚至一周七天都为了社团的大小事务泡在新太阳熬夜。

用他自己的话说,让他愿意把自己全身心交付这个组织的重要原因是这里"万花筒一样包容的属性,允许每一个人自由地表达自己"。而这份自由表达里,也包括池宵对女装的爱。大一第一学期末的社团晚会上,池宵如愿以偿地以女装造型上台表演了节目,这是他上大学以来第一次在公开场合穿女装。

但这也直接成为他和母亲决裂的导火索。

在上大学之前,母亲虽然隐隐约约地知道些什么,但一直没有正面向他询问过性别有关的问题,仅仅在池宵高中唯一一次以女装形象登台参演英语剧表演后,面对演出的照片冷漠地质问:"你在哪里?我找了一两个小时都没有找到你?"直到大一上学期看到元火公众号发布的晚会推送。

寒假回到家,母亲试探性地问他还记不记得自己小时候比起男孩更喜欢和女孩玩,池宵完全听懂了母亲的弦外之音,他主动向母亲坦白了一切。那时候他还在试图融入跨性别群体,因此他对母亲说自己想做一个女生。"并不是想变成一个女生,我只是说我想做一个,我不care我的生理上具体是什么,我只希望有一个女性的社会身份,我不在意我的身体到底是什么样的,我也完全不讨厌我的身体。"

母亲虽然当时没有表现出激烈的反对,但从此却将元火社团公众号作为一个搜集罪证的渠道整日翻来覆去地看。她坚信是社团里面的同学"带坏了"池宵,并且会在每次和女装相关的推送发出时在微信上对池宵进行指责,反复劝说他"你不能这样""离那些家伙远点"。最初池宵还会态度刚硬地"怼"回去,随着他和母亲都展示出各自心意的顽固后,他越来越意识到这些争吵毫无意义并总是彼此重复,慢慢选择无视母亲的指摘。

池宵的父亲从他们频繁的争吵中窥知到部分事实,严肃地找池宵谈话,让他如实说明。池宵和盘托出,但也丝毫不妥协自己的立场,"我可以告诉你,但是你不要试图来改变我"。得知真相的父亲没有对他做出过多评判,只是让他稍微考虑一下母亲的感受。

不过,即使是这样一个看上去合理且有限度的请求,池宵也不打算听从,因为印象中的父亲不是奔波于出差根本见不到面,就是回到家里和母亲爆发激烈的争吵。长久以来,父亲是他成长中缺席的角色,池宵默认的家庭格局里只有他自己、母亲和姥姥。父亲和他背后的男性形象只是一团模糊且嘈杂的暗影,永远以"忙"隔绝和搪塞一切。因此,池宵将父亲面对自己性别选择时的"大度包容"归结为"疏远冷漠"。

在这个家里,唯一一个可能还不知道池宵对自己性别真实态度的人就是姥姥,而这也是唯一一个池宵想要在她面前永远保守秘密的人。池宵从小在姥姥家长大,姥姥是他在家最亲的人,也是他最后的支持。有了和母亲的前车之鉴,他不敢再冒一丁点儿险,生怕性别话题斩断自己和家最后的联系。

不过池宵并没有把握,姥姥是否真的对此事全然不知,因为每次回家,她总会旁敲侧击地劝他把精心留长的头发再剪短一点,但随后又会自相矛盾地补上一句"即使长一点也没关系"。每次这个时候池霄都会选择乖巧地附和,"嗯嗯,最近太忙了,有空就去剪"。然后回到学校依旧我行我素地保持着能够让他体会到女性感的头发长度。头发只是池霄用于塑造自身女性形象的众多元素之一。在声线和网络聊天的语气选择上,池霄都特地向社会预期中的女性形象靠拢。

当然,元火之于池霄的重大意义,也不仅仅止于此。他在社团里遇到了各式各样的人,有真正作为跨性别者的学长劝他多多体验和考虑之后再下定论,并愿意陪伴他一起去见精神科医生;有温柔的学姐带他一道去实体店挑选和试穿精美的裙子;以及他如今的恋人赵临。赵临是一位刚刚觉醒的MTF(Male to Female)跨性别者,目前正在学习女性的穿着打扮,他似乎把在社团中闪闪发光的池霄当成了自己的榜样,每次见面都喜欢粘着他。一起参加完社团的排练后,池霄会将赵临送回宿舍,在月光下与他并肩漫步的时刻,池霄常常会体验到一种安定和平淡的幸福。

但这份感情带给池霄的更多是挣扎。除了社团之外,他们日常生活中少有交集,虽然他们会和社团伙伴一起出去聚餐,却极少单独约会。两人之间与其说是情侣,倒更像亲密的好友。而且他对赵临没有恋人的爱欲,他更喜欢主动、强势的恋人,能够让他更好地代入女性角色。可赵临的性格并不强势,甚至常常需要自己来主导,他常常担心两人之间不过是一种找到同类的惺惺相惜,并不是一段理想中的罗曼蒂克之情。

让池霄更为挣扎的是,他在向往着模仿女性、成为女性的同时,也会对她们产生身体上的欲望。因此,在面对陌生女性时,池霄总是会感到紧张和局促。他不希望自己带着不纯粹的目的跟女生交流,他常常严厉地审判自己:靠近女性究竟是带着纯粹向往的真心,还是在被欲望所支配。

池宵的自我认知常常在男性和女性之间来回摆荡,这也是他从来不将自己归类为"跨性别群体"的原因。相比于有些暴戾的男性人格,他更喜欢脾气温和一点的自己,但无论如何压抑,自己生理性别上男性的一面似乎总也摆脱不掉。

在反复的实践中,他觉得只有在打扮成女生的时候,自己内心所向往的温柔才能完全占据他的身体。可是当别人用异样的眼神审视着他的女装时,他又会被迫回归自己的男性身体。注视着镜子里穿着女装的自己,池宵的心情一直在"我可以成为女生"和"我无法成为女生"之间反复切换。他有时希望一个男性的身体和女性的灵魂可以和谐共存。但更多时候,他无法接受自己反复在性别的"无依之地"间流离,他努力挣扎着,希望能找到一个安放自己的空间。

驭"流动"通往自由

2021年3月17日,是池宵的21岁生日,他决定做出一点改变。

他第一次穿着女装走入了课堂,想把一个真实且完整的自己展现在老师和同学面前,试图"为这个日子赋予一点特殊的意义"。

除了池宵的舍友和社团里的好友,大部分同院系的老师和同学并不知道他这个爱好。当天,池宵带着近乎庄重的仪式感踏入教室。身上这条jk短裙的每一处褶皱都服帖得一丝不苟,池宵在前一天特地用电动直发棒把所有的褶子都小心翼翼地熨平了。他也像每次穿短裙的时候那样刮了腿毛,希望自己能够尽可能还原女性化的美。

所幸老师和同学们都表现得十分友好,对他来说,最大的友好其实就是没有表现。同学们泰然自若地和他打招呼,老师甚至在下课的时候走到他身边亲切地询问他上课进度是否让他感到太快,就像丝毫没有注意到他穿着裙子一样。

但这种友好依旧没有使得池宵放宽心,他发现自己一整节课都非常紧张,无法专心把注意力放在课堂内容上,知识点左耳朵进右耳朵出。他一半的精力都放在顾虑自己的形象是否保持良好,以及周围人的平淡表现下是否压抑着某种猎奇和嘲讽上。

池宵原本的计划是将这个生日作为起点,"之后上课也都要穿女装"。但他很快发现了自己的天真。因为即使在氛围如此良好的课堂上,他都无法让自己彻底放松,更不用提某些课的老师会频频对他侧目而视。不过,生日这天的勇敢尝试也并非毫无意义,心情好的时候,池宵也会选择继续在这个特定的课堂上以理想中的女装形象出现。勇敢迈出这一步,他为自己探索到了元火之外另一个愿意接纳真实自己的公共空间。

第一次见面的时候,池宵捧着一杯玫瑰奶盖茶。花了15分钟先慢条斯理地吃完了奶盖,又花了15分钟极其缓慢而享受地吮吸完了茶饮,最后一丝不苟地用小勺子把杯内的芋圆珍珠等加料搜刮干净。可以看出,池宵很喜欢造型和口味都精致的甜食。在喜好上,池宵的确会刻意探索一些传统标签为女性化的选择,希望能够让自己更为"逼真"。

但在探索过程中,池宵发现自己已经真心实意地喜欢上了这样的偏好,而无关性别标签化的刻意表演。有几次在路上偶遇池宵,他正步履轻快地从全家便利店走出来,一手举着奶油冰激凌,一手舒服地前后摇摆。从这份恣意享受夏日的姿态里看不出表演,更看不出挣扎。

对于自己性别认知的挣扎还影响到了池宵对专业道路的选择。大一时，池宵依靠信息竞赛的国家金牌进入北京大学信息科学学院，但发现自己志不在此后，便转到了心理与认知科学学院。做出这个决定还有另一个不可忽视的重要因素：池宵想借助心理学的工具更好地理解自己的性别，探索如何才能通过科学的方式与自己达成和解。

在翻看院系主页时，池宵找到了一位曾经做过同性恋方向研究的老师，主动联系他作为自己的导师。他对性别研究的领域比较感兴趣，并一直对精神科关于"性别不一致"的各项指标表示质疑。他认为学术界对这类差异存在夸大成分，从他对跨性别群体的长期深入观察来看，不应该有如此明显的分界。

2019年5月29日，第72届世界卫生大会正式审议通过了国际疾病分类第十一次修订本（又称ICD-11）。这次修改将异装癖和跨性别等"性别不一致"状况不再归为精神障碍。

慢慢地，池宵能够坦然接受自己既不归属于跨性别群体，也不是原本意义上的男性。在他看来，人是连续变化的，性别不应止于男和女，性别意识也有可能是不断流动的。他认为跨性别和普通群体之间应该还存在一个乃至无数个中间地带，可以安放进他自己，抑或安放进无数个与他不同，但同样挣扎在性别的"无依之地"的人们。

关于未来，池宵希望通过心理学的范式，在性别研究的领域中做出贡献。或许他希望自己最终能够接纳这份让他无比挣扎的"流动"，与之和平共处，乃至于成功驯服"流动"，并驾驭着它抵达真正的自由。池宵也想进一步将这份自由赋予曾经和他一样在"无定所"的暗流下挣扎的无数个个体。至少以后再填问卷性别栏时，能有越来越多包含"其他"的选项出现。

其实，从挣扎到自由的撕裂不仅仅局限于性别上的认知。努力接纳自己的"自然"，并将其转化为一种笃定而坚实的"自由"，也是我们每个现代社会洪流下日趋原子化的个体需要面对的功课。对于这一点，相信池宵应该也不会反对。

28岁女性在北京拥有自己的房产是种怎样的体验？

王治钧

如果知乎上真的有人提问"28岁女性在北京拥有自己的房产是种怎样的体验？"，那么佳多（化名）一定是最佳的回答人选。

2021年10月2日，28岁的佳多拥有了人生中第一套独属于自己的房子，而且是一套北京朝阳区的房子。

在那个秋风凛冽疫情肆意的日子，她签完合同顶风走向地铁站，搭上再熟悉不过的16号线，走过再熟悉不过的街头巷尾，爬上再熟悉不过的老旧住宅楼，回到出租屋，抱起脚边的胖猫。"小壮，咱俩有家了。"

"没有人的原生家庭是完美的"

"你还是先结婚再买房吧！"

这是佳多的父亲在得知闺女想在北京买房后脱口而出的第一句话。刚跟前男友分手的佳多像被点燃的火药桶，从沙发上弹射起来。看着盛怒到微微颤抖的父亲和在一旁充当和事佬的母亲，司空见惯的场景开启了佳多小学和初中时的痛苦回忆。

佳多出生于山东青岛一个普通的工薪家庭。小学时，父亲做生意失败。虽然秉持着"苦谁都不能苦孩子"观点的父母一直努力对独生女有求必应,但意志消沉、脾气暴躁且时常酗酒的父亲,一改往日温柔、咄咄逼人并默默垂泪的母亲,以及随时随地都会爆发的家庭大战,还是给佳多年幼的心灵蒙上了灰。她在一个本该属于叠星星、看动画、吃干脆面集卡片的年纪,提前认识到了父亲母亲的脆弱,并痛彻心扉地记住了钱的重要性。多年后,即使父亲生意转好,家庭经济水平逐年提升,她依然以"挣钱"为人生第一要义。

"我小时候一直看不起我爸,我觉得他非常可笑、非常烦人!不过其实我的原生家庭还是很幸福的。但就算我长大工作了,还是没法跟我爸和解,因为我完全不能理解他的处事方法。如果他不是我爸,我根本不会理这个人。"

佳多对父亲尖锐又矛盾的评价并不影响她父母最终拿出40万元给她买房。虽然父母依然秉持"买房是男孩的事儿"的观点,对佳多还没结婚就买房这件事愤愤不平,但他们最终还是向自己唯一的心尖尖妥协了。家庭给予佳多的宠爱让她始终走在自己想要的道路上。

"我还是想挣钱"

幼年时期的"缺钱"阴影让佳多在大学毕业择业时毫不犹豫地选择了收入最多的互联网行业。

2015年春天,就读于山东大学中文系大三的佳多机缘巧合地参加了学校组织的"职场训练营"活动,过五关斩六将后,她获得了光线传媒的实习机会。在光线传媒实习一周后,佳多又经朋友介绍拿到了某互联网大厂的实习offer。

紧接着,2015年秋招开始,在面对国内保研、去英国读研、考公务员以及签下互联网大厂offer的多重抉择时，佳多同所有应届生一样，犹豫、迟疑，每天沉浸在"担心一步走错就影响一辈子"的焦虑中。但最终对钱的渴望还是占据上风，佳多选择听从自己内心，走入互联网大厂，成为一名打工人，如愿加入了挣钱队伍。

那一年，佳多班里30名同学，17名保研，11名考研或者考公务员，只有两名同学选择了毕业直接工作，其中一名选择当老师，另一名便是佳多，放弃保研名额去了互联网大厂。

"我当时也很纠结，看到身边人都在接着读书，我开始怀疑自己是不是适合这份工作。但我还是想挣钱，而大厂就是挣钱最多的地方了。"

觥筹交错、推杯换盏，光影交错的山东大学小树林是她最难忘的记忆。在一片"前程似锦""苟富贵勿相忘""后会有期"的祝福声中，佳多稀里糊涂地告别了学生时代，拿着众人艳羡的大厂offer，奔向月薪6 500元的"出卖灵魂"的日子。

"五年搬家六次"

2016年正值中国互联网发展井喷期，短视频、电商直播、内容付费、共享经济等新概念新现象涌现，用户数量激增，身处内容付费运营岗的佳多，薪资水涨船高。几次调薪后，她已经有能力在北京四环内租到很不错的一室一厅，每个月还能攒下一万多块钱。

2020年年初，突如其来的新冠疫情席卷全国，提心吊胆又百无聊赖的佳多再一次萌生了在北京买房的念头。"其实我很早很早就想买自己的房子了，可能是小时候留下的阴影吧，我一直觉得需要一套属于自己的房子。而且一直租房也非常不方便啊，现在我还房贷的钱跟之前租房的钱差不了太多。"

佳多来北京五年半，一共搬了6次家。其中一间房租了3年，剩下的租期都不超过1年。最极端的一年她搬了三次家。平均三四个月就要经历一遍满京城找房、跟中介斡旋、搬家、认识并忍受新室友的各类生活习惯，佳多对租房的信心彻底耗尽了。

"搬家真的太麻烦了，而且特别费钱。我不想麻烦朋友，从来都是自己一个人搬家，所以只能请搬家公司，每次都这样真的很费钱。"

厌倦了频繁租房搬家的佳多在拿到北京工作居住证并攒够了50万元时，正式开始考虑买房。她算了一笔账：自己的50万元，父母的40万元，再加上公司提供的70万元无息贷款，一共160万元勉强够她支付一套北京不错地段大一居的首付。每月的还贷，除了公积金还贷之外，她估计要每月拿出1万元左右还贷，比之前租房价格高了一些，但也在可承受范围内。70万元的公司无息贷款可由少到多递进还款，第一年只需要还2万多，之后逐年增加，实在不行还可以再找爸妈要一点儿钱。而且五年之后等房产税宽松一些就可以考虑卖掉置换其他房产。这样看来，买房触手可及。

"买房就像谈恋爱，也要看缘分"

2021年年初，佳多开始四处看房子。她心中有一个明确的排序，最重要的是价位，其次是地段，然后是朝向，最后是户型。在能支付得起的范围内，必须要找一个地段好、离地铁站近的房子，通勤是她作为打工人首要关心的事情。其次是朝向，佳多同大部分中国人一样，对"朝南"的房子有无限好感，就算她白天大部分时间都在上班，房间的采光性对她的实际居住体验不会有太大影响，但她依然希望自己的房子采光好，每天都能晒到太阳。最后是户型，佳多想买一套大一居，一个大房间足够她一个人住就可以，如果有朋友来借住能打地铺睡沙发,不成问题。

佳多前前后后看了40多套房子,起初中介手中的存货多,一天能拉着她逛十几套,但都被佳多快速否决。于她而言,买房子是大事,是不能将就的。地段不好直接否决,朝向不佳不予考虑,户型别扭没有回旋余地。"我买房子没什么纠结的,好就是好,不好就是不好,毕竟自己能负担得起的房子也不多,我还不配有选择困难症。"

看了又看、等了又等,中间还碰上北京疫情反复,佳多甚至都开始怀疑自己是不是眼光太高,要求太多。心灰意冷之际,中介给她发来消息,找到了一套东南朝向的大一居,原住户要结婚置换新房子,所以想快速出手。去实地看房之后,佳多与大她三岁的原住户梅奇(化名)一拍即合,买房卖房协商顺利,两人还交了朋友,相见恨晚。

梅奇同佳多一样也在互联网大厂上班,同样本科毕业就奔赴大厂,同样工作5年后在北京买下自己的第一套房子。2021年五一假期,梅奇带男朋友回家见了爸妈,两人准备第二年结婚。而这次卖房就是为了换一栋大房子结婚用。梅奇希望快点卖掉老房子,是因为如果能在婚前买下新房,新房就是她的婚前财产,而不是夫妻共同财产。

梅奇的这个想法得到了佳多的大力认可。当时恋爱刚分手的佳多正在重新思考自己和未来配偶的关系,思考自己对待感情的态度。

"分手让我异常快乐"

佳多买房的想法给她当时的男朋友谭棕(化名)带来不小压力,买房在某种程度上是她跟谭棕分手的导火索。

作为土生土长的内蒙古人,谭棕认为男人就应该是强大、勇猛、能无条件满足妻子孩子一切需求的。但受疫情影响,谭棕从事的艺术行业近些年发展并不理想。对于勉强糊口的他而言,帮女朋友实现买房的梦想简直是天方夜谭。即使佳多明确表示不需要他的帮助,但男朋友的身份依然给谭棕带来很大压力。

佳多不能理解也不愿接受谭棕的好意,尤其当她看到谭棕因不能给予她更好的生活条件而意志消沉时,她心里更不是滋味。佳多认为,她挣钱买房的决定跟别人无关,买房带来的一系列问题也都应由她自己承担,男朋友不需要也不应该置喙。

"他总想替我分担什么,但我并不需要啊,他那种责任感会让我很不舒服。我不愿意接受他强加给我的好意。如果不当情侣,谭棕这人还是很适合当朋友的。"最终,在经历了几次争吵后,谭棕向佳多提出了分手。

分手后最初的几天有些难熬,switch好友列表中的熟悉头像不再发来游戏邀请,上下班的漫长通勤再无人于耳畔切切蜜语,周末重新拥有了大把独属于自己的时间,突然丧失一段亲密关系还是让佳多无所适从。但工作和买房的事情不断推上日程,佳多不得不从失恋的阴影中走了出来。

之后佳多开始反思自己,"刚分手的时候我很伤心,但现在我非常快乐。因为我发现之前恋爱时的心动其实很虚无缥缈。分手之后我异常轻松,不用总想着另一个人在干什么,不用考虑另一个人的感受,我自己一个人挺舒服的"。同时佳多也开始调整自己的择偶观,"之前我想找一个比我成熟的男生,可以照顾我的,但现在我想可以找一个弟弟。因为男生总是比较幼稚,找一个弟弟我可以包容他的幼稚"。

从"被男友照顾"到"照顾男友"的心理转变昭示着佳多的成长和独立。一场刻骨铭心的恋爱之后,她逐渐认清了爱情在自己生活中的位置。对现在的她来说，爱情依然重要，她同样希望找到一个知根知底、可以完全信任、相互依靠的人，只是她不再将爱情作为生活的全部。她跟未来的伴侣应该是相互独立的个体，彼此"对立统一"。而在婚姻财产方面，佳多甚至认为她与未来的配偶可以拥有各自的房子，"你有你的房子，我有我的房子，我们也可以有共同的房子。但不管怎样，我都是有自己的积蓄的"。

"成年人哪有轻松可言"

签完买房合同后，佳多感觉围绕在自己头顶的乌云散了大半。一方面她终于在北京有个安身之所了，另一方面，在她还清公司贷款之前，她都不用也不能再考虑离职、跳槽、读书等问题。

本科毕业就直接入职互联网大厂的佳多，在过去五年清晰感受到整个行业在下行。从2016年到2021年，互联网用户增长饱和，行业红利消退。同时，短视频的崛起瓜分长视频市场，老牌长视频企业也难免受到涤荡。佳多所在的长视频付费部门经历了几次改组，现在仍觉增长乏力。

2020年佳多就考虑过出国进修，但最后被GRE这座大山劝退。2021年年初她考虑过跳槽，试着投了其他几家大厂后，石沉大海、杳无音讯。六月份看了《觉醒年代》后，佳多开始憧憬进北京大学读硕士，她也想为中华之崛起而读书。

焦虑与踌躇并存，佳多同众多年轻的互联网打工人一样，在日复一日的设计方案、产品对接、客户沟通的过程中迷茫了双眼，看不清未来。离职的决定太过重大，找到一份满意的新工作或者读几年书也未必会换来想要的结果。佳多焦虑于一成不变的日子，焦虑于变更工作的未知，更焦虑于平静生活下暗流涌动的危机。现在她贷款买了房子，至少在贷款还清之前她不用考虑跳槽的问题。但当一个安稳的房奴，让她更加恐惧未知的风险。

佳多每次在手机中刷到"大厂裁员"的消息总会心惊肉跳，现在背负巨额贷款的她完全没有抗风险能力。"我现在特别怕遇到什么危机，最近我一直都在看保险……"佳多为自己规划好了应急方案：如果被裁员，她就赶紧把房子卖掉还贷，然后迅速找各路朋友帮自己投简历内推，同时抓住一切兼职机会赚钱，还要让爸妈赶紧卖房子支援自己。当然以上这些事情最好不要发生。

如果不提这些风险，佳多对未来还是充满了希望的。她期待房款还得差不多的那天赶紧到来，这样她可以卖掉房子，换份工作或者换个城市，怎样都好。当然如果在未来的几年中遇到了心仪之人，她也非常愿意再经历一次心潮澎湃、小鹿乱撞的感觉，愿意"执子之手，与子偕老"，愿意追随他到天涯海角。有一栋房子作后盾，佳多面对一切都多了几分底气。

"性别平等还是个美好愿景"

其实，类似佳多这样三十岁上下购置个人房产的女性并不在少数。

2021年3月8日，贝壳研究院发布了《女性居住现状调查报告（2021年）》。由报告可知，全国30个重点城市整体女性购房占比从2017年的45.60%到2020年的47.54%，逐年提升，一路走高。2020年，24岁以下、25—29岁女性购房客群占比为45.21%和48.99%，较2017年分别提升6.58个百分点和6.22个百分点，增速明显高于其他年龄段女性。且郑州、廊坊、重庆、深圳、济南和天津女性"强势"购房，占比均超男性，成为当地房地产市场的主要贡献力量。买房，再也不是男性的专属任务,女性同样可以买自己的房子、住自己的房子。

"她购房"的崛起离不开女性受教育程度的提高、就业率的提高以及社会思潮的变迁。往日男人买房是天经地义的,如今这种观念正在被走上潮头的当代女性所摒弃。越来越多的女性开始愿意承担买房的经济压力,愿意并渴望参与公平的社会竞争。

买房作为一个风向标,它指引了中国女性独立观念的觉醒。而买房,仅仅是女性走向独立过程中很小的一部分。

近些年,我国各种性别话题的热度居高不下,拒绝月经羞耻、反对性别歧视、直面性侵犯、呼吁妇女保障的声音不绝于耳。2021年12月20日,妇女权益保障法修订草案首次提交全国人大常委会审议,这与时下的女性独立交相辉映。但即便如此,性别歧视依然存在,男女不平等尤其隐含在家庭逻辑中。

就如佳多所说,"我上司是一个非常厉害的女性,她的工资远远高于她丈夫的,但大部分家务劳动和带孩子都是她来负责,并且她丈夫认为爸爸偶尔看孩子是在'帮忙'"。男性角色在家庭抚养中的缺失是痼疾,不会在短短几年中扭转。不过对佳多而言,她已经非常满足于网络中的各类性别话题讨论,哪怕没有立竿见影的效果,有讨论就意味着有改进空间。

在中国,一个年轻女性买房绝不只是需要钱那么简单,同时还需要社会各项配套的优惠政策,需要大环境对女性置业的肯定,更需要女性自身的果决和勇气。佳多同众多独立置业的年轻女性一样,她们争取到了难得的贷款机会,她们身边有爱自己支持自己的人,她们能通过个人拼搏获得肯定,她们生在一个进步开放的时代,她们是如此幸运。

留学时代:浪潮之下无畏的我们

王与肖　张雪宁　王米雪　王可丰　卞　金

"今天是申请推免名额的最后期限了,你们别忘记这事儿啦!"

没有像另外两个早已决定保研的室友那样大声回应,纪雪抬起头笑一笑,然后继续对着眼前的电脑屏幕沉默不语。屏幕上显示着推免资格申请的页面,个人信息填好了一半,只需要在"学业情况"和"实践经历"两栏内简略地写上百余字,再按下"提交"键,便大功告成。然而,悬在键盘上方的双手迟迟未能落下一字,许久之后,转而打开了原本被最小化的另一个页面:美国某社会学研究生项目的招生主页。

纪雪不喜欢自己所学的专业,早在两年以前,她就清楚地意识到了这一点。外国语学院下的小语种专业从来算不上大众认知中的理想选择,但是她至今仍然能回忆起高三的自己对异域语言和文化满怀热忱的模样。因此,她无法武断地将当初的决定归结为一时冲动之下的错误。只是在进入大学以后,随着对专业课和各类通识课程学习的深入,她逐渐发现自己的确志不在此。比起以对象国语言为基点的文学或史学研究,她更关注使用语言的民族本身,以及民族历史和现状背后的作用机制。从大二开始陆续选修的几门社会学课程让纪雪真正明确了自己志趣所在,然而不幸的是,语言类保送生的身份彻底斩断了她转专业的可能性。

实际上，和纪雪情况相似的同学不在少数，他们有的在大二时转到了理想的专业，有的则打算等到研究生阶段再重新选择方向。但是，纪雪又觉得自己与他们并不那么相同，在选择面前少了一份坚定自信，多了一份犹豫不决。"可能我从小就不太有主见吧……反正小学和中学老师会布置好学习任务。到了大学才发现，从选课到升学都不会再有人来帮你作决定了。"尽管已经进入大学的第四年，纪雪仍然未能完全适应这样的变化。

在纪雪看来，未来已经向她的同学们敞开门扉，而通道就在他们脚下。反观自己，却似乎还停留在探索正确道路的阶段，并且时时伴随着彷徨和犹疑。推免页面正中央的"提交"按钮醒目而刺眼，另一个布满英文的页面也发出某种神秘的邀请，此情此景仿佛在昭示着摆在她面前的两条道路。耳畔是室友的闲聊，眼前是熟悉的屏幕，纪雪却感觉像是孤身面对着无尽且未知的黑暗。

"坏的开始，是悲惨的序幕"

倘若说纪雪孑然一身面对着黑暗，那么在偌大北京城的另一端，则有个女孩正在凝视着刺目的光明。关掉Zoom，合上电脑，取下耳机，她揉了揉隐隐作痛的耳朵，拿起右手边已经见底的咖啡杯走入厨房，涓细的水流冲洗杯壁上残留的咖啡渍，父母熟睡中的呼吸声从主卧飘来，整个小区都陷落在夜晚的漆黑之中，只有这家的书房还亮着灯。现在是北京时间凌晨2点，英国时间下午6点，Kiki刚结束今天的最后一门课程"服装造型学"。

按道理说，在刚刚过去的两个小时里，她应该坐在爱丁堡大学宽敞明亮的教室中，和另外31位服装设计专业的同学一起欣赏弗格森教授的得意之作——一条由怪异仙人掌包裹全身的墨绿长裙，并听到教授再一次叮嘱学生"要从自然中汲取灵感"。两个小时过去后,她也不应该像现在这样将自己的脸深埋在枕头里,苦等咖啡的功效过去,而是乘坐巴士回到每周房租267英镑的学生公寓里,一边喝着酸奶吃速冻披萨,一边看《IT狂人》笑得前仰后合,或者拿上刚进账的实习工资,和朋友约着去伦敦的蜀香阁大快朵颐,一顿就吃掉一半的周租。可在这万籁俱静的深夜,Kiki只能深深地叹一口气。她由衷地认为,即便是大二那年的礼服设计课上为一个巴尔斯裙撑整整熬了两个通宵,也没有刚刚过去的两个小时那般令人感到疲惫和乏味。

可是谁又能想到呢? 2020年年初,新冠肺炎疫情突然蔓延至四面八方,这场让人始料未及的灾难拦截了春运大潮,阻碍了成千上万人回乡团聚的步伐,随后国际航班被叫停,导致Kiki滞留北京难以返校。2019年12月,英国各高校陆续开始了圣诞节小长假,铃儿响叮当的欢快小调盘旋在大街小巷,此时国内,人们采购着年货,出行如常。Kiki只打包了两三套冬装就踏上了回国的飞机,因为在她原本的计划里,她并不会在家待太久,她早已和英国朋友约好一起去卡尔顿山上跨年,她会穿着呢子大衣、踩着高筒靴、拎着啤酒瓶,置身在狂热的人群中大声倒数,在嘹亮的歌声与绚烂的烟火中尽享新年的祝福与温暖。可现在,她只能无奈地划着手机,通过社交媒体远距离感受那份她无比憧憬的欢乐。

然而,错过各种活动和庆典只能算是疫情期间附带的损失,于Kiki而言,网课才是真正的折磨与考验。古有罗马诗人贺拉斯云:"好的开始,是成功的一半。"今有中国留学生Kiki言:"坏的开始,是悲惨的序幕。"2020年3月,网课第一天,她在教授安排分组讨论时被卡出了Zoom,等到重新进入会议室时,其他同学都进到了分好的小房间,独留她一个人同教授大眼瞪小眼,手忙脚乱地解释情况,在这之后一年多的时间里,电脑卡顿成了家常便饭,哪怕她家的书房里已经集齐了电信、移动和联通三家运营商最贵的路由器。至于她的学习状态,虽然刚开学时积极又自律,但在课堂日复一日的卡顿和手机频繁亮起的屏幕的围攻下,Kiki很快便缴械投降,她时常在上课无聊时开小差,左手撑着头,右手刷着微博,耳机里传来的老师的声音卡成了电音,权当作背景音乐。"上网课这事儿,一开始还挺新鲜的,但时间一久就觉得体验感很差,大家似乎都被拘束在一个小小的方框里,没有面对面交流的实感,很容易走神。"

最令Kiki头疼的还是课程作业,作为服装设计专业的学生,Kiki的作业基本上都需要大量实操。在学校时,她能常去学院展览厅观摩各式各样的服装纸样和工艺技能,从有趣的创意性剪裁和小规模切割中获取灵感,校内丰富的学术资源为她打开了一扇又一扇巧思之窗,她沉醉其中,干劲十足。但是现在,且不说这些多样化的学术素材,Kiki连用于手工缝纫的材料和机器都无法购置齐全,老师的指导更不必说,师生交流全凭"网络一线牵"。由于不能分享实物和成品,Kiki难以向老师展示自己的设计思路和作品细节,也无法及时得到老师的修改意见,效率跌至谷底,在这些棘手的问题面前,Kiki总是感到分外泄气。

"偏见这堵墙,我无能为力"

大多数"新世纪"的父母对下一代的教育总是既开明又传统,Kiki的父母亦是如此。每当提及父母,Kiki总是眉眼弯弯,语调上扬,优渥的家庭条件与和谐的代际关系显然让她在做选择时多了一份底气。Kiki的父母同为大律所的高级律师,受过良好教育的他们既能为女儿提供衣食无忧的生活,也懂得尊重和支持女儿的决定。因而,在16岁的Kiki提出自己更想在国外度过本科四年的时光后,父母立刻安排她转入了北京最好的国际高中,得知爱丁堡大学是女儿心之所向,他们同样表示充分尊重和支持女儿的选择。可是如今,那个曾经手持缝纫刀昂首阔步向前走的女孩蓦地停下了脚步,伫立于这道名为"毕业"的门槛上,踟蹰不前。

半年前,一向开明的父母在Kiki的未来规划上突然强硬起来,他们将Kiki叫到客厅,用看似温柔的语气询问女儿"是准备考央美的研究生还是直接找工作"。在客厅雍容华贵的欧式灯的照耀下,Kiki感到一阵眩晕,因为她曾多次向父母提到她会继续赴英读研,这次的目的地将是伦敦艺术大学。她理解父母的想法,或是因为思女心切,或是出于安全考量,但无论如何,都与年轻一代对更广阔世界的向往背道而驰。

对于Kiki来说,出国读研是她的不二选择。本科四年的留学经历是一笔宝贵的财富,英国阴晴不定的气候、"冷淡"外表下包裹着真诚心灵的居民、一发动就能将乘客从车头甩到车尾的乡间巴士,Kiki都能轻松应对。更重要的是,四年的校园生活和实习经历帮助她逐渐建立起了自己的小小"人脉圈",她将当地的人际关系网经营得有声有色,读研的道路自然也会相对坦荡。她并不是反感国内的高校,只是她深知自己无法适应,国内外的人才培养路线相去甚远,如果回国读研,Kiki面对的将是完全陌生的知识体系与框架。就服装设计这一专业而言,国外院校聚焦于发掘学生各自的潜能,讲求作品的独特性,而国内的艺考已然将艺术限制在了固化的审美体系之中。在留学的四年里,Kiki的设计风格也在渐渐养成,国内的教育方式无疑会使她陷入各种条条框框里。

可是,站在后疫情时代的船头,留学生群体的担忧只增不减。

在国内高等教育快速发展的当下,留学这条路早已成为部分人规避竞争的捷径,这也是Kiki出国留学的顾虑之一。另一重顾虑则是大众心中根深蒂固的偏见。Kiki不止一次在团年饭的包间里听亲戚七嘴八舌地议论着留学生"轻轻松松就能进国外大学",又鄙视他们"空有一纸文凭",英国一年学制的授课型硕士更是被冠以急功近利"速成式读研"的帽子。Kiki对此颇为无奈,虽说她不屑于同镀金派一道,可仅凭她一人之力也无法改变什么。在她看来,有些人仅仅是以偏概全,空口便能鉴定所谓"含金量"的高低。

与此同时,来自国外的隐性歧视为亚裔学生的求学之路平添了更多阻碍。这种歧视往往无孔不入,可能出现在校园超市失窃后、同老师争论分数时,或者是小组讨论中外国同学筑起的无形"结界"间。服装设计专业的歧视更甚,行业默许的傲慢并不欢迎东方世界的插足,在他们看来,华人面孔便天然代表着廉价与抄袭。新冠疫情暴发后,亚裔仇恨的论调甚嚣尘上,这无疑让留学生群体的生活更加举步维艰。Kiki始终记得11月10日的那个午后,北京难得的大晴天也抵挡不住芝加哥留学生枪击案给她浇下的透心凉,评论区里蹦出来的"谁让他们自己要出国读书呢?""这是在留学之前就该权衡好的代价"更是让她深感人性的凉薄与丑恶。

"我也想成为浪潮的一分子"

面对摆在眼前的阻碍,回顾一路走来的艰辛,Kiki时常扪心自问是否后悔当初的选择,而答案始终是否定的。

三年前,爱丁堡大学艺术学院对时装一如既往的高标准,以及鼓励学生在面料、纸样和成衣上不断创新的理念,让浏览过无数学校信息的她眼前一亮、一锤定音。尽管突如其来的新冠疫情让她的"校园梦"化为泡影,但是她没有就此消沉,而是徜徉于书籍和知识的海洋中,凭借一腔未改的热爱,开拓出自己的一方天地。如今,Kiki对服装设计这个专业以及行业获得了更为深刻的认识和理解,"我认为一件衣服是最能体现服装设计师对于自己作品的用心程度的"。她这样说着,从精心整理过的抽屉中拿出了许多设计画稿。无论是最初稚嫩而拘束的手法,还是后期逐渐流畅、大胆的作品,都是她在不断尝试和精进的过程中开出的花朵。当时的期望与现在的现实生活出现了不同,但Kiki却也觉得自己收获了很多,不管是对服饰的理解,还是设计师对于作品的看法。

服装设计虽是当下"吃香"的热门行业,竞争却也极为激烈。但是,Kiki坚信自己在未来会从事服装设计的工作,一如当初坚定地出国留学那般。她希望可以实现自己对服装的创意,创立自己的品牌。在她看来,成为独立设计师才能让自己放开手脚大胆革新。时代的车轮总是滚滚向前,但是Kiki始终觉得在骨子里自己和上一代是相似的——无论出去多久,总归都要回家。留学多年,她经历过太多刻板偏见,她想用自己的方式向世界讲述中国的故事。如今"国潮"正在崛起,越来越多的中国设计师品牌崭露头角,Kiki并不觉得自己比谁差。自主创业的道路上势必会遇到各种各样的困难,但是"既然别人能做到,那么我相信我也能行"。说起梦想,女孩眼里总是闪动着憧憬的光芒,生动而夺目。她自诩从来不是逃避困难的人,一切挑战只会愈加点燃她的斗志。

时代的浪潮裹挟着年轻一辈,有的人在角落观望,有的人在原地彷徨,而Kiki想要加入这股浪潮,搭乘时代东风的快车,成为巨浪中最高的那朵水花。未来太遥远了,她能做到的只有勇敢把握住当下,珍惜眼前。时间已至深夜,Kiki将头转向窗外,却仿佛望见了天边透出的第一缕光亮。

"看了今天的朋友圈吗？好家伙！完全被各种保研消息刷屏……"

纪雪踏进寝室时，和暖空气一同扑面而来的，是室友故作夸张的表情和连珠炮般的话语。甩下这串以问句开头却又不要求回应的感叹，她便拎着洗漱用品急匆匆地出了门向水房走去。

在书桌前坐下并习惯性地打开电脑、戴上耳机后，纪雪的思绪却飘回到室友的那句问话上。怎么会没有看见呢？下午两点多就刷到了第一条，不过寥寥几字配一张图，然而数量惊人的点赞和队形整齐的祝贺却彰显出消息的重磅。随后，佳信如潮水般不断涌现，每刷新一次便多出几条，既有同院系常打照面的熟人，也有静静躺在好友列表里的陌生人，他们有的早就为保研做好了打算，有的则是临时改变想法决定保研。

纪雪有些惊讶地发现，自己并未像曾经以为的那样感到羡慕或是后悔。在二十多天前的那个夜晚，纵然内心有百般纠结、千种顾虑，但是一念之间，她还是没有按下"提交"键，从而自动放弃了仅此一次的保研机会。她曾长期在两种选择间举棋不定：不愿学习缺乏兴趣的专业，但也贪恋相对稳定的前途；害怕面对留学、疫情、转专业等因素带来的不确定性，却又无法拒绝这种未知所蕴含的独特吸引力。她也一度发自内心地羡慕两位准备保研本专业的室友，因为她们不但拥有优异的专业课成绩，而且怀有从填选志愿的那一刻起便未曾更改的信念。但是，当保研结果尘埃落定，她关上朋友圈，看着手边仍在准备中的留学申请材料，忽然意识到自己的选择未尝不是对勇敢的另一种诠释。因为勇敢，所以无畏于那奔腾和变幻着的时代洪流；因为无畏，所以拥有了顺潮而动、驶向未来的力量。

爱、金钱和规则之外
——一位小透明"站姐"的过去和未来

李文斐

  闷热的活动场馆里,随着主持人的报幕声响,会场里因为上一个表演刚刚结束而略显沉寂的观众席再次响起了排山倒海一般的应援。大量灯牌被按亮和举起抖动,粉丝的声音也一股股汇集成整齐划一的口号。这是一个拼盘演唱会,尽管黄牛票价已经开到几千元,但粉丝也并不能控制出场顺序,只能呼吸着场馆里充满着焦虑和期待的空气,等待接近两个小时才能欣赏区区四分钟自家偶像的表演。但是对于在场所有人来说,亲眼见到偶像的心理获得感自然比时间和金钱更为重要,粉丝们敞开喉咙,既为表达自己兴奋的心情,也是希望呈现出更大的应援气势。

  "哎,你看那边是不是个站姐啊?""应该是吧,你看那大镜头。""好羡慕啊,家里肯定很有钱,能天天出来追星,说不定还能被正主记住呢!"

  此时,坐在人海里的粉丝小高却正在将自己的呼喊声极力憋回心中。她低头再次检查相机的参数,然后借助稳定器将沉重的单反和长焦镜头举起、对准舞台边准备上场的偶像,希望记录下他最好的表演状态。一曲歌毕,小高一边打开直传器一边在观众席上就地取出电脑开始修图。"今天他的皮肤状态不太好啊。"小高暗自腹诽,但还是熟练地进行着调色、磨皮、液化。一套流程下来,屏幕上的人在保持容貌特征的同时消除了所有的缺点,迅速变得容光焕发,小高也一边等待Photoshop软件导出,一边打开微博准备发布图片。看着消息提醒里迅速增长的赞美之词,小高不禁扬起嘴角——"今晚是不是有机会出神图!"

"我"是谁?

小高是她所追的偶像的一名"站姐",运营着该位偶像的一个"站子"。

在明星经济下,不论是演员、歌手还是唱跳爱豆(idol,偶像),在作品之外更需要拥有足够的曝光率和图片、视频等新物料来维持粉丝黏性。因此,一些拥有多余的时间、精力和金钱的粉丝,便会在"爱"的基础之上,秉承着为偶像做更多事的信念,购入专业摄影和录像器材,跟随并记录偶像的更多公开行程,随后在网络上发布。一个主要面向粉丝发布偶像图片或视频独家[①]资讯的账号,便被称为该明星的"图站""站子",而站子的运营者也有了相应的名字——"站姐"或"站哥"。

随着明星经济上下游的进一步发展,这类民间站子的作用也愈发重要起来,逐渐承担了维持偶像曝光率的主要任务。因此尽管拍摄他人影像在网络上发布以获取他人关注在某种程度上具有侵犯明星肖像权的嫌疑,但也因明星本人的默许成为了可游走的灰色地带。在这一前提下,以爱维持的站姐和意图赚钱的代拍作为一种"半职

---

① "独家"有其特殊含义。尽管明星的一场活动、一个动作被多人拍摄和记录下,但由于角度、细节甚至发布主体的不同,在粉丝圈层内部都被视为"独家"。

业"同时发展起来,相互依存着构成了"追行程""代拍"[①]"买/卖图"[②]"做站子""卖photobook"[③]等一条龙的灰色产业链。

"开站子算一时兴起的机缘巧合"

小高最开始只是一名普通粉丝,有着需要忙碌的课业生活,在第一次见到偶像之前,从来没有过当站姐的想法。

她出生在长三角,也在上海的一所大学里读书,走在校园里的她和其他脚步匆匆赶去上课的同学没有任何区别。在课余时间,消遣的方式也大同小异:美食探店、商圈逛街、志愿活动等等,当然,还有追星。

她的偶像是一名通过选秀节目而崭露头角的唱跳爱豆。虽然她已经追星多年,换了无数偶像,也进入过不少粉圈,但"当我看到他舞台上那种意气风发和为了梦想不断努力的状态,一瞬间我就被击中了"。小高回忆起她成为该偶像粉丝的心路历程,嘴角不自觉地提起微笑。之前追的都是演员和爆红流量的她,从来没有过实时追选秀明星的经验,于是加入了十几个或官方或民间的数据群,从零开始琢磨如何把自己心爱的偶像送"出道"。

盛大的决赛夜漫天飘舞的彩带,不仅见证了偶像出道的光辉时刻,也是小高最深刻的一部分记忆。她为自己熬夜做的数据和投入的金钱没有白费而泪流满面,看着原本性格有些沉默寡言的偶像也自信地走上象征着出道位的台子,和身旁的队友一一拥抱,一瞬间也与有荣焉。随后,偶像跟随队友以出道团体的身份共同活动,

---

[①] 通过拍摄明星影像售卖并获利的行为。
[②] 向代拍购买/向粉丝售卖所拍到的明星影像。
[③] 将明星的照片等印刷成册进行售卖。

小高也实时关注着他的消息,依然会经常为他做数据和购买代言产品。"我当时那个学期学分太多了,而且当时也很想保研。"主要精力投放在学习上的她,并没有多余的时间参与偶像的线下活动。

学期结束之后的暑假,偶像所在的团体恰好要来长三角某影视基地录制综艺。小高在微博好友的科普下第一次购买了黄牛票,参加了那次节目录制。尽管在场馆外站立等待了接近五小时,但看到日思夜想的偶像真正出现在自己视线之中时,小高激动地尖叫出声。亲眼见到偶像仿佛有一种魔力,不仅扫除了身上所有的疲惫,还产生了某种难以控制的"后劲"。在随后的几天里,小高翻来覆去地观看节目当天所拍的照片和视频,回忆光彩夺目的偶像和自己当时的反应。她上网搜索了几个论坛上发布的站姐经验分享/吐槽帖子,思考了几天之后,决定成为这个群体的一员。

"社恐没人带,自己摸索的,不过真的好快乐"

小高按照论坛上的推荐,购买了佳能5D4单反相机和100 mm—400 mm焦距的"大白兔"长焦镜头。在匆忙掌握了简单的操作技巧后,某一天她前往上海虹桥国际机场,为偶像接机。

接机指在掌握明星航班信息的前提下,提前前往出口进行等待,并在偶像离开出口到坐上工作室安排的座驾的过程中寻找机会与他互动的追星活动。尽管掌握航班信息有侵犯明星个人隐私的嫌疑,但相较于动辄几千元的活动门票,接送机无疑是成本最低的见到明星真人的方式。对于站姐来说,她们还担负着特殊的责任,即在这一过程中拍下偶像的照片和视频,发布在社交平台上供全网粉丝观看。因此,如何找到偶像下飞机的正确出口、占据偶像前进的恰当路径并拍摄清晰的图频,对于第一次接送机的粉丝来说并非易事。小高只得自己尝试摸索。

由于并没有接机和摄影经验,没有第一时间抢到合适的前方位置,加上相机参数没有预先调整好,最终成品只有几十张匆忙按下快门的模糊图像。太多前来接机的粉丝和代拍围成了厚厚的人墙,不仅偶像寸步难行,身高并不出挑的小高也被"埋没"在人群之中。第一次站姐经历并不顺利,小高坐在机场的麦当劳里叹了口气,然后点开微信代拍群,打下并发送了"收今日×××机场图"的消息。

都说熟能生巧,做多了也就有经验了。小高在连续去了几场偶像的线下活动和接送机之后,对于找出口、藏相机①、躲场务、找黄牛等事情逐渐熟悉起来,也在一次次的追星经历中认识了其他粉丝和站姐。或许出于对偶像同样的爱,或许出于友善,其他开站子时间更长的站姐有时也会主动教小高调整相机参数和寻找恰当的"卡位"②方法,那些普通粉丝在得知她是站姐之后也会主动借给她充电宝和数据线。小高的站子的被关注数量也在逐步攀升,更多的粉丝愿意点赞并且转发评论她发布的照片微博,"姐姐辛苦了""姐早点休息""××姐的图审美真的不错"之类的评论和私信更会让她在赶活动和修图之后的劳累中内心一暖。

除了获得其他粉丝的善意和肯定,小高在偶像面前经常出现的身影也给偶像本人留下了一定的印象。尽管她一向性格沉默,基本不会主动和偶像搭话,加上录制偶像的演出舞台更不能出现尖叫等杂音等要求,她便总是戴着口罩默默按下高速连拍的快门。但在接送机这类距离较近的活动中,小高发现偶像时不时会主动注视着自

---

① 部分明星出席的活动不允许拍照,在安检难以通过的情况下,站姐为完成拍摄,往往需要偷偷携带相机避开安检人员入场。
② 指机场的接送机活动中,抢先预判并占据明星行进轨迹的前方位置,以获得质量更高的图像和视频。

己的镜头,或是对她的镜头微笑和挥手。虽然常常自嘲"冷酷无情的拍图机器",对于这种特殊红利她还是十分受用。"我当时觉得,他应该会记得我吧,在他眼中我可能是特别一点的。"小高笑着说,又抿着嘴不好意思地挠了挠头。

"付出很多,要考虑的也很多"

站姐圈和小高之前所在的散粉圈是有很大不同的,但都有着一套特殊的既定规则。"这个圈子是非常看人脉的,需要你会来事,像我这样的社恐患者其实挺吃亏的。"小高说道。站姐的社交圈子某种程度上比较封闭,常常需要圈内的站姐主动帮忙介绍。"比如拼房、拼车,买一些很难进的线下活动入场券甚至藏相机镜头什么的,都需要认识的朋友帮忙。"而从小性格内向慢热的小高并不擅长主动和不熟悉的人打交道,之前活动中认识的一两位站姐与小高最终只成为了朋友圈的点赞之交。"虽然我刚开站子的时候也是一个人,不过时间长了跑线下看到她们小姐妹经常一起,有时候还是有点羡慕的。"

"而且有时候有人和你一起,追行程也会有个动力。"她补充道。

为了拍摄,需要经常跟随偶像在各地活动,一个完整的行程包括跟机、蹲酒店/蹲后台(拍摄上下班)、购买入场券参加活动,再跟随同一班飞机前往下一个活动城市。这个过程往往需要付出大量的时间精力。为占据更好的拍摄位置,相比偶像和其他普通粉丝,站姐需要更早起床前往特定地点,也因修图和剪辑等后期需要,比作息不定的偶像休息更晚。除此之外,在正式的表演场合,站姐也不能如普通粉丝一般呐喊应援,而是应当全程透过取景器聚焦偶像的身影,往往难以拥有和普通粉丝一样的现场体验。年末各大盛典与晚会节目扎堆,为了赶行程,小高曾经三天内只睡了六个小时,"我回酒店的时候,隐形眼镜都快要干在眼睛上了"。但是她回到酒店房间后的第一件事并不是洗漱休息,而是给所带的相机电池和充电宝充电,因为"第二天还要继续'狗'行程"。

除了赶场的劳累,站姐还往往要付出巨大的经济成本。相机、镜头等拍摄设备之外,出行的机票、高铁票和打车等也是一笔支出,当然,花费的主要部分还是动辄几千元甚至上万元的活动门票。同时,站子作为粉圈的重要代表,往往也承担着普通粉丝的期待——为偶像做出更多经济贡献。普通粉丝购买几份的专辑、杂志或代言,站姐往往需要购入几十甚至上百份来证明自己对于偶像的支持。"爱"被量化了。尽管小高家境优渥,但几个月下来也无法忽视这些花费。"前两天看到一个帖子评论说都快赔进去一部国产车了,我倒是没那么多,但是确实已经倒贴了几万块了。"

在站姐圈子中,某种程度上也有KPI的比较。粉丝数、所发布的图频微博的转发、评论和点赞数都是衡量一个站子是否"成功"的指标。拥有越好的数据,站子便越有可能被称为"大站"甚至"神站",不仅粉丝追捧,成为偶像对外安利和宣传的窗口,往往也会通过后援会优先获取偶像活动的门票。刚开站的时候,从小好强的小高并不是没有想过也要做成一个"大站"。在成为站姐的前几个月里,偶像的每次行程几乎都有她的身影,她也为此翘了很多课程。但是收效寥寥,虽然数据有所提升,但相比于其他几个站子,自己的数据还是明显跟不上。她在认真琢磨后发现,修图的程度和风格往往需要贴近偶像的定位和"人设",同时最好出现"反差感";而出图的时间也像发布新闻一样需要时效性,"在图片质量相差不是特别大的情况下,最先出图的站子一般转发评论点赞最多,当然如果你的审美一骑绝尘的话除外"。

期末季来临,她减少了去现场的次数,更多依靠购买代拍的图片和手机修图来发布微博。在她眼里更为粗糙的操作反而带来了两次较好的数据。"可能是因为不用自己去拍图速度变快了?搞不懂屏幕粉(从不现场追星,只在手机、电脑屏幕上追星的粉丝),可能是愿意看第一批图片吧。"她这样猜测。

忙碌的期末季反而是小高难得的体力恢复时期。复习之余,她也会思考自己站姐身份的价值所在。度过了最开始的热情期,支撑着她更多的逐渐不再是那份爱意,而是微博消息提醒的小红点和粉丝数增长带来的责任感。但是这个问题一般不会被思考很久,常常打断这个思考过程的是紧张的考试安排、睡眠不足的困意,或许也有掺杂着恐慌的自欺。

"规则真的存在吗?"

站姐在付出巨大时间和经济成本后,为了"回血",便在偶像和粉丝经济的基础之上催生了一种同样在灰色界限"试探"的赚钱方式——售卖Photobook,一般被简称为"卖pb",是一种从明星商业价值上衍生出来的周边商品。但作为非官方售卖主体的站子往往牵涉很多规则之外的风险。首先,Photobook其内容绝大多数为偶像的真人照片,涉及使用明星本人肖像权营利的问题;其次,作为印刷品,Photobook不具备书号,某种程度上涉嫌非法出版;最后,作为一种售卖于灰色地带的商品,所得收入往往没有经过缴纳所得税的环节。而一般售卖Photobook,销售额少则上万元,多则几百万元,这一现金流也就成为推动庞大而并不透明的粉丝经济不断运行的助推器之一。

对于站姐卖pb营利,普通粉丝一般不会对其进行价格限制和利润监督,不仅缘于大多数粉丝并不清楚制作pb的利润和相关法律法规,也出于"站姐这么辛苦,稍微赚点钱也是能接受的""站姐不是保证后续利润会用于偶像应援吗"等主观意愿。

但这一规则之外的默认行为,却并不代表无人"监管"。前面已经提到,站姐有其固有的圈子,往往抱团发展;且尽管与官方粉丝管理组织后援会有着合作关系,但两者行事方式的差异和后援会对站姐进行的管理也往往使两者爆发冲突。此外,拥有众多普通粉丝关注的头部粉丝"大粉",作为粉圈舆论的另一引领者,有时也会参与到粉圈话题的争论当中,甚至触发更多骂战。互联网将发言空间变成二维平等化的广场,作为粉丝的话语权往往掩盖于一个个昵称和头像之下,传播失去了日常生活中社会关系的约束,辩论的胜利也就不再主动归属于言之有理的一方,而是声势浩大的一方。在这一大众娱乐文化所湮没的舆论场中,粉丝的争论不再聚焦于以理服人,而是倾向于党同伐异,更加乐于寻找、轻信和崇拜KOL(关键意见领袖),呈现出一种奇特的群体传播和群体政治现象。由此,粉圈更易出现群体极化的倾向。

小高在她的"小透明"站姐生涯中,便见证了这样一次群体性倾轧。或许是出于规范站姐灰色收入的目的,或许是为了"杀鸡儆猴",又或许仅仅是积怨已久导致的爆发,后援会成员和大粉联合起来开始攻击一位站姐A的行为,并以大字报和小论文的方式列举罪证——"恶意私下语言攻击该位偶像""购买代言数量过少"和"售卖pb居心不良,故意消耗普通粉丝金钱,不利于后续购买偶像杂志"等。面对这一攻击,那位站姐同样进行反击,双方的战火从其本人逐步蔓延到后援会组织和双方的支持者上,昔日的"同担"①

---

① 指追同一个明星的同好。

反目成仇，就双方立场互相进行人身攻击。最终这一闹剧以站姐A被迫关站，率先对其进行攻击的一位大粉也被评论辱骂上千条而告终。

"对于这件事，我一开始觉得奇怪，后来就有点后怕。"小高说，"虽然之前作为普通粉丝也经历过这种场面，但是这次可能是因为我代入了那位站姐的处境，就多了一层认知吧。"因为很少主动与其他站姐和后援会结交，小高与她们的关系并不熟悉，加上站姐A被攻击期间，有其他粉丝对小高的警告性私信，更加让她有种自危感。"我会不会有一天也成为被'狙'的对象呢？谁知道屏幕粉会突然来骂你什么？审美差、代言买少了，甚至造谣我跟踪偶像私生活？我跟那些能说得上话的都不熟，没人帮我的话真的要完蛋。不如提前跑路。"

"世界"之外

脱下站姐身份的小高，同样拥有着自己的生活。开站前期，因为饱含着对于偶像的热情，各种奔波的辛苦并不能成为她的阻碍，现实生活也是可以为追星牺牲的。但是2021年年初，学业方面的挫折和偶像的负面新闻不得不让她从"乌托邦"中转回现实，"发现其实并不值得。我围着他转了这么长时间，不如过好我自己的生活"。尽管优越的家庭条件让她不必过于纠结金钱上的花费，但已经投入的大量时间和惨淡的成绩还是让她有些焦虑和后悔。加上之前追星认识的"同担"朋友也纷纷脱粉或"爬墙"（喜欢上另一个明星），小高自己在偶像的身上再也找不到一开始的那份热忱和爱意。她逐渐认识到，最开始纯粹的那份粉丝对偶像的感情已经变质，正在越来越多地掺杂了被迫浪费性购买代言的无奈、粉圈群体极化的倾轧、对获得流量和肯定的病态期待,见证了越来越多粉丝经济下的阴影……

后　记

2021年5月8日,国务院新闻办公室举行新闻发布会,国家互联网信息办公室副主任盛荣华表示,国家网信办部署开展2021年"清朗"系列专项行动,重拳整治网络违法违规问题。针对网上文化娱乐乱象问题,网信办也于6月15日正式发布公告,开展为期两个月的"清朗·'饭圈'乱象整治"专项行动,"重点围绕明星榜单、热门话题、粉丝社群、互动评论等重点环节,全面清理'饭圈'粉丝互撕谩骂、拉踩引战、挑动对立、侮辱诽谤、造谣攻击、恶意营销等各类有害信息"[①]。

正在准备申请出国的小高偶尔也会打开之前的站子微博号。或许是为了留存一份记忆,她并没有选择注销账号,只是不再更新。前一段时间,她还和之前追星认识的、现在也在焦虑保研的朋友聊天:"追星不是为了让自己变得越来越好吗?加油,咱们一起冲就完了。"

(本文中人物"小高"的姓名、个人信息、偶像信息均进行了模糊化处理。)

---

① 中共中央网络安全和信息化委员会办公室:《中央网信办启动"清朗·'饭圈'乱象整治"专项行动》,http://www.cac.gov.cn/2021-06/08/c_1624735580427196.htm。

被焦虑裹挟的年轻人

平 凡 谢政涵 赵福衍 孙一鹏

"那种感觉就好像有一个人在背后压住我一样,不断地把我往下按,后背沉重得让我喘不过气来,我越想逃离,越觉得自己陷入了一个焦虑的深渊,完全无法静下来。"近年来,焦虑、抑郁等心理障碍已经成为我国精神疾病中患者占比最高的类型。相关研究结果显示,目前焦虑症发病率在5%—6%之间。

一边是越来越高发的焦虑等精神疾病,一边却是大众对此的知之甚少。"很多人在患上焦虑疯狂求医十几年后才确诊,耽误了病情。"新冠疫情社交隔离下,"内卷"加剧、就业难,社会的弦似乎越来越紧绷,年轻人那根精神的弦也在愈发拉直。

没有病因,疯狂求医一年

"原来焦虑也是一种病啊,会引发这么多的躯体化症状",今年在国内Top2大学读研究生的小宇在疯狂求医一年之后,他终于找到了自己的病因。

最开始的起因是坐车,他总感觉大腿内侧不舒服。在挣扎几天后,他鼓起勇气去了成都某市级医院看诊,医生初步诊断为前列腺炎,给他开了一些药。

"吃了一个多月的药后,我并没有改善,反而症状更加严重,从腿部辐射到了腰部、肩颈部。"

九月中旬,小宇去了北京上学,又开始进行进一步的检查。由于缺少医院就诊的经验,他一直以为自己是骨头的问题,在校医院的外科和北医三院的骨外科,前前后后做了好几个核磁,医生也开了一些营养神经和活血化瘀的膏药,但是仍然不见好转。

"最难的时候是那学期的期末,我身上已经疼到晚上睡觉会被疼醒,四肢会麻木,身上骨头会咔嚓咔嚓地响,背后感觉有一股力量在压迫我,我本来没有抑郁的,但感觉天天这样的症状,我无法入睡,反而抑郁了。"

在北医三院外科医生的建议下,小宇去了风湿免疫科。"医生怀疑是不是强直性脊柱炎,抽了七八罐血,最终也没有一个明确的结果,先给我开了一些药,按照强直来治。"在这之后,症状越来越严重,小宇又去了心内科、神经内科等多个科室,在多次被认为无病呻吟之后最终在神经内科被诊断为纤维肌痛。

"之前那些医生总认为我无病呻吟,总让我放轻松,但是我真的实实在在能感受到那种疼痛,我觉得那种疼痛不是我臆想出来的,而是真实存在的。"据了解,纤维肌痛综合征属于风湿病的一种,特征是弥漫性肌肉疼痛,原因不明,但患者可有先前的躯体或精神创伤史。纤维肌痛综合征最突出的症状是全身弥漫性疼痛,持续在3个月以上,同时会合并一些其他临床表现,常见的包括睡眠障碍、躯体僵硬感、疲劳、认知功能障碍等。

"医生给我开了专门治疗纤维肌痛的普瑞巴林,吃了之后确实效果很好。"持续服药一个多月后,小宇自己停了药,因为他担心长期吃药有副作用。

此后,他的病情有所好转,但还是反复,在听说针灸能缓解病情后,小宇又开始漫长的半年针灸期。"针灸那两天就会很好,隔了一段时间又会反复,那半年,我真的是比上课出勤率还高,每周按时针灸两次。"小宇回忆起来打趣道。

"直到九月,它又来了。"这次病情似乎比之前更迅猛,小宇感觉浑身震颤,于是连夜去了急诊,做了头颅CT,得到的结果还是没有任何问题。

在医生的再次建议下,小宇最终去了隔壁北医六院就诊。"在我印象里,隔壁就是精神病医院,去里面的人都是疯子,至少也是半疯吧。"

结果这次的问诊,震撼到了小宇,"我完全没想到里面那么多和我年纪相仿的人,有抑郁的、有焦虑的、有失眠的,原来这些都是疾病,有药可治,原来我不是一个人"。

在吃了几天的抗焦虑的药后,小宇震颤症状没有了,服药三个月后,之前不是这儿疼就是那儿疼的症状也没有了。"我真的好感谢自己的坚持,我听医生说,很多人就是这样的症状,求医十几年,都已经很严重了才发现是这个疾病,早已经失去最佳治疗期。"

小宇的主治医生认为,像小宇这样的高学历者在面对如此疾病时疯狂求医才找到原因,可想普通大众对这方面的知识是多么匮乏,我们的科普之路还任重道远。

报表没有存档重来的可能

"妈,会回家的,过年会回去的",阿温不想主动挂了母亲的电话,惹得她在千里之外生闷气。"过年,必须回来,带着对象",母亲下了死命令。阿温敲打着电脑上的报表,离公司上传只有一个小时了,她含糊地敷衍着母亲,也想敷衍这份报表,她不敢,都不太敢。

阿温沉默了一会儿，母亲那边的唠叨已经听得发麻，她的头很疼，报表该继续填什么没了头绪，再沉默。她开了免提，任由母亲说什么。是自己疯了吗，一个节日而已，电话那头什么时候安静下来的，她不知道，阿温开始抓自己的头发，甚至，按下了电脑关机键。

很不幸，报表没有存档重来的可能，就像她的生活。

中国人过年都要一家人团团圆圆，阿温从小就害怕叔伯婶子们关切的目光。他们是关切吗，是同情多一些吧，阿温没见过自己的父亲，母亲永远是坚强的，也是有压力的，阿温裹挟着这股压力一路前行，迁徙的大城市有了一处小小的立足之地。

阿温不敢把上海当作家，她也不想回家。

当她看见弄堂巷子里的灯笼，看见罗森已经开始新年装扮，看见公司保洁揭下了旧岁的春联，她又想起了母亲的电话。"一定要过春节吗，一定要回家是吗？"她觉得肺被石头压着，胸腔阵痛，这种不适一直蔓延到了抢票，她希望自己抢不到，可是还是要回家。

阿温是恐惧过年的。

亲戚、长辈、邻里，她一向都不太愿意喊，拖着行李箱进大院的时候，她已经感受到了自己被很多双眼睛打量。小城消息灵通，又或许是因为现代通信工具的发展，经营小卖部的表婶婶，已经往"相亲相爱一家人"群里发了她拖着行李箱的照片，即使阿温一言未发，甚至于她也不知道，"群消息已屏蔽"。

小时候被问到"期末考得怎么样，排几名？"时，阿温的母亲会骄傲地替她回答，阿温以前觉得，自己就这些好处了，她透过窗户，看大院里的孩子们放烟花，太热闹了。工作了，还是大城市，阿温也没有对象，是知道了自己的渺小，还是自己一直都很差劲，她问自己。小镇做题家的出路，是淹没在大城市里，"再不嫁出去可不行，你可得赶紧！""我给你介绍一个男生"。她想要世界都安静，阿温很想大声地喊出来,可是她不敢,还是沉默。

面对满桌子琳琅满目的饭菜,阿温却丝毫提不起兴趣,头晕、发呕,客厅里的人们还在寒暄,阿温的胃一阵阵泛酸,然后开始疼,她饿了,精神和灵魂都是。

"背又开始疼了,不知道最近怎么回事,不是这疼就是那疼,上次去检查又说我没问题,过完年再找个机会去医院看一看。"阿温这么想着。

谁是被"卷"死的人

"莉莉,你论文写的咋样啊?""啊,没咋样。"见同学好奇地探头过来,莉莉匆忙地合上了电脑。见同学走远,她悄悄看了一眼别人的论文,默默和自己的字数、格式比对了一下,打算晚上加班,再修改修改。正在她敲打键盘的时候,手指突然不受控制地抖动起来,心里感到一阵阵痛。

期末周作业如山,她已经连续一周凌晨两三点睡觉了,有时候作业写完了,也得想办法精修精修,努力把字数和形式"卷"上去。莉莉又给公共课的老师发了封邮件,其实她并没有什么想咨询的问题,只是为了拉近同老师的距离。大学生中都流传着这样一句话,"宁可累死自己,也要'卷死'他人"。如今,"卷"已经成了大学生的常态。

"我会不会做得比别人差?""他们好卷我好焦虑。""我也知道这是无意义的'卷',可是一停下来我就会被别人赶上。"随着社会的不断发展进步,每个人的生活压力越来越大,心理承受能力如果没有随之不断地增强,就会出现压力大于承受能力的状况。越是发达国家,焦虑症患者越是众多,因此社会原因对焦虑症的产生影响很大。

"内卷化"心态作为一种存在于大学生群体间的消极的心理状态,主要表现为对激烈的同伴竞争感到焦虑、迷茫和抑郁,其实质反映了当代大学生"重占有"的生存方式。"内卷"作为一种恶性竞争,不仅消耗了学生大量的时间和精力,躁郁、焦虑的心理状态也让他们无法冷静下来思考自己的人生意义和价值。在"内卷化"心态的影响下,学习专业知识、提升个人能力、实现人生理想不再是大学生努力的主要目标,相反,获得奖学金、荣誉证书和荣誉称号,实现对别人的超越,获得老师和同学的认可才是他们奋斗的重要目标。大学生之间的非理性竞争使得学习和竞争出现了本末倒置的情况,竞争不再是提升学生学习能力和增强学习效果的工具,相反,竞争本身成为了学生学习的意义所在。然而这个意义本身是虚幻和不牢固的,并不足以真正支撑一个人。"内卷"的功利属性也使得学生的价值观出现扭曲,对于他们而言,学习本身不是目的而是获得物质利益、提高社会地位、证明自己人生价值的工具。为了实现这个目的,大学生不惜一切代价拼命学习、精明算计,最终成了"精致的利己主义者"。

大学生在"内卷"的过程中对外在物质利益的过分关注必然导致对内在精神世界的忽视,成了尼采口中那个"没有核心的空壳",他们既没有信仰,也没有寄托,不曾思考过人生的意义,也不知道人应如何度过这一生。在激烈的同伴竞争中,为了挤掉自己的竞争对手,有些学生往往会花费大量的时间和精力去做一些没有意义的事。例如普遍存在于高校中的论文字数竞争,学生们为了获得更好的成绩,往往会洋洋洒洒用上万字来论证几千字就能说明白的问题,然而论文字数的增加并不意味着学生思想观点的深入,刷论文字数对他们而言只是简单地重复和无意义地空忙。学生们为了获得成功,除了埋头苦学之外还懂得精明计算,知道如何利用规则来获得成功。如为了获得高绩点,他们往往会放弃有挑战性的课程而去选择"性价比"较高但对自身发展助益不大的课程。学生长期处于这样的环境之下,表面上获得了漂亮的成绩和无数的荣誉,但实际上没有实现个人的突破式发展,没有实现个人的真正成长。而这种社会环境只会让人更加焦虑和迷茫,因为别人"卷",所以我不得不"卷",我不知道这么"卷"有什么意义,无目标无意义的行动使人恐惧和焦虑。

感觉我二十多岁就要死了

"阿姨,六份煲仔饭。"11月18日那天,柚子在食堂给自己点了六份煲仔饭。

盛饭,张嘴,咀嚼,吞咽,感觉不到甜、咸,抑或是烫,没有知觉,没有欲望,只是一遍一遍重复机械的动作。从食堂出来之后,她靠着路边的大树干呕,胃里翻江倒海,腹部传来的疼痛撕扯着她身体的每一根神经,只有这种疼痛感,才能让她感觉自己还活着。

南方的冬天总是阴沉沉的,很少有晴天。她喜欢把房间的窗帘拉得死死的,习惯性地躲在角落里,不敢出门,没有社交。每天待在家里,什么也不做,不吃不喝一整天发呆。没来由地想哭,吃饭的时候哭,写题的时候哭,和朋友走在路上,聊天聊着就哭了。早上就开始发呆,随便翻看手机,一直翻,也不知道看什么,躺在沙发上望着吊顶发呆,纯白的吊顶,一眼能看到头。然后晚上感觉自己什么也没做,懊悔、自责,打算第二天重新开始,第二天又什么也没干,第二天又重复这样的无所事事和懊恼自责。

所有的知觉都在钝化,整个人好像程序损坏的怪物,没有明天,也不知道今天为什么活着。感觉自己是所有人的累赘,自己每次重新开始都没有做好,减肥没有减肥好,学习没有学习好,什么都没有做到。看不清未来,紧张、不安、恐惧,满地都是破碎的自尊心和自信心。

如此生活三十年,直到大厦将崩。"时常告诉自己,去读书吧,去爱吧,去彻底地浪漫一场,去填补那片精神荒原,然而浪漫是要付出代价的,革命也是不被允许的。"愤怒困于沉默中,悲哀藏在现实中。太阳东升西落,我多想持续地沉落。

这样的人生,真的好没劲,好想重新启动,可又害怕一事无成。柚子感觉自己二十多岁就要死了。

对世界说一声我很抱歉

在考研倒计时一个月的时候,柚子去了一趟长沙散心。在宠物集市,有只小金毛冲着她摇尾巴,到了确定要买的时候,她犹豫了,担心父母不同意。默默地收回了手机,出门的时候,她望见了小狗的眼睛,黑色的,深邃的,她喜爱的。"当时也不知道怎么有个念头疯狂地告诉我,如果我不买这只狗,回去后我的人生可能毫无变化,和之前的一潭死水一样。"

"我从来没有相信我自己的判断,我习惯了相信别人的判断,所以当我带着我自己的那只宠物——月饼——去洗澡的时候,别人就说它可能看起来不纯,我那时候就会很怀疑自己,难道我选择得不好?我觉得我自己很失败,所以我有一段时间,就一直为这个问题烦恼,就总是哭,只要听到说我的狗狗不好看、不纯,它没有长大,等等,我就会很难受,我觉得是我自己的问题,我没有看好,我没有眼力见,可我忽略了一个问题,我喜欢我的狗狗。"

12月26日，考研结束，柚子收拾东西准备回家，路上看到一只金毛。"那金毛真好看啊，为什么我的月饼不纯呢？它还咬了我妈一口，我妈又花了两三千块钱去打疫苗。为什么我什么事都做不好呢？我可能就是个失败者吧。似乎所有坏的结果都是因为我做得不够好，如果我做得够好，就不会出现这个问题，我会把所有不好的现象归结于我自己不行。"她害怕社交，甚至害怕回复别人的消息。不敢，害怕，怕被嫌弃，怕被觉得不行，怕辜负别人。

"焦虑让我陷入了一种自我怀疑、自我恐惧、自我否定的怪圈。我会考虑到所有人会面临的所有的问题，唯独少了考虑我自己的感受。"五月初的时候，柚子去咨询了心理医生，心理医生建议柚子吃完药之后，接受一段时间的心理疏导，每小时需要500元的心理咨询费。"那时候会觉得自己好像挺没用的，不停地埋怨自己，我自己还没有挣到一分钱。为什么同龄人出国留学、就业实习都不用靠父母，而我就要付出每小时500元的心理咨询费，花掉我爸妈的钱，我觉得很对不起爸妈。"

回家之后，柚子的父亲做了她最爱吃的番茄炒蛋，看着满桌的菜，听着父母在身旁的念叨，她只觉得吵闹和烦躁，"能不能别念了，我说了我不喜欢吃葱为什么还要放葱？"柚子看见父母停下了忙碌的身影，愧疚和懊悔涌上心头，她咬了咬嘴唇，"对不起爸爸，我不是故意的，我说话有点重"。焦虑放大了人的失败感和内疚感，使人变得十分敏感和暴躁，控制不好自己的情绪。她时常会因为一点小事而对亲人朋友发脾气，无故迁怒别人，向亲戚朋友发火，甚至与家人发生争吵，对什么事情都看不惯，不能与他人进行正常沟通。

二十岁的时候我们在日记本上写："那一天我二十岁，在我一生的黄金时代。我有好多奢望。我想爱，想吃，还想在一瞬间变成天上半明半暗的云。"后来我们才知道，生活就是个缓慢受锤的过程，人一天天老下去,奢望也一天天消失,最后变得像挨了锤的牛一样。可是我过二十一岁生日时没有预见到这一点。我觉得自己会永远生猛下去,什么也锤不了我。

后来的我们只会在日记本上写:"你看你自己多不行,多没能力,你又怎么好意思用父母的钱啊。"

沉默、滴答声和夕阳下摔碎的瓶子

最近网上有一个很火的小程序,可以测试自己名字的意义。张晨去测了自己的名字:意义是沉默、滴答声和夕阳下摔碎的瓶子。沉默封闭的自我,毫无意义流逝的时间,行将就木的"青年"。

人们习惯把三点之前称作夜,四点之后称作晨,那三点到四点那一段时间是什么呢?是混沌的人生。与焦虑常常相伴的状态是失眠,张晨经常三点刚过便惊醒,或者整夜整夜睡不着觉,睡不着的时候,他就抱膝蜷缩在床头,大脑高度亢奋,听着吊钟滴答滴答的声音,时间和生命都在无意义地流逝。心态的崩坏,情绪的爆发,皮肤、身材的状态都在变差,他变得越来越沉默,身体会没来由地发抖,四肢麻木、全身疼痛、头晕头痛,容易得感冒、肠胃炎,对任何事物都丧失了欲望。焦虑带给他的除了失眠,还对身体健康造成了巨大的威胁。

科研、实习等多重压力常常会让他产生焦虑,张晨时常会在半夜被痛醒,睡不着的时候张晨会在脑海里把死亡的过程过一遍,怎么死?要留下什么?或者结局是什么?枯燥的生活和沉重的压力让他的创作欲和分享欲直线下降,他不知道这种压力从何而来,也不知道应该如何消解,一边嘶吼呐喊,一边又百无聊赖。生活,挺没意思的。作为一个生物他活了25年,一事无成,他有时也在想,下辈子要不做空气吧，这样也算物有所值。所以下辈子做什么呢？算了，这辈子挺没意思的，还是不要有下辈子了吧。

伴随焦虑、抑郁等情绪，张晨多次前往北医三院检查，但总是被医生认为无病呻吟。八月的时候他去看了心理医生，张晨的爸爸开车带他，一路上父子俩说说笑笑，其乐融融。张晨的爸爸看他很开心的模样，并没有察觉到什么异样，"你这么开心不会是装的病吧，正正常常不像有精神病啊"。那一瞬间他扭过头去，车窗映着他年轻的面庞，黑框眼镜，寸头，有轻微的胡茬和眼袋，很正常的样子。谁也不知道他夜晚曾怎样辗转反侧，恐惧得根本不敢睡觉，不停地掐自己和心理暗示。

他笑了笑，"嗯，我装的，我们回家吧"。

焦虑难以发现，更难归因

迄今为止，焦虑症病因复杂，发病机制尚不明确，是生物、心理、社会因素综合作用的结果。

丁香医生网上精神科的张老师认为，焦虑症主要的症状就是过度担忧和恐惧，还有一些躯体方面的症状，比如说心跳快，呼吸不过来，感觉喘不上气，身体的各种疼痛等。很多人搞不清楚焦虑和抑郁的区别，其实它俩就像孪生姐妹。焦虑是对未来一些事情的过度担忧，但抑郁却是对过去发生的事情不断地回忆和自责。但你焦虑久了可能会抑郁，抑郁久了也会焦虑，所以医生在询问患者时，都会对这两者一起询问。

"首先需要明确的是焦虑是一种精神疾病，但它在我们科室太常见了，就好像高血压在内科那样常见。焦虑目前从病因上来看主要还是和遗传、环境这些内外因相关。比如目前研究比较明确的就是大脑内的神经递质,即五羟色胺和去甲肾上腺素缺失。"

某高校的心理学教授曙光老师认为,焦虑是人类的一种基本情绪,它根源于不确定性,"其实并不是年轻人才会有焦虑,不同代际的人会有不同的焦虑"。

"在校的大学生可能焦虑的是自己的成绩和职业发展规划,但父母可能焦虑的是自己的孩子,封建社会有传宗接代的焦虑,今天我们也有各种各样的焦虑,焦虑是人类社会发展出的一个基本的情感。"

曙光解释道,现代社会与传统社会相比,是非静止的。在传统社会,每个人的命运都是被高度标准化的,你一出生,你这辈子大概是什么样子,就基本知道了。你走的路,遇到的问题,基本都是你的父母走过的,我们基本上在重演我们父母的人生,你遇到的问题,你父母能给你提供一个指导,但随着社会的转型,这种文化的断层被打破了。

"社会学想象力中有一句话,我们每个人都活在自己的生命历程里,而我们的生命历程,必然嵌入特定的历史序列里,在同一时期出生的人们往往经历共同的重大历史,所以受其影响,会表现出相同性和相似性,所以理解今天的焦虑需要去剖析不同代际背后所嵌入的历史文化。"

所以,看似是个人的焦虑,实际上是公共性和社会性的焦虑。个人、群体、社会结构都和焦虑的产生密切相关。

破解焦虑,道阻且长

"需要知道焦虑是可治疗的,我们精神科目前主要采用的是对症治疗的方式。"精神科张医生认为,如果就诊中判定患者存在焦虑的症状,医生就会采用相对应的抗焦虑药物,但和高血压等不同,焦虑症不用终生服药,而是根据疗程,包括急性期、巩固期和维持期用药。同时也会建议患者改善产生焦虑的环境以及通过心理治疗的方式来辅助。

"目前首先应该改善的就是患者对精神科,包括精神科医生的一些刻板印象。好多人尤其是老年人,到了一定年龄会产生焦虑抑郁,身体各种不舒服,然后三天两头去医院检查,问是不是心脏出了问题,我们告诉他是精神问题,他还会很生气,说他没有精神问题,让我们不要乱说。"

张医生坦言,"精神科医生匮乏也是一个很重要的问题"。目前专门从事精神科职业的医生是非常少的,差不多每10万名医生中才有一个非常专业的精神科医生。至于普通大众对精神疾病的认知率就更低了。

但她欣慰的是,今年中央台在做一系列的专题报道,她也关注到了目前一些专门讲述大众心理健康的电视剧,她觉得这些对于精神问题的科普都是非常重要的。同时,她认为"双减"政策出台其实从某种程度上也是国家缓解焦虑的举措。

心理学教授曙光老师认为,每个人都是有能动性的,但这种能动性会受到所嵌入的经济社会地位的制约,所以从这个角度来说,我们可以通过改善社会环境去缓解焦虑。科普教育、组建专业心理疏导的队伍、领导对心理问题的重视都是可以改善的。但从长远来看,最主要的是建造一个活力社会,即从顶层设计层面去建构一个明晰的可流动的通道,让年轻人减少不确定感。

游牧夫妻：在美洲"流浪"

谢政涵

2019年10月19日，"游牧夫妻"发布了B站（哔哩哔哩）第一个视频vlog"辞职结婚去美洲流浪一年"。视频简介是"我们是小丁和小潘，一对辞职去流浪的couple"。

2021年是他们"流浪"的第二年，从墨西哥、危地马拉、哥伦比亚到秘鲁，他们的足迹遍布了美洲大陆，以后还会继续前行。

流浪之前：一起辞职去美洲吧

在决定辞职去拉美旅行之前，他们是一对普通的异地恋情侣。

小丁和小潘在一次旅行中邂逅。在一场一个半月的搭车之行中暗生情愫，从而相识相爱在一起。恋爱之后，小丁在杭州一家互联网大厂从事体验设计师的工作，小潘是上海一家咨询公司的分析师，平常的工作也特别忙，只有在周末的时候两人才有机会相聚。虽然两人也有能力过上比较优越的物质生活，但对于生活质量都非常不满意。

螺丝钉般的工作内容，"996"的工作压力，漫长的通勤时长，让两人慢慢都对生活失去了原有的激情。"是很喜欢的公司，也是很喜欢的团队。但是每当看到周围的老板和同事都是非常忙碌的状态,你就会思考这到底是不是你想要的生活。"

很多人都在讨论关于"内卷"和"躺平"的话题,小丁和小潘也有自己的想法。对于"内卷",他们的想法更多的是一种无可奈何。因为社会发展到一定阶段,为了获得更多的资源,大家不得不付出更多努力去竞争,以获得更多的机会。但是这并不是长久之计。

2018年,小潘辞去了咨询公司的工作,并开始自学瑜伽成为一名瑜伽老师。而小丁也步入30岁,在思考未来的方向。有时候他们会厌倦这样的生活,想在30岁之前有一些改变,让自己的生活能再次充满激情,做一些自己想做的事情。

机缘巧合之下,他们在互联网了解了"数字游民"的先行者Jarod(张乐)的事迹。Jarod是中国第一位宣传"数字游民"生活方式的人,他创办的自媒体账号"数字游民部落"积累了数千名粉丝,为中国的数字游民提供海外远程工作体验服务。

所谓"数字游民"(Digital Nomad),指无需办公室等固定工作地点,而是利用技术手段,尤其是无线网络技术完成工作的人。成为一名数字游民,你就可以告别长时间的通勤,真正能够来一场想走就走的旅行,而不用考虑年假拆成几天休。

专注数字游民的作者Lauren Razavi发表了一篇关于未来生活模式的文章。根据Nomadlist的全球调查数据显示,目前注册的用户中62%来自美英,年收入中位数为8万美元;90%的人受过大学教育;最常见的职业是软件/网站开发、初创企业、营销/创意行业;访问最多的目的地是伦敦、曼谷、纽约、柏林和巴黎。

自新冠肺炎疫情以来,很多欧美国家政府推出了针对远程工作和数字游民的签证计划、税收优惠和特别补助。到2035年,全球会有多达10亿的数字游民。未来城市的发展趋势将是打造远程办公和旅游业相结合的营销模式,Airbnb(爱彼迎)和WeWork等知名公司已经推出了针对数字游民设计的新产品。

数据显示预计至2024年,旅游业才会从疫情造成的重大影响中完全恢复。葡萄牙的马德拉岛的Ponta do Sol村已经将自己打造为"世界上第一所数字游民村",除了提供必要的基础设施外,还投资大量的社区文娱项目。游客能为当地经济带来的收益远不及远程工作者带来的收益大,因为后者会在当地停留更长的时间,消费更多,并有机会融入当地的文化,从而为振兴当地经济起到作用。

数字游民的生活方式很快就吸引了小丁和小潘。这种游牧式的生活方式也是他们真正想过的生活:不再僵化地无意义地去"内卷",而是真正地去"躺平",追求内心的宁静。不再在大城市拥挤的地铁通勤,而是可以有机会去异国他乡感受不同的文化,并且能够在旅途中自给自足,真正地"在路上"。

当然,做出这一切决定并非易事。

小丁和小潘也有过很多内心斗争,部分源于父母的担心和不解。在父母眼里,放弃相对稳定且有前景的大城市的工作生活,去一个未知的国家生活本身就是一件很冒险的事情。而他们自己担心和纠结更多的是考虑"游牧"之后未知的发展方向。

在正式做出决定之前,小丁在网上搜索的最多的一个问题是:"那些环游世界的人最后都去干嘛了?"而大部分回答基本都是"回到原来的岗位继续工作",但这并不是小丁的初衷。虽然出国"游牧"几年之后再回国继续工作,空窗的几年早已失去了就业市场的竞争力,压力会更大,但是小丁决定接受这样的结局。

"我觉得自己就算回国了,也还有竞争力,而且我更考虑过自己想要的生活,我愿意去承担这个风险。"年龄越大做出决策的成本会更高,如果现在还在纠结,那之后肯定还会继续搁置。于是他最终和小潘一起做出了这个决定。

其实做出这个决定之后就没有挑战了。小潘自己已经辞职一年了，所以处于一个开放探索的状态。虽然对自己的职业方向上会有挺多焦虑，但是当两个人都想要一起去探索一种新的生活方式的时候，她觉得这真的是值得尝试的，"和喜欢的人一起去做喜欢的事情，这本身也是一件非常幸运的事情"。

在做好自己的心理建设和父母的沟通之后，小丁和小潘最终决定一起辞掉国内的工作，踏上了前往美洲的飞机。

流浪之中：新冠疫情下的爱情

2020年，是小丁和小潘决定"流浪"的第一年，同时也决定用视频的形式记录自己的游牧生活。考虑到自媒体的传播性，他们最终在B站上取名"游牧夫妻"，一是能体现数字游民式的游牧生活，二是名字好记朗朗上口。上传完第一个vlog视频"辞职结婚去美洲流浪一年"，播放量就达到了3万次。

然而，一场突如其来的新冠疫情肆掠了整个世界，同时也打乱了小丁和小潘的旅行计划。

疫情刚爆发时，他们就在墨西哥最南部的城市。墨西哥城政府管控比较严，每个州政策不同，防疫措施不同，但总的来说大家对疫情不会在乎。在墨西哥，政府甚至会通过红黄绿灯判断疫情情况：如果是红色说明疫情非常严重，酒吧都会关闭营业；如果是绿色则没有太多限制，进餐馆洗手，进超市戴好口罩就行。很多时候他们把提示交通的信号灯当作疫情情况的晴雨表，想想也非常讽刺，就像一幕黑色幽默的电影正好在现实中上演。

在墨西哥，中国人其实很少。小丁和小潘唯一一个旅居墨西哥的朋友是上海人，平常也会彼此帮忙提供口罩和洗手液。比较多的社交就是和朋友一起,晚上会做烧烤,端午节会包粽子,中秋节会做火锅。这些经历给予他们支撑和陪伴,减少他们疫情之下的迷茫和焦虑。另外的房车朋友是一对中国香港人和日本人,他们有着相同的文化背景,在一起不会焦虑,这也是他们通过交流来消除焦虑感的一种方式,也使自己不会那么崩溃。

有时候,小丁一个人出去买菜,迎面走过来一个墨西哥大爷,都会主动向他打招呼说早上好,在大爷的眼睛里能看到笑意。虽然封锁阶段保持着社交距离,但陌生人戴口罩打招呼这个行为本身也很暖心,也给身在异国他乡的夫妻带来一点宽慰。

疫情好转之后,游牧夫妻准备从墨西哥到秘鲁。在房车旅行当中虽然也有沿途的风景,但两人想的更多的是如何真正通过当初设想的"数字游民"的方式养活自己。虽然在拉美地区生活消费没有国内一线城市那么高,但是没有稳定的收入来源也很难保证自己的生活质量,这也不符合小潘和小丁一开始想来游牧美洲的初衷。因此,他们结合自己的兴趣和能力,分别在网上找到了适合自己的线上工作。

小丁之前是做互联网的交互设计工程师,所以网上远程偶尔会接设计的工作;小潘之前是市场咨询师,通过网上个人远程的方式可能无法去接工作,但是她通过自己的努力将他们的经历通过文字记录下来并向不同的媒体投稿,成为一名自由撰。虽然因为疫情,这方面的收入可能没有那么稳定和乐观,但是给了他们很好的物质支持,让他们有资本和力量继续去过自己想要的生活。

"我以前是做咨询的,其实做远程的话不是特别方便,于是我开始去撰稿。一方面是旅行中本身会有很多的体验经历和文化经历想要分享出来,另一方面那个时候我自己也是想探索完全新的领域,于是我就去向一些杂志和线上的媒体投稿,把我们的故事记录下来,并且分享给更多的人。"

小潘做到了,并且一直在坚持。辞去上海的工作后,小潘接受了瑜伽培训,学习了印度一个古典流派的瑜伽,其实在国内也授过课,但是因为他们很快又出来旅行了,最近这段时间也重新开始线下教育,未来也会开设一些线上线下的瑜伽课程。所以对他们来说,可能跟很多人不一样,有一些人他们会先去做一些准备,但小丁和小潘是已经上了路之后逐步发展出这种状态的,本身也符合他们游牧的状态。

但同时,他们要想维持长久的"数字游民"工作也并非容易的事情。对于有这方面打算的朋友,他们的建议是要提前预估自己的经济实力和自驱力。首先,有经济实力去放弃相对安稳的大城市的生活环境本身需要付出很大的挑战和心理准备;同时所谓的"数字游民"是远程办公的形式,对于人的自律能力要求非常高。比起国企或者互联网公司朝九晚五乃至"996"的所谓"规律性"的上下班时间,"数字游民"的工作模式相对灵活,同时也非常考验人的抗压能力和抗诱惑能力。

流浪之后:一起看每天的日落

流浪之后,小潘和小丁有过很多难忘的经历。

比如有个意外之旅,发生在科隆湖。因为他们之前开房车,房车的证件每过6个月就到期,他们需要去边境更新一次,就只能把房车开去边境。最后一次的时候,因为手续出了一些问题,他们相当于被困在边境了,需要等在美国一个之前帮忙买车的人寄一个文件到墨西哥来,所以他们大概要等一个星期的时间。

当时他们不能出边境大概20公里,因为机缘巧合,住到了墨西哥边境的科隆湖。然后他们就在那里住了一个星期，那个地方没有网，没有Wi-Fi信号，只能去买网票。那是一段很奇妙的经历，因为每天在那个小镇也没什么事情做，在小镇上可能都买不到什么新鲜的菜，资源特别少。所以那个时候他们每天可能都会剪一些视频，然后就去附近的各个湖边玩，去瀑布那边游泳。它是一个旅游景点，所以湖本身还是挺漂亮的，也有一些瀑布，所以他们可能早上工作一会儿吃个午饭，下午就去不同的池子游泳或者在附近玩。他们在那边还认识了一个对当地旅游发展有志向的墨西哥大叔，他是从大城市过来的，看中这个地方的旅游业发展潜力。他知道这个地方是因为他哥哥是一名考古学家，说那个地方附近有玛雅遗址，是很小型的那种，还没有被开发，他就很希望结合玛雅遗址开发当地旅游资源，然后他就带小丁和小潘去探索了附近一些不为人知的小遗迹。回想起那段时光，他们觉得挺特别的，每次回忆起那段时光他们都觉得对那个地方印象特别好。

　　另外还有个奇遇，是老空姐的奇遇背包客经历。在墨西哥城的时候，他们把房车停在了城外的一个房车营地，因为要去市区玩的话，从那个地方过去会非常远，所以他们就把房车寄存在营地，在墨西哥城那边住几天。在路边一个小饭店吃饭的时候，他们跟旁边的墨西哥老奶奶聊上了，她70多岁了，突然就跟他们说如果想找地方住，可以去她那边，她那边有空房间，不收钱。后来他们就真的去她那边住。交流之中了解到老奶奶之前是一名空姐，去过全世界很多国家旅行，也接受过陌生人的帮助，所以如果别人需要，她也愿意帮助别人。

　　直到现在他们还保持联系，更巧的是，老奶奶和小潘还是同一天生日。

　　至于两个人有什么浪漫的回忆，两个人想了一会儿，不约而同说出一个答案:"每天可以一起看日落。"在城市当"社畜"的时候,很难有机会看到太阳下沉,但是在美洲流浪的时候,可以和心爱的人看着天空一点点变黑,从橙黄变成昏暗,本身就是一件非常浪漫的事情。两个人在一起,有共同的目标,便是前行路上最好的陪伴。

如果对三年前的自己说一句话,小丁觉得可能会培养一些理财能力,这样可以更好地去实现自己想要的生活。小潘则是很洒脱地说:"继续坚持你自己心里的一些直觉,你想做的事情,我觉得一直到现在,我们这条路我觉得都一直觉得是对的。Follow your heart,不要做违背你自己初心的事情,然后去坚持就好了。"

小丁和小潘是一对"游牧夫妻"。在如今"内卷"的时代,大家不会轻易说"躺"就"躺",而是在另一条路径翻过另一座山丘,流浪的不是身体,而是无处安放的灵魂。